穿越史記的時空

從本紀、表與書開始，走進司馬遷的思想宇宙

陳正宏

總序

通讀《史記》，讓你的視野穿越兩千年

這套分為四冊總計十二卷的小書，是以我在喜馬拉雅開設的一門名著導讀音頻課程為基礎編寫而成的，導讀的名著，是各位都非常熟悉的《史記》。

《史記》，顧名思義，就是「歷史的記錄」。什麼是歷史？嚴格說來，剛剛過去的上一秒，就是歷史。而從長時段看，歷史最顯著的特徵，是「沒有什麼會永垂不朽」，更簡單地說，就是一個字：變。歷史中的變化，在已經遠離歷史現場的我們看來，真是多姿多采；不過當我們把這種變化和現實相對照時，又時時會覺得，歷史是驚人地相似。這種變化和相似共生的奇觀，是如何產生的？根源就在於，推動任何特定區域歷史演變的基本動力，其實是生活在這個區域中的人的普遍人性。人性不變，歷史就難免有重演的衝動。

《史記》則是一部在兩千多年前，藉著描述一個很長時段的歷史演變過程，和其中的歷史重演衝動，把人性的各個方面加以徹底揭示的一流的中國文史名著。

那麼，透過一定方式的引導，通讀《史記》這樣的文史名著，對你而言，可能會有什麼樣的收穫呢？

我想，首先，透過比較完整地閱讀《史記》，你可以超越生命的極限，大幅度拓展個人的經驗世界。人生不過百年，而通讀像《史記》這樣一部涉及上下數千年歷史的名著，可以在個人有限的生命裡，體驗古人的生活環境和生涯百態，客觀上既延展了你的生命長度，也拓展了你的人生視野。

其次，透過解析《史記》的大部分重要篇章，你可以培養自己具備一種更為通達的處世態度。凡事都從一定長度或深度的歷史視角考慮，觀察世界與剖析人生的時候，也會採取一種理性並且不失人性的立場。不放大個人的得失，也不蔑視渺小的生靈。

再次，透過更細緻地分析現在你讀到的《史記》的篇章文字，你會由此及彼，意識到因為我們的漢語歷史悠久，任何一個現存的歷史文本，包括由某人的講話轉寫成的文本，都不只有表面的單一層次的意思，其中甚至還可能疊加著其他人的筆墨。因此你會養成一種不輕信來歷不明的文字、說詞，喜歡追根尋源的思維方式。

也許有的讀者會說，讀《史記》的好處，我是知道的。但講《史記》的已經有不少了，你還有什麼好講的？「王侯將相，寧有種乎」，「燕雀安知鴻鵠之志」，我中學課本裡都讀過了。

但你可能不知道，我講的《史記》，和你已經知道的，其實並不相同。

這不同，主要體現在三個方面。

第一，我講的不是《史記》的名篇節選，而是涵蓋全體的《史記》。也就是不光講本紀、世家、列傳，連表和書都會講。為什麼連表和書也要講呢？因為表是《史記》的骨架，書則是中國最早的制度史，不講這兩體，你就看不清《史記》的整體脈絡。同時，我不光講《史記》本身的文本，也講《史記》的著作編刊史，還會講《史記》在中國和海外的影響。總之，透過這套書，你對《史記》的把握不是平面的、片面的，而是立體的、完整的。

第二，我講的主要不是《史記》裡記載的一般的歷史故事，而是要討論這些歷史故事的文本，是司馬遷自己寫的，還是對其他更早文獻的引用或者整理？如果是引用或者整理，它們的原貌可能是怎樣的？我們的目標，是探尋被《史記》書寫的歷史，與實際可能存續過的歷史之間，有怎樣的聯繫和區別。

第三，我講的除了《史記》的文本與史實，更多的還有《史記》流傳兩千多年以來，這部名著經過不同時代、不同區域和不同個性的人閱讀後，被揭示出來的內在的隱祕的東西和外在的添加的東西。這套書將整合時空跨度都相當大的《史記》文獻材料，各家對《史記》的感悟與不同的解讀角度，你都能從中一覽概貌。也就是說，你讀到的，不只是司馬遷的《史記》，還是兩千年來中外讀書人共同解讀的《史記》。

也許有讀者會說，兩千多年前的《史記》，都是文言文，我沒有什麼文言文基礎，讀這套書會不會太難了？這裡我要特別說明一下，為了便於大家閱讀，書中涉及的《史記》原文，絕大部分都已經按照大意，轉寫成現代漢語了；實在非要引用文言文原文時，我都會加上比較淺顯明白的現代漢語翻譯。所以即使你手頭沒有一頁《史記》原文，透過這套書，同樣可以了解《史記》的基本意思。當然，如果你因為讀了這套書，而開始借助工具書閱讀文言文的《史記》原書，那就更好了。

我想，如果能夠比較完整地讀一下《史記》，你最終會發現，真的是「太陽底下沒有什麼新鮮事」。而你，在《史記》滋潤的陽光中沐浴一過，再度回到有時不免灰暗的現實中，相信會變得更有預見性，更具智慧，也更有定力。

目次

卷首

司馬遷是一個怎樣的人，《史記》是一部怎樣的書

距現在大約兩千一百多年前，西漢武帝時期，一部漢語的文史巨著橫空出世。它的書名，當時叫《太史公書》，後來也稱為《太史公記》，再後來簡寫成《太史記》，最後大概在西元二世紀下半葉的東漢末期，縮減定名為《史記》。

《史記》的編著者，不用說你也知道，就是大名鼎鼎的司馬遷。但司馬遷是一個怎樣的人？也許有的讀者並不十分清楚。

司馬遷的人生，以西元前九九年為界，分成前後截然不同的兩段。在這一年之前，他是一個任性率真的人；在這一年之後，他變成了一個沉默寡言的人。

明人擬想的司馬遷像

他生於西元前一四五年，[1]也有一種說法是西元前一三五年。[2]他的老家，是位於今天陝西韓城南部的夏陽。不過在他還很小的時候，就遷居到了距首都長安（靠近今天的西安）不遠的茂陵。而茂陵，是漢武帝生前為自己修建陵園，特設的一個新城鎮。司馬遷的父親司馬談，當時擔任太史令，這是一個主管天文曆法、兼管文書檔案的職位，對於漢武帝而言，當然是修陵工程重要的技術顧問。

司馬遷晚年回顧自己的青春時光，曾說：「僕少負不羈之才，長無鄉曲之譽。」[3]意思是我從小就是個不受任何束縛的天才，長大了在家鄉一帶也沒有什麼好名聲。

大約二十歲左右，他就開始浪跡天涯。從陝西的茂陵出發，最東邊到過今天的浙江紹興。雲遊歸來，他很快上了國家重點培養對象的名單，有了第一份工作：做漢武帝近旁的低

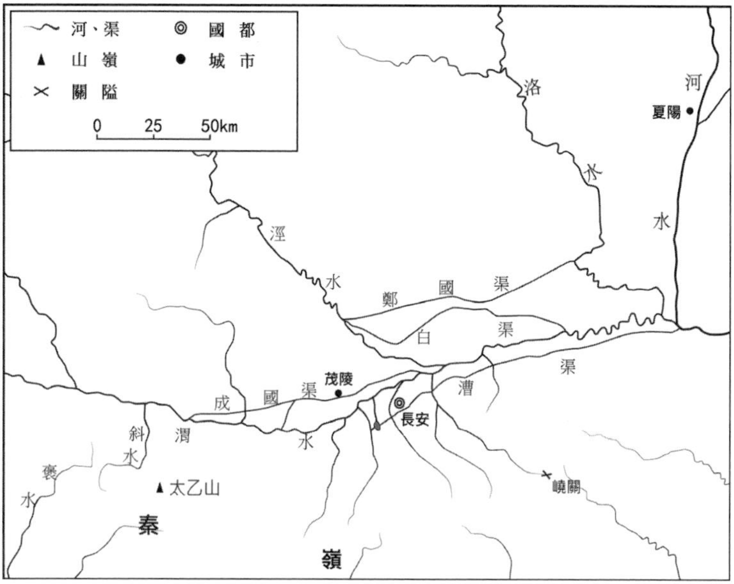

西漢夏陽、茂陵、長安相對位置示意圖

級侍衛，當時叫「郎中」，並奉命出使西南的巴蜀少數民族地區。元封三年（西元前一〇八年），他獲得了最具有歷史意義的職位升遷，接替去世不久的父親司馬談，擔任太史令。

在太史令任上，他主持了修造新曆法（後來稱為《太初曆》）的工作，同時開始幹一件意義深遠的私活——撰寫他父親草創，並臨終囑咐他務必完成的《太史公書》，也就是後來通稱的《史記》。

一切順風順水。轉眼到了天漢二年（西元前九九年），因為任性、率真，話太多，出事了。

當時《史記》才寫到一半，發生了將軍李陵投降匈奴的事件。別人都不說話了，只有他，當漢武帝公式化地問了一句：司馬遷，你怎麼看啊？他竟然天真地認為，最高領袖真的要他發表個人看法，就真的開始很有條理地為李陵辯護了起來。結果，漢武帝當場翻臉，他被欽定下獄，判處死刑，最後以接受腐刑，也就是割除生殖器為條件，才免於一死。

從天而降的腐刑，對於司馬遷的打擊，可以說是致命的。因為那不僅在他的身心留下了難以彌合的創傷，而且使他終身無法抹去寫在臉上的恥辱——他本來應該正常的充滿陽剛之氣的臉龐，從此變得像太監一樣柔弱不堪。

但這之後，他的職位卻非常離奇地再一次得到升遷。這一次，距他曾經衷心愛戴的領袖更近了，是做漢武帝的機要祕書，當時叫「中書令」。

他變了。在最好的朋友眼裡，他失去了往日的鋒芒，變得和普通官僚一樣平庸，甚至俗氣。但他堅持以自己的方式，默默地活下去。為的是什麼？就是為了寫完《史記》。

我們想，西元前九九年以後的司馬遷，雖然沒有聽過後來恩格斯發表的名言，「惡是歷史發展的動力的表現形式」，「正是人的惡劣的情欲——貪欲和權勢欲成了歷史發展的杠杆」，[4]但他對於人性的複雜跟個體和群體歷史發展的關聯，一定有了比之前更深切的體會。《史記》每一篇的末尾，都有一段「太史公曰」，是司馬遷就這一篇內容發表的歷史評論，其中不少應該就是在這樣的情境下寫的。

大約最晚到征和二年（西元前九一年）的十一月，司馬遷完成了他的這部總字數超過五十二萬字的巨著。這之後他給一位叫任安的好友寫了一封長信，傾訴了自己的著述心聲。而寫了這封後來以〈報任安書〉聞名的書信後，司馬遷竟神祕地失蹤了。

由於東漢時就有一種說法，說司馬遷任中書令後「有怨言，下獄死」，[5]後來又有傳聞，說《史記》的部分篇章，曾被漢武帝抽看，看了以後大怒，所以被削除了，[6]研究者推測，司馬遷很可能最後還是沒有逃脫漢武帝的魔掌，死於非命。[7]

司馬遷死在哪一年，究竟怎麼死的，我們到現在都還搞不清楚。但他用生命寫成的《史記》，幾經曲折，流傳了下來。

這是一部從形式到內涵都具有獨特面貌的巨著。其中書寫的，是上起傳說中的黃帝時代，下至漢武帝統治時期，以中國為中心，以當時的世界知識為背景的人類歷史。

《史記》全書總共一百三十篇，按文章體裁，分為下面這五大部分：

第一部分叫「本紀」，共有十二篇，所寫的，都是歷代傳說或實際掌握國家最高權力者的事蹟，記事方式以帝王傳代編年為主。其中最神奇的，是從上古帝王黃帝寫起，一路寫到了當朝皇帝漢武帝。

第二部分叫「表」，共有十篇，都是用表格的形式，按年月、國別，簡要梳理歷史事件和重要人物的活動。其中又按時間尺度的疏密，分為世表、年表和月表三類。

第三部分叫「書」，共有八篇，每一篇都是某一個專題的制度史。其中既有講禮樂制度的，也有講天文、曆法、宗教的，還有記軍事、水利和經濟的。

第四部分叫「世家」，共有三十篇，主要是寫漢和漢以前各個重要的諸侯大姓的家史；同時為表彰歷史地位特殊的人物，也破例安排了像〈孔子世家〉這樣的篇章。

第五部分叫「列傳」，共有七十篇，都是以傳記的形式，傳寫古今代表性的人物和民族事蹟。按照它們的性質，又可以分為「合傳」、「獨傳」和「滙傳」三類。前兩類以寫個體的人為主，比如〈屈原賈生列傳〉、〈孟嘗君列傳〉；後一類以寫特定群體和他們所做的事為主，比如〈刺客列傳〉。

本紀、表、書、世家、列傳五體合一，司馬遷創造了一個既縱橫交織、互相照應，又立體完整的歷史敘述文本。這樣格局宏大、結構精妙的史書，是之前從來沒有過的。

儘管因為歷史原因，流傳到今天的《史記》，其中已經參雜有後人補寫添改的文字，但就總體篇幅而論，司馬遷編著的原文，在今本《史記》中仍然占據了絕對主導的地位。所以我們依然可以根據這個流傳了兩千多年的文本，去探尋司馬遷當年寫書的心聲。

司馬遷為什麼要寫《史記》？最扼要的答案，就是他寫在〈報任安書〉裡的三句話：「究天人之際，通古今之變，成一家之言。」也就是以貫通古今人事的方式，探討人類歷史的變遷大勢，成為可以跟諸子百家分庭抗禮的別一家。所以梁啟超說，《史記》一書，其實是「借史的形式」來發表的「一家之言」。[8]

司馬遷編著《史記》的具體方法，他自己有多處談到。一個是「網羅天下放失舊聞」[9]，就是把所有現存的書面文獻和傳播在口的老故事都一網打盡；一個是「厥協六經異傳，整齊百家雜語」[10]，就是協調儒家經典的不同版本和解釋，梳理諸子百家的各種說法；還有一個是「述故事，整齊其世傳」[11]，就是轉述歷史舊聞，同時把其中的各種歷史譜系加以系統化、條理化。所以大家不要誤會，以為《史記》裡的文字都是司馬遷或者他父親司馬談自己寫的，不是的。書中的不少部分，是對已有文獻的排比、整理、加工和轉寫。不過司馬遷特別厲害的地方，是他透過各種方式，將書面文獻、口頭傳說和他自己的文字熔鑄於一爐，保持了整體風格的基本一致。

從西元七世紀開始，中國圖書分類系統中有「正史」一類。名列正史之首的，就是《史記》。[12]之後史學史上著名的二十四史，也以《史記》領頭，後面的二十三部正史，基本結構都是模仿《史記》的。但是，正史之中，能夠像《史記》那樣，以一家的力量，編寫通貫數千年的人類歷史的，再也沒有了。能夠像《史記》這樣，整部書不僅有條理地記錄歷史，而且還入木三分、文采飛揚地刻畫人性，既是史學名著，又是文學名著，也再沒有了。站在後世狹隘的正統歷史學本位角度，自然可以說《史記》作為正史體例不純；但如果還原到歷史學發生的原初狀態，我想任何不帶偏見的人都會同意，像《史記》這樣一部既感性地描寫特定時代人的個性，又理性地關注長時段歷史中的普遍人性的著作，在指示歷史學的未來方向方面，一定高於一本看不見靈魂的事件流水帳。

陝西韓城司馬遷祠（汪湧豪 攝）

中國有一部《史記》，是一種難得的幸運；中國只有一部《史記》，又是一件令人深思乃至悲哀的事。

第一卷

說「本紀」——什麼叫改朝換代，帝王又是什麼東西

〈五帝本紀〉

——為什麼說你我都是炎黃子孫

無論在中國境內，還是海外，華人相遇，都會互稱「同胞」，會說我們都是「炎黃子孫」。這其中黃顏色的「黃」，指的是「黃帝」。為什麼我們會把「黃帝」奉為中華民族共同的祖先呢？這就要從《史記》的開卷第一篇〈五帝本紀〉說起。

所謂「五帝」，是指三代（也就是夏、商、周）以前，五個在司馬遷看來歷史時期最早的人間帝王。按照先後次序，他們分別是黃帝、顓頊、帝嚳、堯、舜。

根據〈五帝本紀〉的記載，黃帝姓公孫，名軒轅，是少典之子。他生當群雄逐鹿、暴虐百姓的衰世，用「修德振兵」也就是道德治理和強軍練兵兩結合的手段，聯合其他部屬討伐對手，成功了，因此被諸侯擁戴為「天子」。他之後的四位帝王，顓頊、帝嚳、堯、舜，則

山東嘉祥漢武梁祠石刻中的顓頊、帝嚳和堯（拓片）

是同出一系的他的血親後代。

具體來說，黃帝生了兩個兒子，一個叫玄囂，一個叫昌意。顓頊是黃帝小兒子昌意的兒子，就是黃帝的孫子；帝嚳是黃帝大兒子玄囂的孫子，就是黃帝的曾孫。堯又是帝嚳的兒子，就是黃帝的玄孫。而舜，追溯上去，他的五世祖是顓頊，六世祖是昌意，所以他應該是黃帝的七世孫。

按照〈五帝本紀〉的記載，顓頊和他爺爺黃帝相比，長處不在打仗，而是懂天文，敬鬼神，定規矩。帝嚳這位黃帝的曾孫呢，據說一生下來就能自報名字，長大後又擅長「全球治理」，簡直就是個天才。而黃帝的玄孫堯，聰明程度既不比帝礜差，還很健康長壽，在帝王位置上足足幹了九十年，才退居二線。

相比之下，〈五帝本紀〉對居於五帝之末的舜，記載最為詳細，有些地方情節曲折，竟有點像小說了。

說是舜是個大孝子，親娘早逝，老爸是個沒主見的瞎子，娶了後媽，還多了個壞心眼的弟弟。這老爸和弟弟倆心理變態，一心要除掉舜。有一回讓舜去挖井，等井挖好了，居然稀里嘩啦往井裡填土，要活埋了舜。他們沒想到的是，舜在往下挖井的同時，留了個心眼，就像我們在老電影裡看到的抗日遊擊隊一樣，順便在井底橫向挖出了一條通向地面的地道。這時這地道還真的派上了用場，讓舜化險為夷，安然撤離。

故事還沒完。弟弟以為大哥已被活埋，就忙活著分了他的家產和女人，那邊的大哥卻已經抖落身上的塵土，站在了占據自己房產的弟弟跟前。這弟弟正彈著哥哥心愛的古琴呢，沒想到哥哥竟復活了，驚愕之餘，只好無恥地說：「我正想你想得心神不寧。」舜倒也大度，只回了他一句：「是啊，你這麼說還差不多。」

不過，〈五帝本紀〉中寫舜的部分，有些紀錄是否真實，很讓人懷疑。比如說堯為了考察舜是否合適做帝王接班人，極富犧牲精神地把自己的兩個女兒都嫁給了舜。但根據前面我們所排的次序，堯是黃帝的玄孫，他女兒就是黃帝的四世孫輩，而舜是黃帝的七世孫，那他娶的可就是遠房太姑奶奶了，這怎麼可能呢？

問題還不止於此。更奇怪的是〈五帝本紀〉中，都出現了只有春秋戰國諸子思想興起以後，才可能有的內容和場景。

比如說黃帝的得名，是因為有「土德之瑞」。這種把顏色和金、木、水、火、土相配的做法，顯然是戰國時期陰陽五行學說起來之後才有的觀念。又比如說堯讓接班人舜「慎和五典」，也就是要謹慎地協調仁、義、禮、智、信五種禮教，這樣的說法，一看就知道，用的是秦漢時期儒家的專有名詞。

〈五帝本紀〉另一個值得注意的方面，是五位帝王的傳記，篇幅長短不一，文字風格也很不相同。像顓頊的部分，只有一百來個字，而舜的部分，卻有一千八百多字。不僅如此，寫得最少的顓頊部分，幾乎就是空泛的概念堆砌。相反地，堯的部分，記錄有大量的帝王和大臣之間的對話。

為什麼作為《史記》開篇的〈五帝本紀〉，內容上會有那樣明顯的矛盾，文字分配會這樣地不均勻，而文風又是如此地不一致呢？

因為這篇〈五帝本紀〉的主體內容，不是司馬遷或者他的父親司馬談自己寫的，而是抄錄整理前人著述中的相關內容，穿插各地聽聞的傳說故事，再加以有限的條理化而成的。

具體地說，〈五帝本紀〉的前三位帝王黃帝、顓頊和帝嚳的傳記，主體來自〈五帝德〉和〈帝繫姓〉兩篇古典文獻；而後兩位帝王堯和舜的傳記，主體則來自儒家經典名篇〈堯典〉和〈舜典〉——當然都經過了一定程度的改寫和增刪。

堯、舜二〈典〉，至今依然留存在儒家經典《尚書》裡。〈五帝德〉和〈帝繫姓〉兩篇，一般認為，就是相傳出自西漢經學家戴德的禮學經典《大戴禮記》中的兩章——〈五帝德〉和〈帝繫〉。這也就不難理解，為什麼〈五帝本紀〉中會有這麼多充滿儒家思想色彩的表述了。

今天我們可以比較確定的是，〈五帝本紀〉裡所排列的這五位帝王的世系，也就是那種帝王只此一家、血緣一脈相承的簡單明瞭的系統，恐怕是有問題的。但是〈五帝本紀〉中記載的一些具體事例，可能有上古史實作為其背景。比如堯秉持「讓賢」的原則，把帝位傳給了賢明的舜，也就是我們熟知的「禪讓」，恐怕就是早期氏族社會君長推選制度的反映。

或許有的讀者會問，我們聽過一個關於中國歷史起源的說法，叫「自從盤古開天地，三皇五帝到於今」，[1]可為什麼《史記》開卷第一篇，既不提盤古，也不說三皇，而只講五帝呢？

這裡就涉及所有的上古歷史敘述中，普遍存在的神話傳說和歷史事實糾纏的問題。歷史的詭異之處，在於一旦一個傳說延續久遠，會根深蒂固地印入普通人的腦海，成為一種被普遍接受的知識，而這種知識一旦進入啟蒙教育的領域，代代相傳，就演變成了人所共知的所謂「史實」。

盤古開天地的傳說，據現代學者考證，應該是東漢時期才出現的，[2]所以司馬遷當然不知道。三皇的說法不止一種，其中像天皇、地皇、泰皇的說法在西漢之前已經流行，[3]但司馬遷顯然不相信他們是實際存在過的人。只有五帝，在他看來才是人間的第一批實際存在過的帝王，所以他用〈五帝本紀〉作為《史記》開篇。

雖然按照現代學者的研究，〈五帝本紀〉所記，依然不乏傳說的成分，[4]但司馬遷當年以〈五帝本紀〉作為《史記》開卷第一篇的立意，是給多少點讚都不過分的。因為他是在以當時能夠達到的人對歷史認識的高度，給自己也給後來的同道定一個通史書寫的原則：寫人，而不寫神，並且要盡力摒棄「其文不雅馴」（也就是胡說八道）的百家之言。

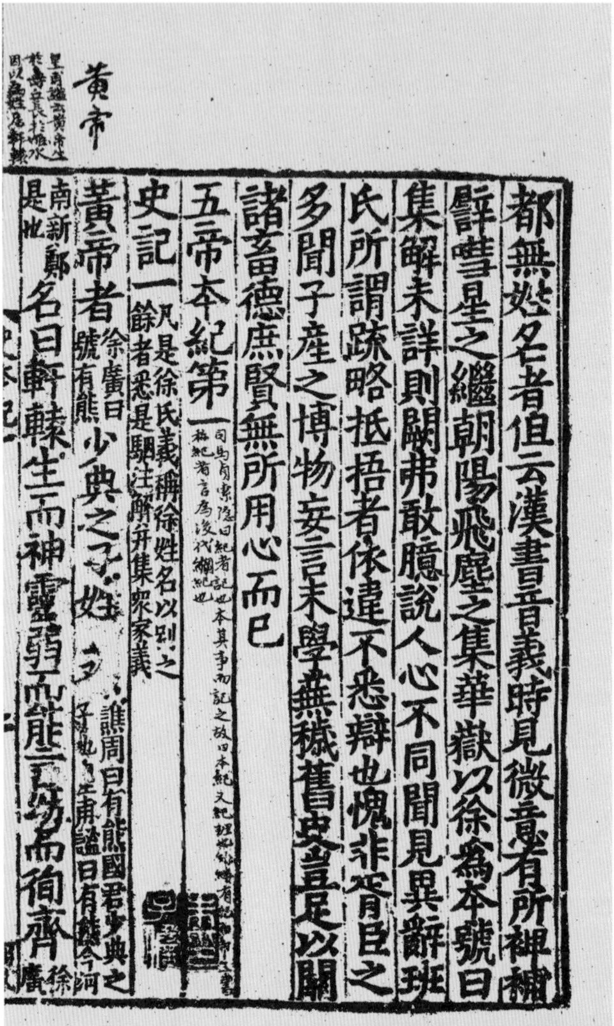
都無姓名者但云漢書音義時見微意有所裨補
譬嘒星之繼朝陽飛塵之集華嶽以徐爲本號曰
集解未詳則闕弗敢臆說人心不同聞見異辭班
氏所謂疏略抵捂者依違不悉辯也愧非胥臣之
多聞子產之博物妄言末學蕪穢舊史豈足以關
諸畜德庶賢無所用心而已
五帝本紀第一 司馬貞索隱曰紀者記也本其事而記之故曰本紀又紀理也絲縷有紀而帝王書稱紀者言爲後代綱紀也
史記一 凡是徐氏義稱徐姓名以別之餘者悉是駰注解并集衆家義
黃帝者 徐廣曰號有熊 少典之子 譙周曰有熊國君少典之子也皇甫謐曰有熊今河南新鄭是也 姓公孫 名曰軒轅生而神靈弱而能言幼而徇齊

影印北宋刻本《史記》裡的〈五帝本紀〉卷端（原書傅增湘舊藏，現中央研究院藏）

遺憾的是，司馬遷的這種崇高的歷史意識，直到唐代，依然有人不理解。像給《史記》作注的司馬貞，就不自量力地作了一篇〈三皇本紀〉，自說自話地放在〈五帝本紀〉的前面。這讓我們說什麼好呢？除了送給他四個字「佛頭著糞」，別的都是多餘的了。

另一方面，我們想，司馬遷父子應該討論過《史記》的整體結構問題。在全書開篇講五帝，尤其是把黃帝放在第一位，很可能跟司馬遷的父親司馬談崇尚西漢時流行的政治哲學黃老道家有關。但到司馬遷正式完成一百三十篇的《史記》時，這種特殊的安排，又顯然有司馬遷身處漢武帝所在時代的特殊性背景。

已經有不止一位的學者指出，讀《史記》的〈五帝本紀〉，應該和《史記》八書中的〈封禪書〉對照著看。[5]漢武帝時代，黃帝被方士們惡性地傳寫為一個可以長生不老的神仙，騙得漢武帝也躍躍欲試想當神仙化的黃帝，司馬遷對此深惡痛絕，所以才要寫這麼一個帶有明顯人性，且可以作為帝王光輝榜樣的黃帝，作為他這部大書的開篇第一人。他之所以採用〈五帝德〉——「德」，也就是道德——這一明顯儒家化的後起的文本作為撰寫〈五帝本紀〉的基礎，恐怕也是一個重要的因素。

〈五帝本紀〉隨著《史記》流傳到今天，客觀上的一個意外收穫，是當五帝（而不是

明人擬想的黃帝、炎帝像

三皇）的說法深入人心後，「黃帝是中華民族最初的祖先，黃帝以下血脈相承，逐漸繁衍出整個中華民族」這一觀念，成為數千年來中國人共同的一種精神寄託。中華民族心理上更認同統一，而不是分裂，跟這個大有關係。

但是，我們今天說的「炎黃子孫」，為什麼黃帝之前還有個炎帝呢？這裡面其實有一個因誤解而形成的傳說。

炎帝名字在〈五帝本紀〉中出現過，但並沒有被列在五帝的序列裡，更沒有像黃帝一樣的崇高地位，反而是作為黃帝的對立面出現的：他們倆在一個叫阪泉的地方打起來了，而且還打了三仗，最後以黃帝打敗炎帝告終。

原文有點長，我們就不引了。其大意是說，黃帝登場的時候，神農氏已經走向衰落了。這時諸侯相互打仗，苦了百姓，但作為老大的神農氏都沒個解決的辦法，需要黃帝出場才能擺平。這當中蚩尤特別殘暴，沒人敢打他。炎帝則想撿個便宜，侵略諸侯，諸侯大概也怕炎帝，就都歸順到了黃帝的旗幟之下。於是黃帝領銜開戰，先幹掉了炎帝，再滅了蚩尤。

顯然，這裡的神農氏從輩分上看應該是長於黃帝的。炎帝的輩分是否高於黃帝，則沒有明說。但到後來注釋《史記》的人那裡，神農氏被解釋為就是炎帝。[6]舊說相沿，在後來的「炎黃子孫」這一說法裡，炎帝就名列在黃帝之前了。

不過如果我們剝去傳說的神話色彩，推測上古部落之間的征戰實態，說有像炎、黃這樣的屬同一時期、又占據了「華夏」不同區域的兩個（或者幾個）部落或部落聯盟，因為相鬥而相融，延續至今，成為中華民族的共同祖先，應該是合情合理的吧。

〈夏本紀〉
——華夏九州在何方

上一節我們講了《史記》的第一篇〈五帝本紀〉，回答了一個與中華民族的民族認同有關的大問題：為什麼你我都是炎黃子孫。這一節，我們要講《史記》的第二篇〈夏本紀〉，其中涉及的，是一個有關中華民族生活空間的大問題，就是華夏九州在何方。

在討論這個大問題之前，我們要先說一下〈夏本紀〉的性質。跟〈五帝本紀〉主要記錄傳說中的帝王不同，〈夏本紀〉所記的，是一個在中國歷史上真實存在過的王朝——夏朝。儘管到目前為止，有關夏朝的很多關鍵性的問題，比如夏朝的都城在哪裡，考古發現的河南偃師二里頭遺址是不是夏朝都城，[1]《史記》所謂「國號曰夏后」的「夏」字，究竟是什麼意思，與之相連的，今天我們非常熟悉的民族自稱「華夏」，是否如章太炎所言，「華」是指華山等，[2]考古學界、歷史學界和古文獻學界都還沒有定論，但夏朝是中國早期王朝歷史的開端，跟後來的商朝和周朝一起被稱「三代」，從文獻記載上說，是沒有任何問題的。

《史記》的〈夏本紀〉，從大禹記起，一共記錄了十四代、十七位帝王的譜系。之所以代數和在位帝王數有差異，是因為十七位帝王中，有三位是在兄弟或堂兄弟之間傳位的，其他則是父子相繼。

山東嘉祥漢武梁祠石刻中的大禹（拓片）

這十七位帝王中，比較引人注目的有四位。

第一位是夏朝的開國君主大禹，他是上一節〈五帝本紀〉裡我們講過的黃帝的玄孫，顓頊的孫子。他的爸爸叫鯀，是個悲劇式的人物，因為被五帝中的堯派去治理洪水，幹了九年專案都沒有結案，被舜發現問責，結果流放到一個叫羽山的地方，並死在那裡。大禹則被人推舉，接著幹他爸沒幹成的治水事業。我是很懷疑，這不是人幹的活，根本就沒人肯幹。但大禹幹了，還幹成了，所以舜生前就把他定為王位接班人。

第二位是帝啟，他是大禹的兒子，子承父業繼承了王位，一般認為是開啟了後世家天下的模式。第三位是太康，他是大禹的孫子，帝啟的兒子，他的出名，是因為「失國」，也就是中途失去了王朝統治權。第四位是夏朝的末代君王帝履癸，他有一個更有名的別號，叫桀，就是這位夏桀，最後被商湯打敗，導致了夏朝的滅亡。

四位夏朝有名的帝王裡面，後面三位的事蹟，記的都十分簡單。相比之下，最詳細的，是大禹的事蹟，相關文字超過了三千字；而其他的夏朝君王，加起來還不到六百個字。

為什麼〈夏本紀〉裡諸位君王的記載，比重如此失衡？一個很重要的原因，就是文獻稀缺。大家如果讀過《論語》，就應該記得孔子曾經說過：「夏禮吾能言之，杞不足徵也。……文獻不足故也。」意思是夏朝的禮儀制度我是可以說說的，但承接了夏朝血脈的杞國，那裡留下的相關證據不夠多。所以歸根結柢是文獻留下來太少了。

那為什麼〈夏本紀〉裡大禹的部分，會有這麼多文字呢？這是因為到司馬遷寫書的時

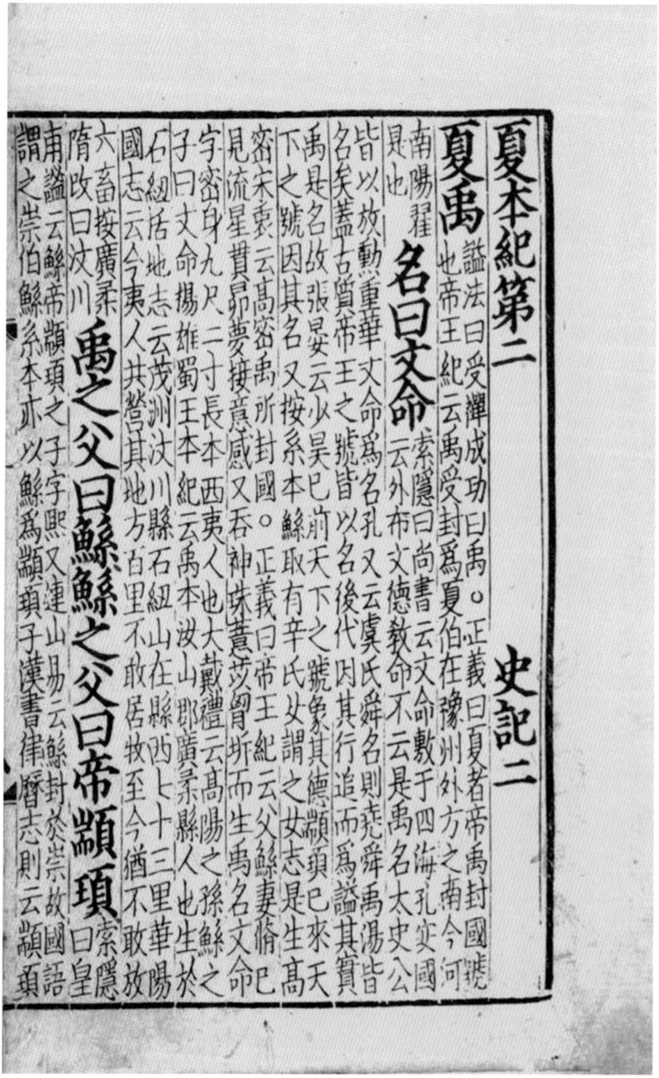
夏本紀第二　史記二
夏禹 諡法曰受禪成功曰禹。正義曰夏者帝禹封國號也帝王紀云禹受封爲夏伯在豫州外方之南今河南陽翟是也 名曰文命 索隱曰尚書云文命敷于四海孔安國云外布文德教命不云是禹名太史公
皆以放勳重華文命爲名孔又云虞氏舜名則堯舜禹湯皆
名矣蓋古質帝王之號皆以名後代因其行追而爲謚其實
禹是名故張晏云少昊已前天下之號象其德顓頊已來天
下之號因其名又按系本鯀取有辛氏女謂之女志是生高
密宋衷云高密禹所封國。正義曰帝王紀云父鯀妻脩己
見流星貫昴夢接意感又吞神珠薏苡胷坼而生禹名文命
字密身九尺二寸長本西夷人也大戴禮云高陽之孫鯀之
子曰文命揚雄蜀王本紀云禹本汶山郡廣柔縣人也生於
石紐括地志云茂州汶川縣石紐山在縣西七十三里華陽
國志云今夷人共營其地方百里不敢居牧至今猶不敢放
六畜按廣柔隋改曰汶川 禹之父曰鯀鯀之父曰帝顓頊 索隱曰皇
甫謐云鯀帝顓頊之子字熙又連山易云鯀封於崇故國語
謂之崇伯鯀系本亦以鯀爲顓頊子漢書律曆志則云顓頊

南宋黃善夫刻本《史記》裡的〈夏本紀〉卷端（日本東京大學東洋文化研究所藏）

候，有關大禹的文獻、故事和傳說還相對保留得比較多。像〈夏本紀〉的這一部分，就主要是抄自當時已經出名的儒家經典《尚書》裡的相關篇章。

〈夏本紀〉寫大禹的部分，最突出的有三個方面：一是大禹治水，這個很多讀者從小學課本裡就讀過了；二是透過描寫大禹治理水患，引出了「九州」這一早期行政區劃概念，以及各方諸侯向夏王朝所在的冀州進貢各自地方特產的路徑；[3]三是與九州的概念相適應，提出了中心王朝與周邊諸侯、化外蠻夷關係圈的「五服」制度。

〈夏本紀〉裡描寫大禹治水，說他「勞身焦思，居外十三年，過家門不敢入」。類似的說法，儒家經典《孟子》裡也有，只是細節不同。在《孟子》的〈滕文公上〉篇裡，孟子給滕文公講大禹治水的故事，說大禹「八年於外，三過其門而不入」。一個說是十三年，一個說是八年，八年說還連帶著有了後來的「三過家門而不入」的故事。兩種說法誰更接近事實，已經沒有辦法考證了。不過〈夏本紀〉所記大禹治水辛苦勞作的情狀，顯然比《孟子》詳盡。比如其中描寫大禹風塵僕僕、東奔西走的治水情形，說他是「陸行乘車，水行乘船，泥行乘橇，山行乘檋」，風馳電掣的場面，很有現代電影裡超人特工的感覺。而四者之中，在泥沼中所乘的「橇」，應該是一種木製的平底載運工具，類似今人滑雪用的雪橇；登山所

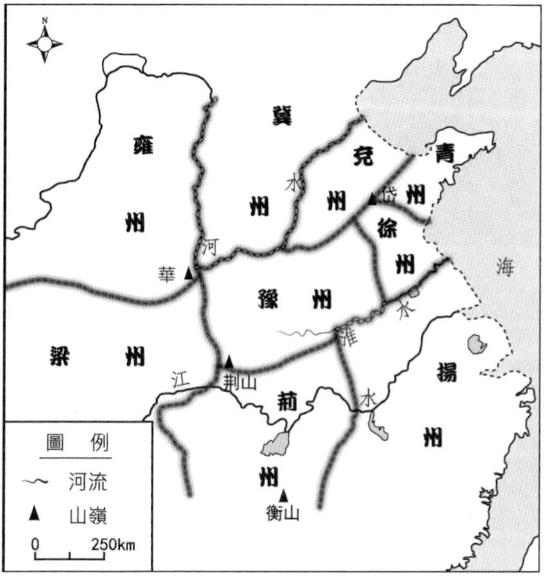

《尚書．禹貢》九州示意圖

用的「樺」，有的研究者認為是一種製作特殊可以防滑的登山鞋。

〈夏本紀〉大禹事蹟裡記錄「九州」的部分，全部是從《尚書》的〈禹貢〉篇移錄過來的，只是改了少量的字。「九州」是指冀州、兗州、青州、徐州、揚州、荊州、豫州、梁州、雍州，這九個傳說出自大禹時代的行政區域。從〈夏本紀〉所錄看，它們是以上古名山大河為界標劃分的。由於古今地理變化很大，我們只能根據歷史地理學界的研究，粗略地為大家勾勒一下這九州相當於今天的什麼地方。

第一個：冀州，大致相當於今天晉陝間黃河以東的山西以及河南北部、河北東南部一帶；

第二個：兗州，大致相當於今天的山東北部、河南中部偏北一帶；

第三個：青州，大致相當於今天泰山以東直抵渤海的山東中部和東部一帶；

第四個：徐州，大致相當於今天泰山以南東抵黃海的山東南部，以及淮河以北的江蘇北部一帶；

第五個：揚州，大致相當於今天淮河以南的江蘇、安徽以及浙江、江西一帶；

第六個：荊州，大致相當於今天荊山（位於襄樊西南）以南、衡山以北的湖北、湖南一帶；

第七個：豫州，大致相當於今天的河南大部以及荊山以北以東的湖北北部一帶；

第八個：梁州，大致相當於今天的華山以南、金沙江以東的四川大部以及陝西南部一帶；

第九個：雍州，大致相當於今天晉陝間黃河以西的陝西大部以及寧夏、甘肅、青海一帶。

據說大禹對上述九州的水土做了逐一的治理，成功之後，又勘定了九州的田賦等次與土地等級，記錄了當地的特產。並依照土地的實際情況，決定各地上貢夏朝天子的土產。與此相應，〈夏本紀〉（其實就是抄自《尚書》的〈禹貢〉篇）裡還說經過大禹的治理，「九山刊旅，九川滌原，九澤既陂」，雖然都以「九」為數，恐怕也不能簡單地理解為，大禹打通的山嶺、疏浚的河流、修築堤壩的湖泊，都正好是九個，而只能是表示數量多而已。

〈夏本紀〉裡從《尚書》的〈禹貢〉篇抄錄的，除了九州，還有五服。五服制度，是一個涉及中心王朝與周邊諸侯、化外蠻夷關係圈的朝貢制度。具體來說，是以所謂的「天子之國」也就是王城為中心，以五百里為界，像畫同心圓一樣，逐次向外擴展圈子。五個圈子的名稱，由內向外依次是甸服、侯服、綏服、要服、荒服。前三服大概相當於後來的諸侯國，分別有進貢物品或護衛王城的責任，後兩服則是蠻夷所居，化外之地，除了用來流放罪犯，別的是管不到了。

無論是九州概念還是五服制度，今天看來，都有不少理想的成分，應該不是對夏朝統治區域形勢的忠實描摹。二十世紀以來學界的共識，是這樣的概念和制度藍本，應該是後來的周朝人追述的。

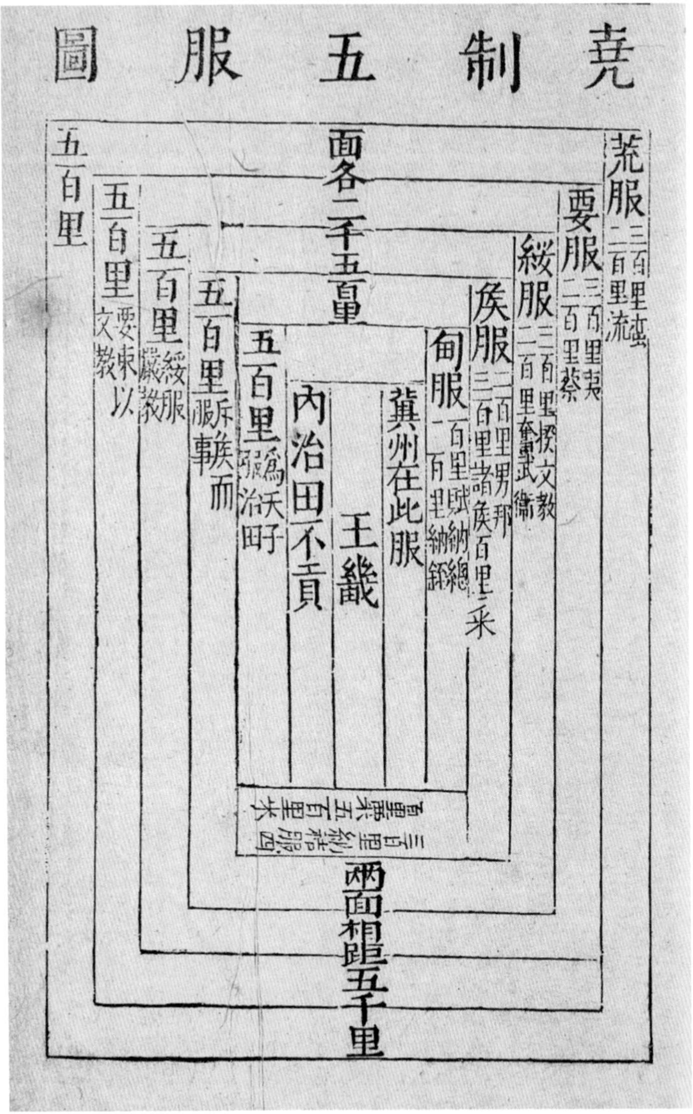

明萬曆刻本《三才圖會》裡的五服制度圖

不過如果我們不機械地把五服理解為完全等距離的同心圓，那麼它在早期中國的國家形成歷程中，反映出的中心王朝和周邊諸侯部落的關係，恐怕是不乏真切的面相和影子的。而〈夏本紀〉所記的九州，儘管不是當時夏王朝實際控制區域的忠實紀錄，卻很可能是那個時代的人對空間世界了解和地理知識掌握的一種反映。

司馬遷把〈禹貢〉全文引入《史記》，並且正好出現在接續〈五帝本紀〉的〈夏本紀〉裡，除了文獻留存原因之外，恐怕也很難說完全沒有用西漢時代的「大一統」思想主導歷史寫作的意圖。所謂「大一統」，很容易被誤解為大統一，其實這其中的「大」，不是形容詞，而是動詞，是張大、強調的意思，「大一統」也就是強調一統的崇高地位。所以〈夏本紀〉全文徵引〈禹貢〉九州，而不取當時更容易理解的其他有關九州的說法，比如《呂氏春秋》裡的比較純粹的地理解釋，其中顯現的，是一種刻意強調天下一統、凝聚人心的歷史意識。從這個意義上說，〈夏本紀〉或者說〈禹貢〉裡的九州，雖然不一定是夏朝疆域的實際反映，卻大致符合後來逐步形成的中華民族統一國家的域內主要行政區劃實況，因而華夏九州這一稱呼，成為一代又一代中國人對於自我生活空間的一種獨特表述。

〈殷本紀〉（上）

——來自甲骨文的信史證據1

上一節我們講了《史記》本紀的第二篇〈夏本紀〉。從這一節開始，我們要講《史記》本紀的第三篇〈殷本紀〉，也就是夏商周三代裡的商朝的本紀。〈殷本紀〉內容比較多，我們打算分兩次講。這一節要討論的主題，是〈殷本紀〉是不是信史。

在討論〈殷本紀〉是不是信史這個問題之前，我們要先解釋一下，為什麼明明是商朝的本紀，《史記》的篇名不題為「商本紀」，而要寫成「殷本紀」？

「殷」其實原本是個地名，它是商代後期著名君王盤庚遷居定都的地方，在今天的河南安陽。商王朝前後立為都城的地方雖然有不少，但就數在殷的時間最長，所以後人習慣上用「殷」指代商朝。

殷商的歷史，從哪裡講起？〈殷本紀〉是從一個神話傳說講起的。說是殷的先祖，名叫契；契的母親，名叫簡狄，是有娀氏的女兒，又是〈五帝本紀〉裡出現過的帝嚳的第二個妃子。這簡狄有一回和其他兩個妃子在野外沐浴，看到燕子產卵，就吃了燕子蛋，結果懷孕了，生下的嬰兒，就是契。

這當然是傳說了。但這個傳說，卻不是司馬遷杜撰的。在《詩經》的「商頌」裡，有一篇〈玄鳥〉，開頭說：「天命玄鳥，降而生商。」意思是上天命令一隻黑色的鳥降臨人間，誕生了商王。根據注釋《毛詩》的漢朝人鄭玄的解釋，其中講的，就是簡狄吞燕子蛋而生契的故事。現在發現的戰國楚簡中，也有相關故事的更為生動的版本。[2]

傳說可能有點離奇，不過現代學者從人類學的視角加以研究，發現這一則感生故事寓示的，很可能是上古中國母系社會的一種真實而特殊的情況，就是世代繁衍，只知其母，不知其父。至於「玄鳥」（也就是燕子）呢，大概是族群或者一個部落的圖騰。

根據〈殷本紀〉，契成年後，曾隨大禹治水，建功立業；接著被舜授予司徒的官職，管理百姓的道德風紀。因為業績突出，他被封在一個叫「商」的地方。後來商王朝的名號，就是從這個地名而來的。「商」在哪裡？就在今天的河南商丘。

商王朝的真正建立，要到成湯的時候。成湯立國之前的文化，一般稱為早商文化。關於早商文化，民國時期的著名學者傅斯年，寫過一篇著名的論文〈夷夏東西說〉，認為早商跟東夷同在一系，屬當時的東方文化；夏文化則屬當時的西方文化。夏跟商，從源頭上說，不是前後相繼，而是同時並存的。

從殷商的始祖契，到商代的開國之君成湯，總共經歷了十四代。〈殷本紀〉對這一經歷的描寫，是連續重複一句非常格式化的話，就是「某某卒，子某某立」，意思是某某死了，他兒子某某繼承了他的位子。連續重複了這句話以後，最後才重點寫了成湯的事蹟。

從成湯立國，再到商朝末代君主紂王被伐，經歷了二十九位君主。〈殷本紀〉對這一過程的描述，基礎也是明顯格式化的可以重複的套語「帝某某崩，子（或者弟）某某立，是為帝某某」，意思是帝王某某駕崩了，他的兒子（也可能是他的弟弟）某某繼承了王位，這就是新帝王某某。和前面所記成湯以前的十三代世系不同的是，在這樣經常重複的格式化套語段落之間，還插入了相關帝王的故事。

從長時段歷史紀錄看，這些有關商王世系的重複套語，文辭儘管十分枯燥，有時卻比夾在它們中間的故事，具有更重要的歷史價值。

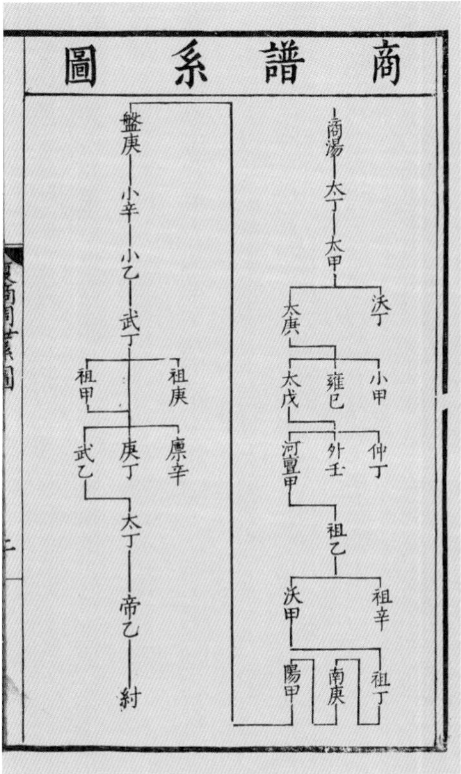

明萬曆刻本《史記評林》裡的
《商譜系圖》

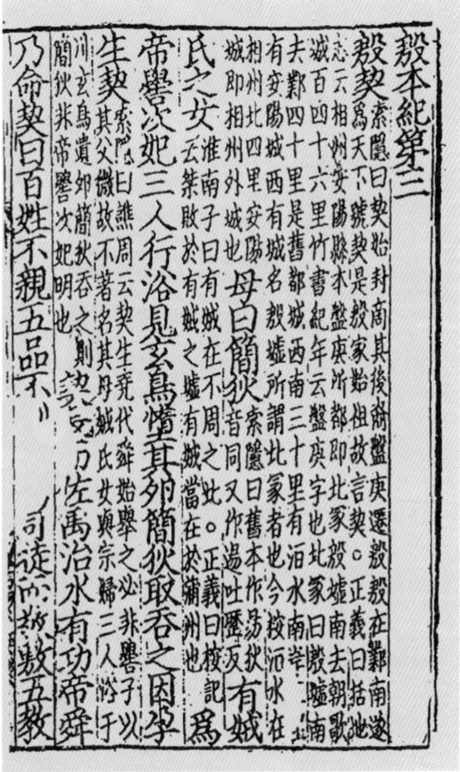
殷本紀第三

殷契 索隱曰契始封商其後裔盤庚遷殷殷在鄴南遂爲天下號契是殷家始祖故言殷契。正義曰括地志云相州安陽縣本盤庚所都即北冢殷墟南去朝歌城百四十六里竹書紀年云盤庚自奄遷于北冢曰殷墟南去鄴四十里是舊鄴都城西南三十里有洹水南岸三里有安陽城西有城名殷墟所謂北冢者也今按洹水在相州北四里安陽城即相州外城也 母曰簡狄 索隱曰舊本作易狄音同又作逷吐歷反 有娀氏之女 淮南子曰有娀在不周之北。正義曰按記云桀敗於有娀之墟有娀當在於蒲州也 爲帝嚳次妃三人行浴見玄鳥墮其卵簡狄取吞之因孕生契 索隱曰譙周云契生堯代舜始舉之必非嚳子以其父微故不著名其母娀氏女與宗婦三人浴于川玄鳥遺卵簡狄吞之則簡狄非帝嚳次妃明也 契長而佐禹治水有功帝舜乃命契曰百姓不親五品不訓汝爲司徒而敬敷五教

影印元彭寅翁刻本《史記》裡的
〈殷本紀〉卷端（中國國家圖書館藏）

〈殷本紀〉傳錄的這個殷商帝王世系，究竟根據的是什麼原始文獻，這個現在已無法確知了。但這一世系是真實的，已經被出土文物和考古發現所證實。

這出土文物和考古發現，就是十九世紀末開始，在河南安陽的殷墟，陸續出土發掘出來的龜腹甲、牛肩骨，以及這些龜腹甲、牛肩骨上刻著的文字——甲骨文。

在龜腹甲和牛肩骨上用刀挖出一系列的小洞，然後用火燒灼，觀察甲骨背面因高溫而產生的裂痕，以此來判定吉凶，這樣的占卜方式，是商朝人一直以來沿襲相用的。殷墟發現的龜甲，大小不同。小的烏龜當然可以就地取材，大的就得另想辦法了。考慮到商代統治區域並不靠海，所以占卜所用大型龜甲，應該來自商以外的地區。李學勤先生在他的《比較考古學隨筆》一書裡，寫過一篇〈商代通向東南亞的道路〉，其中就說到，殷墟的大龜甲，有的是原產於馬來半島等東南亞地區的。

至於占卜的結果，有一部分，為了備忘，就刻在了龜腹甲和牛肩骨上。這些筆畫細硬的甲骨文，是中國現在已經發現的最古老而且成體系的文字。解讀這些字形簡單而意義深奧的甲骨文占卜文辭，是一門和殷墟發掘一起成長起來的專門學問，其中對於《史記・殷本紀》而言具有決定性意義的研究成果，則是中國傑出的古典文獻學家王國維做出的。

刻有文字的龜甲

刻有文字的商代甲骨（左圖為原件，右圖為反相照片）

一九一七年，王國維發表了兩篇劃時代的著名論文，〈殷卜辭中所見先公先王考〉和〈殷卜辭中所見先公先王續考〉。論文題目中的「殷」，就是指殷商王朝，「卜辭」是指甲骨文的占卜文辭，「先公先王」，則是作為後代的商朝的甲骨占卜者，對於祖先和前代君主的尊稱，所以王國維這兩篇論文的主題，是要利用出土的殷墟甲骨文卜辭，來考證商朝帝王的名字和世系排次。他非常厲害的地方，是透過細緻地拼合一版已經破散的牛肩骨，並對牛肩骨上的甲骨文作精準的釋讀，最後考證出從上甲（也就是〈殷本紀〉中的微），到示癸（也就是〈殷本紀〉中的主癸），這六代殷商先公，他們原來世次，應當是按照干支先後排次的，就是上甲、報乙、報丙、報丁、示壬、示癸，這樣一個次序。對照《史記》的〈殷本紀〉，可以發現，除了把報丁的時代誤放在報乙之前外，〈殷本紀〉所記的這部分殷商先公的世系，是完全正確的。由此學界普遍認為，據此可以推定，〈殷本紀〉所載的商王朝的諸王世系，也應當是基本可信的。而迄今為止學界不斷發表的相關成果，也證明了這一推定是完全正確的。

說到商王的世系，還有一個奇特的現象值得一說，那就是〈殷本紀〉所記的商王的名字裡，絕大部分都有一個字，是干支中的天干，也就是甲、乙、丙、丁、戊、己、庚、辛、壬、癸。為什麼會這樣呢？歷來眾說紛紜。有人認為那是根據商王的生日而定的謚號，也有人認為那是根據商王的忌日所給的廟號，當然還有許多別的說法。這其中哪個說法更接近史實一點呢？我個人覺得，相比之下，哈佛大學張光直教授的說法，好像比較合乎邏輯。張教授寫過一本學術名著，叫《中國青銅時代》。在那本書裡，收錄了一篇論文，名叫〈商王廟號新考〉，論文得出的結論是：商王的名字裡，之所以絕大部分都有一個字是干支中的天干，很可能是因為商王族被分成了十個祭祀群，每個群都以天干的「干」日，也就是甲、乙、丙、丁、戊、己、庚、辛、壬、癸為名。這一結論的基礎，是甲骨文中出現商王名字的場合，都與祭祀有關，而祭祀又明顯有分組分群的跡象。這樣的以干日為名的名字，當然不是商王生前的名字，而是他們死後，透過一定的占卜程序，根據一定的規則，被挑選出來的，所以有一個特定的稱呼，叫「日名」。君王的日名，其實在夏朝就有了。我們上一節講〈夏本紀〉，大家應該還記得，夏朝的末代君王夏桀，就是被成湯滅了的那個夏桀，另外有一個名字叫履癸，那個履癸，就是夏桀的日名。[3]

因為說到了殷墟，也就是這一節開頭我們說過的做商朝都城時間最長的地方，這裡順便也說一下〈殷本紀〉裡提過的，到成湯為止，商代先公曾八次遷都的事。「八遷」的地點跟序次，大家可以看王國維的另一篇論文〈說自契至於成湯八遷〉，收在他的論文集《觀堂集林》中，這裡我們就不細說了。其中比較有意思的，是殷商的老祖宗契原來住在一個叫亳的地方，商朝人幾度遷徙，最後到成湯，還是遷回到了契的居住地——亳。

那麼，亳，這個契曾經住過的聖地，成湯定居的地方，究竟在哪裡呢？唐朝寫《史記正義》的張守節，曾明確地說：「亳，偃師城也。」唐代的偃師，就是今天的河南省偃師市。而二十世紀八〇年代以來，考古學界在河南發現的中國早期都城遺址中，除了二里頭遺址，偃師商城是其中最著名的一個。從遺址的規模和出土器物等推考，一般認為，偃師商城就是成湯滅夏以後所建立的商朝都城。[4]

偃師商城遺址的發掘，證明《史記．殷本紀》記錄的那個王朝，它的百姓就曾經生活在你我今天生活著的這片土地上。殷墟甲骨的發現，和甲骨文的考證與研究，則證明《史記．殷本紀》中記錄的商王世系，是真實存在，而且基本可靠的。就此而言，我想每一個有良知的中國人，都應該感謝司馬遷，感謝王國維，感謝一代又一代的學者，因為正是他們，透過古文獻整理、古文字考證和文物考古，為重建中華民族的信史，打下了堅實的基礎。

〈殷本紀〉（下）

——什麼叫「革命」，「革」誰的「命」

這一節我們繼續講《史記》本紀的第三篇〈殷本紀〉。主題是：什麼叫「革命」，「革」誰的「命」？

「革命」對於現代中國人來說，是一個再熟悉不過的漢語詞。但你可能不知道的是，這個好像非常現代的詞，其實是非常經典的古漢語用詞，而且歷史非常悠久，追溯上去，最早的實際應用，就是在商朝。

在《史記》的〈殷本紀〉中，並沒有出現「革命」一詞。但作為中國傳統「革命」的兩個公認的範例，所謂「湯武革命」，都與殷商時代有關：一個是湯滅夏桀，一個是武王伐紂。

湯滅夏桀的故事，其實《史記》的〈夏本紀〉裡已經講過一點了。因為太重要了，所以在〈殷本紀〉裡，司馬遷換了個角度，再講了一遍。

他的重心和角度都很特別，是選了成湯在伐夏桀過程中，給夏朝百姓作政治報告的場面。「喂！你們大家，過來！都聽我說！」就是這樣一個毫不客氣的開場白，把成湯的絕對自信、絕對實力，彰顯無疑。不過他還是滿懂權變的，所以在政治報告的主體部分，他首先說的是，「不是我小子敢作亂，實在是夏朝有許多許多的罪惡」，接著就抬出了「上帝」和「天」，表示自己是在替天行道。當然，報告最後的目標是很明確的，口氣也十分強硬，他說：「你們跟隨我一起替天討伐夏桀，我一定會讓你們從此順順當當。你們不要不相信，我絕不食言！如果你們不遵從我的誓言，我將殺死你們的全家，絕不寬貸！」

這個成湯作政治報告的場面，〈殷本紀〉為什麼會寫得如此生動？因為它是以《尚書》的〈湯誓〉篇為底本，改寫而成的。而〈湯誓〉，相傳是成湯伐夏桀時的報告紀錄稿。

作了這場政治報告後，成湯自封為武王，並主動出擊，打敗夏朝軍隊，並迫使夏桀出逃到一個叫鳴條的地方。接著，成湯又向一個叫三嵕的小國發起了進攻。

夏桀已經出逃鳴條，夏朝軍隊也已經大敗了，為什麼成湯還要進攻三嵕這麼個小國呢？注釋《史記》的南朝劉宋時代的學者裴駰，在他的《史記集解》裡解釋說，那是因為夏桀後

杭州餘杭反山良渚文化遺址出土的玉琮

來又從鳴條逃到了三嵕國。不過此時的夏桀已經失去了王權，價值一落千丈，成湯何以還要窮追不捨呢？其實真正的原因，就是《史記》的〈殷本紀〉裡說的，為了追尋由桀帶到三嵕的夏朝的「寶玉」。

寶玉從很早時候起，就是華夏九州各個部落方國的重器，寶玉在誰的手裡，意味著誰就掌握著這個國家。而當時的寶玉中，最貴重的應該是像璧、琮一類的器物。璧的外形扁平而呈圓環形，是漢代以前貴族祭祀、喪葬等場合所用的一種禮器；琮，是一種中部鏤出一個空心圓柱體的立方體，那是商朝、周朝及更早期貴族祭祀大地時所用的禮器，同時也經常在當時的實際生活中用作發兵的符節和信物。

成湯是一位具有極強控制欲的君主。面對伐滅夏朝這樣具有重大歷史意義的勝利，他考慮的，仍然是如何徹底消除後患。他提出的方案，是「遷其社」三個字。這裡的社，是社稷的意思；具體而言，社是土地神，稷是穀神，也就是糧食之神。所謂「遷其社」，就是要把夏朝祭祀土地神和糧食神的神龕都搞掉，其實就是要從精神上徹底消滅夏文化。這一招大概因過於狠毒了，所以最終沒有付諸實施。

不過成湯在制度方面對夏朝制度作了顛覆性的改革，這些改革措施，成為商王朝正式建立的標誌。其中最有名的是兩條：第一，「改正朔」；第二，「易服色」。「改正朔」中的「正」就是正月，每年的第一個月；「朔」就是每個月的第一天。因此所謂「改正朔」，就是改變舊的曆法。當時夏朝是以一月為正月的，而商朝就改了，以十二月為正月。「易服色」即改變衣服的官方規範顏色，而崇尚白色。這兩項都帶有明顯的禮儀制度傾向，是否真的是商朝初建時就有的精密架構，學界還有不同看法。

在〈殷本紀〉中，對於「革命」一詞作了最形象闡述的，是在這一篇後半的接近結束時講的武王伐紂的故事。

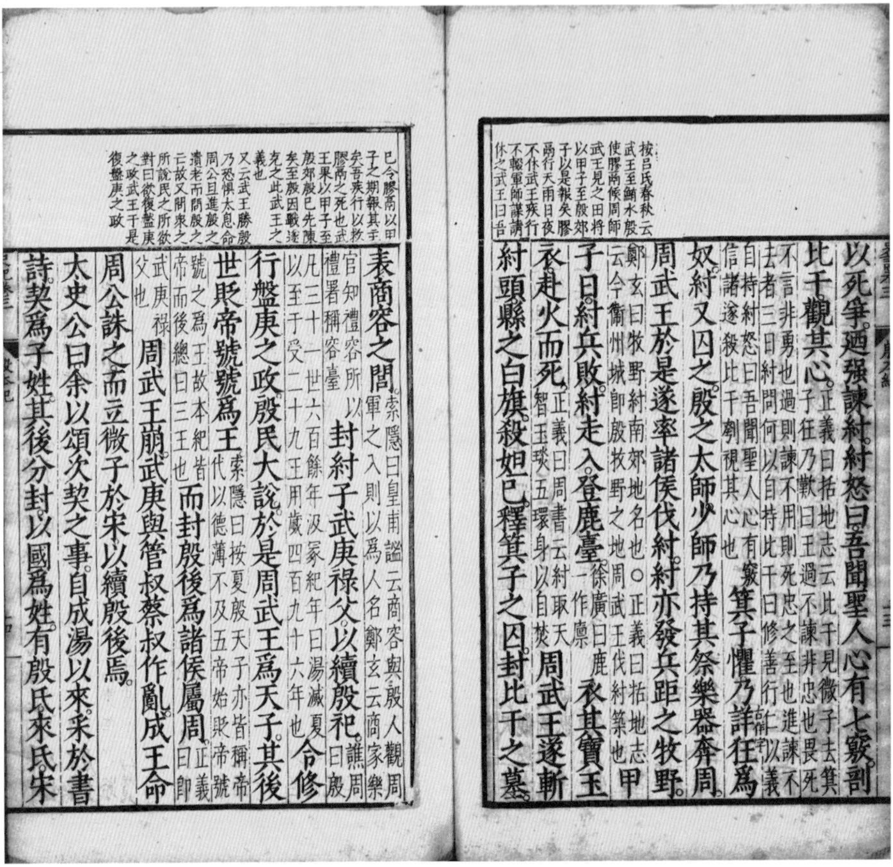

按呂氏春秋云武王至鮪水殷使膠鬲候周師武王見之田將以甲子至殷郊子以是報矣膠鬲行天雨日夜不休武王疾行不輟軍師諫請休之武王曰吾

以死爭。迺强諫紂。紂怒曰吾聞聖人心有七竅。剖比干觀其心。正義曰括地志云比干見微子去箕子狂乃歎曰王過不諫非忠也畏死不言非勇也過則諫不用則死忠之至也進諫不去者三日紂問何以自持比干曰修善行仁以義自持紂怒曰吾聞聖人心有竅信諸遂殺比干刳視其心也 箕子懼乃詳狂爲奴。紂又囚之。殷之太師少師乃持其祭樂器奔周。周武王於是遂率諸侯伐紂。紂亦發兵距之牧野。鄭玄曰牧野紂南郊地名也○正義曰括地志云今衛州城卽殷牧野之地周武王伐紂築也 甲子。曰紂兵敗。紂走入。登鹿臺。徐廣曰鹿一作廩 衣其寶玉衣赴火而死。正義曰周書云紂取天智玉琰五環身以自焚 周武王遂斬紂頭縣之白旗。殺妲己。釋箕子之囚。封比干之墓。

已令膠鬲以甲子之期報其主矣吾疾行以救膠鬲之死也武王果以甲子至殷郊殷已先陳矣至殷因戰遂克之此武王之義也 又云武王勝殷乃恐懼太息命周公旦進殷之遺老而問殷之亡故又問衆之所說民之所欲對曰欲復盤庚之政武王于是復盤庚之政

表商容之閭。索隱曰皇甫謐云商容與殷人觀周軍之入則以爲人名鄭玄云商家樂官知禮容所以禮署稱容臺 封紂子武庚祿父。以續殷祀。譙周曰殷凡三十一世六百餘年汲冢紀年曰湯滅夏以至于受二十九王用歲四百九十六年也 令修行盤庚之政。殷民大說。於是周武王爲天子。其後世貶帝號。號爲王。索隱曰按夏殷天子亦皆稱帝代以德薄不及五帝始貶帝號號之爲王故本紀皆帝而後總曰三王也 而封殷後爲諸侯屬周。正義曰卽武庚祿父也 周武王崩。武庚與管叔蔡叔作亂。成王命周公誅之。而立微子於宋。以續殷後焉。

太史公曰。余以頌次契之事。自成湯以來。采於書詩。契爲子姓。其後分封。以國爲姓。有殷氏。來氏。宋氏

明萬曆刻本《史記評林》裡的〈殷本紀〉中有關武王伐紂的紀錄

紂王是商朝的末代君主。他的名字，經常和一個叫妲己的美女聯繫在一起。因為據說紂王什麼都聽妲己的，導致了商朝的滅亡，所以後代的一些男性道學家就炮製出「紅顏禍水」的歷史興亡論。到了元朝，小說《全相平話武王伐紂書》登場，美麗的妲己，在小說裡原本是一隻妖豔的狐狸。這一路下去，就有了中國傳統社會把美麗而不安分的女子叫做狐狸精的奇特說法。

其實商朝的滅亡，主因還在紂王本身。這是一個有一身的蠻力氣，喜歡喝酒，又放縱不羈的君王。天下太平時候，他就玩男女裸奔之類的鬧劇，到引起公憤了，他又創造了一系列的酷刑，對付異見分子。

酷刑之中，最令人驚悚的，是把活人做成肉醬和肉乾。當時遭受此等酷刑的，還都是商朝的高官，一位叫九侯，一位叫鄂侯。九侯是自己作死，因為紂王好色，他拍馬屁，把自己美麗的女兒獻給紂王，結果女兒得罪紂王被殺，九侯自己也被紂王剁成了肉醬。鄂侯呢，為九侯喊冤，紂王一不做二不休，索性又把鄂侯宰了，做成肉乾。

即使在這樣嚴酷的政治形勢下，商朝仍有大臣冒死上諫。《尚書》的〈西伯戡黎〉篇裡，保留著一位名叫祖伊的老臣對紂王的一番沉痛勸告，被《史記．殷本紀》引用，其中就有這樣的話：「現在我國百姓沒有不想逃離本國的，大家甚至問『老天為何不發威，新的堪負大命的人怎麼還不來？』大王您怎麼辦啊！」可紂王怎麼回答？他居然回答說：「我這一輩子，不一直有天命在護佑我麼！」

這之後紂王再度施用酷刑，把冒死直諫的王子兼大臣比干開膛剖腹（據說要看看比干的心長什麼樣），同時又把另一位裝瘋的大臣箕子投進了監牢，這終於促使商朝的樂官太師、少師帶著祭器和樂器投奔了周武王，那是一位繼承了父親的遺志，暗中集聚勢力，打算推翻商紂王的西部諸侯首領。

大家應該知道，祭器和樂器，在傳統中國社會裡，是國家重器，它們的轉移，暗示了紂王在理論上已經失去了統治商朝的資格。周武王因此決定討伐商紂王。

那天的干支是甲子，在一個叫牧野的地方，戰鬥打響了。激戰之後，紂王的軍隊被徹底打敗。而紂王，這個一輩子喜歡胡鬧的末路帝王，穿著他綴滿寶玉的衣服，投火自盡。周武王也很暴力，竟然砍下了紂王的頭，還把它掛到了象徵商朝特定顏色的白旗上。

《史記．殷本紀》所記的湯滅夏桀和武王伐紂，這兩個「革命」的範例，就介紹到這裡。下面我們再回顧一下「革命」這一詞的歷史和意義。

「革命」一詞，最早見於《周易》，本意是實施變革而順應天命與人事。下一節我們要講的〈周本紀〉裡，有「革殷，受天明命」的話，其中的「革」和「命」兩字的用法，也是《周易》「革命」本來的意思。但湯武革命的實際，尤其是武王伐紂，客觀上使革命變成了革除暴君之命。所以，「革命」在中國歷史上長期以來被默認的意思，就是用暴力手段推翻前朝在道義上已經失去正統資格的暴君，由此生出一種並不恰當的簡化說法，就是「以暴易暴」。「革命」作為一個詞、一種話語，歷史的變化很長，很曲

河南偃師商城遺址考古發現的商代車轍

折，這方面讀者如果有興趣，可以讀一下陳建華教授寫的一本書，書名叫《「革命」的現代性：中國革命話語考論》。[1]

最後附帶說一下《史記・殷本紀》篇末的「太史公曰」。

《史記》每一篇末的「太史公曰」，大都是司馬遷關於本篇的內容簡括，和個人對相關史事的看法。〈殷本紀〉的「太史公曰」裡，最引人注目的，是最後一句：「孔子曰，殷路車為善，而色尚白。」翻譯成現代漢語，就是孔子說，商朝的大車不錯，商朝的流行色是白色。但其實這並不是孔子的原話，而應該是把《禮記》中「殷人尚白」，跟《論語》的〈衛靈公〉一章裡，孔子回答弟子顏淵的問話，合編起來的。從《論語》看，孔子的理想，是用夏朝的曆法，坐商朝的車輛，戴周朝的帽子。這自然是主要從禮制角度而言的。但曆法、車輛和帽子三者之中，車輛是交通工具，與孔子周遊列國的效率直接相關，所以「坐車要坐商朝的車」，這樣的理想之下，也許確有現實的感慨在。而對於一個時代交通工具的讚賞，背後的涵義，從來就是指稱先進、速度與超越。從這個意義上說，司馬遷引用被整合過的孔子的話，作為〈殷本紀〉的結束語，可能也有一點對殷商王朝加以禮讚的意味，因為這個王朝雖然最終因為武王伐紂而滅亡了，卻畢竟曾經有過朝氣蓬勃的時刻。

〈周本紀〉（上）

——文質彬彬，也有野蠻的前身

上兩節，我們講了《史記》的〈殷本紀〉，也就是三代中的商朝的本紀。從這一篇開始，我們要講《史記》本紀的第四篇〈周本紀〉。〈周本紀〉跟〈殷本紀〉一樣，都比較長，所以我們也分兩次講。這一節的主題是：文質彬彬，也有野蠻的前身。

從〈五帝本紀〉到〈殷本紀〉，大家看了都知道，本紀的主幹，是帝王的世系。〈周本紀〉當然也不例外。〈周本紀〉所記周王世系，從后稷到周文王，就是今天學術界所稱的「先周時期」，一共列了十五位君主的名字；武王伐紂以後，就進入了歷史教科書裡說的西周時期，這一時期，從周武王到周幽王，〈周本紀〉共列了十二位君王的名字；接下來平王東遷雒邑到周末的赧王，就是東周時期，〈周本紀〉共列了二十五位君王的名字。這樣前後

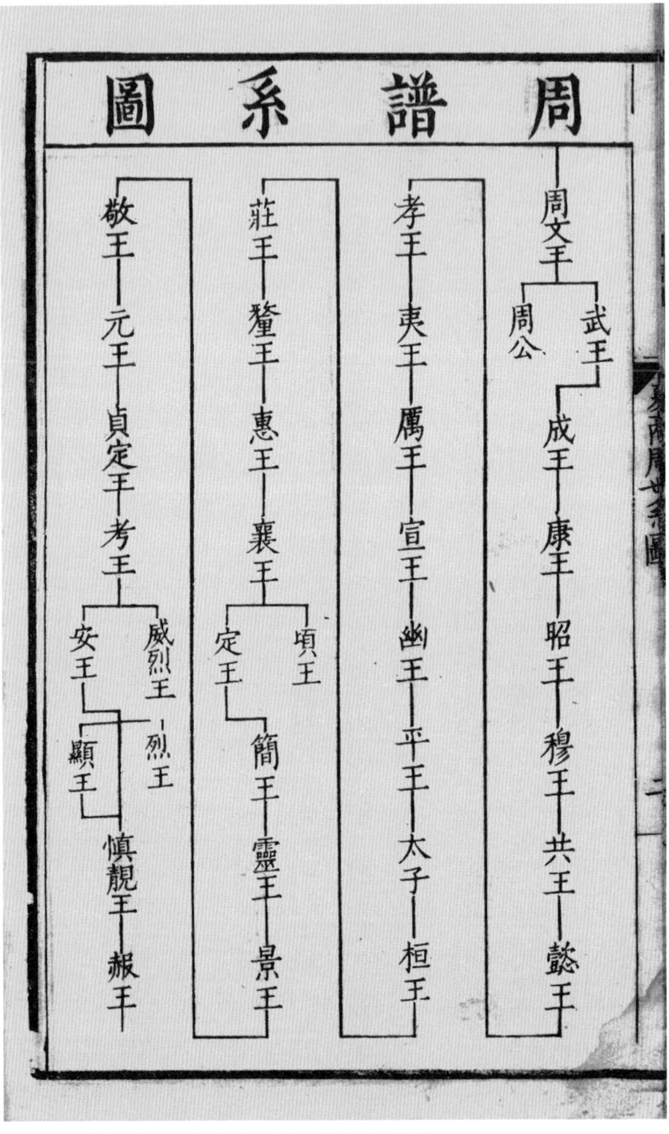

明萬曆刻本《史記評林》裡的《周譜系圖》

相加，〈周本紀〉所列周王世系中的君王，一共有五十二位。

先周、西周、東周這三個歷史時段、五十二位君王之中，關於東周的部分，我們下一節再講。這一節主要討論西周和西周之前的先周。

先周時期，〈周本紀〉重點寫了三位，就是周朝的老祖宗后稷，第四代的公劉，以及第十三代的古公亶父。

〈周本紀〉裡寫的周朝老祖宗后稷的事蹟，是從《詩經》「大雅」的〈生民〉篇轉寫而來的。而故事的性質，跟〈殷本紀〉寫商朝老祖宗契的故事如出一轍，都是感生的傳說。〈殷本紀〉說商朝先祖契是他媽媽吞燕子蛋生的，〈周本紀〉就說周朝先祖棄是他媽媽踏了巨人的足跡之後生的。有意思的是，按照《史記》的記載，周朝先祖后稷（也就是棄）的母親姜原，是〈五帝本紀〉裡五帝之一的帝嚳的大妃子；而前面我們講〈殷本紀〉時已經講過，商朝先祖契的母親簡狄，是帝嚳的第二個妃子。這麼算下來，周朝的先祖棄，跟商朝的先祖契，名義上竟還是同父異母的兄弟，不過因為他倆的媽都是在野外懷孕的，他倆的爸帝嚳好像都是「喜當爹」的，所以這兄弟倆是否親兄弟，還真不好說。不過透過這對兄弟的傳說，聯繫之前我們講〈殷本紀〉時引用過的傅斯年的名作〈夷夏東西說〉，可以看出，

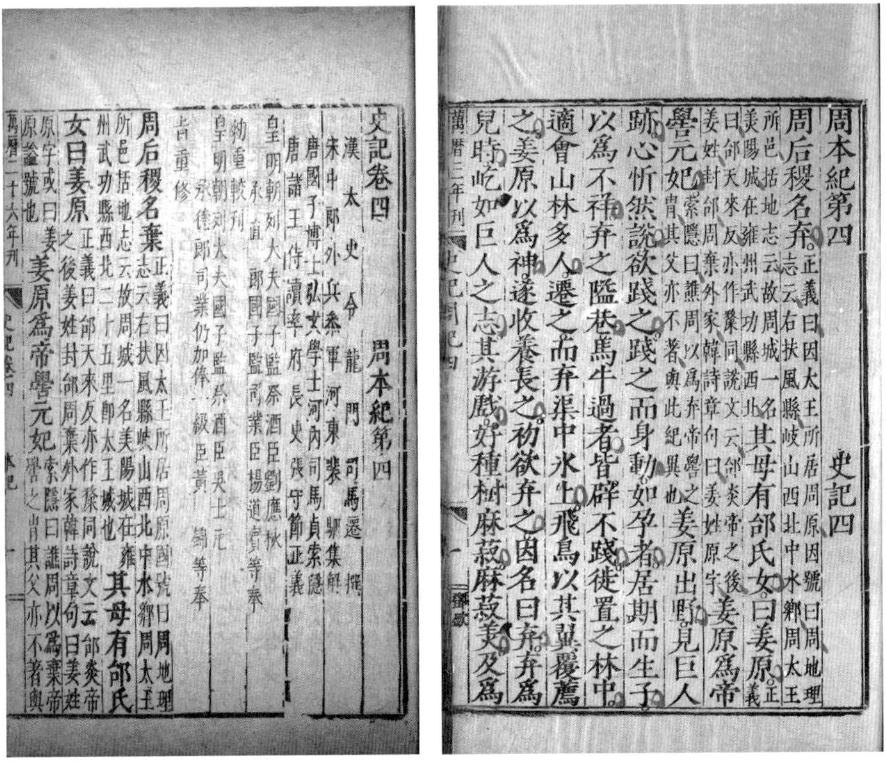

明萬曆間北京國子監（左）和南京國子監（右）《史記》本〈周本紀〉卷端

夏、商、周三者，其實是同時存在的三個不同的族群，它們因為在不同的歷史時期內，此消彼長，先後獲得了對更大區域的統治權和更廣泛的影響力，而被包括《史記》在內的歷史文獻，描寫成了線性歷史中的縱向的三個階段。

〈周本紀〉裡記錄的后稷的事蹟中，另一個值得注意的地方，是說后稷從小喜歡種麻、菽（菽是豆類作物的總稱），他種的麻、菽還長勢喜人。後來他長大了，就一直喜歡幹農活，成了農民兄弟的榜樣。最後被五帝之一的堯發現，提拔為農業部長。中華民族尤其是漢族，長期以來以農業立國，農業文明特徵十分顯著。[1]〈周本紀〉中的這些有關周朝始祖與農業緊密關係的文字，放在長時段的中國歷史中看，具有一種鮮明的象徵意味。

先周時期的第四代公劉，和第十三代的古公亶父，〈周本紀〉裡他們的故事，都跟當時作為一個部落或方國的周，農業活動被外來的游牧民族打斷，不得不遷居別處有關。而這又引出有關周朝與戎狄關係的話題，我們下面會再說。

先周以後的西周時期，〈周本紀〉所記周王世系是否真實可信，一直以來都有很多的學者做過考證和研究。二〇〇三年，在陝西眉縣的楊家村，發現了西周單氏家族的青銅器窖藏，一次出土西周青銅器二十七件。其中的一件，現在一般命名叫逨盤的，上面有長篇

陝西眉縣楊家村出土的西周單氏家族青銅器窖藏

的銘文，歷數了從單氏祖先單公，到一位名叫逨的單氏貴族，前後總共八代的傳奇故事；相對應地，銘文裡也提到了十二代周王的世系與名號，其中以文王打頭，下面依次是：武王、成王、康王、昭王、穆王、共王、懿王、孝王、夷王、厲王、宣王。[2]據此我們對照〈周本紀〉，發現除了末代君主周幽王，其他西周君王世系中的全部名號，都對得上，而〈周本紀〉的次序也是完全正確的。

《史記．周本紀》中東周以前的文字，著力最多的，是先周和西周之交一對明星式的父子帝王——周文王和周武王。

周文王姬昌和周武王姬發的故事，其

逨盤與銘文

實司馬遷在〈殷本紀〉裡都已經講過了。但〈周本紀〉不厭其煩，再說了一遍，詳略既有差異，用意也不盡相同。

比如周文王姬昌，當時對外稱為西伯，〈周本紀〉除了重複〈殷本紀〉裡說過的他被商紂王關進監牢，又通關係被釋放的故事，還多了一個歌頌他管理的周風清氣正的故事。說是當時有兩個小國，一個叫虞國，一個叫芮國，這兩個小國的百姓，因為一件官司沒法了斷，專門跑到周，想請西伯幫他們斷斷案，評評理。結果還沒見到西伯，就先親眼見到了無比淳樸、互相謙讓的周地民風，在先進事蹟面前，雙方都深感慚愧，立馬打道回府，自動和解。

又比如周武王姬發，〈周本紀〉除了用更詳細的文字記錄〈殷本紀〉裡已經寫過的著名的武王伐紂故事，還借他的口，第一次在《史記》中寫出了「革命」一詞的本意，就是「革殷，受天明命」，意思是革除商朝，接受上天昭示的命運。此外，還專門寫了伐滅商朝以後，這位勇武的君主，因為日理萬機、操心國家大事而睡不著覺的生動故事。

這樣的人品，這樣的工作作風，以及由此而來的周朝各項制度，使周王朝尤其是文、武兩代君王，在後代贏得了無數的讚譽。古人中最早給予周朝五星好評的文化名流，是孔子。孔子曾說：「周監於二代，郁郁乎文哉！吾從周。」[3]意思是周朝的典章制度是借鑑夏商兩朝而來的，你看多麼豐富，多有內涵，我當然追隨周文化了。

不過，也是周文王、周武王這對明星君王父子，他們在世時的某些做法，到後世引起了巨大的爭議。而有關事端的基礎文本，也都出自《史記》的〈周本紀〉。

〈周本紀〉所記文王去世之前的事蹟中，有一句話很容易被今天的讀者所忽略，就是「詩人道西伯，蓋受命之年稱王而斷虞、芮之訟」。這句話後半段的「斷虞、芮之訟」，就是前面我們講過的那個虞、芮兩國百姓想請西伯幫他們斷案的故事，但其實這句話的關鍵，不在後半，而在前半——就是據說是從詩人那裡流出來一種傳說：西伯在接受天命之年已經稱王。

什麼？商朝還沒有滅亡，西伯還只是商紂王時期的一個地方諸侯，竟敢自稱為王了？這怎麼可能！歷史上就有不止一位的學者，對〈周本紀〉的這一紀錄，提出了嚴肅的質疑。[4]

無獨有偶。〈周本紀〉所記武王伐紂故事中，武王最後殘忍地把紂王的頭砍了下來，掛在白旗上，這一血腥的情節，在後世也遭到了很多類似甚至更為嚴酷的質疑。

質疑者的邏輯，基本上是這樣的：周文王、周武王都是明君，明君不可能違反君臣倫理，在合法君王還活著的時候，分裂中央，自稱為王；更不可能以諸侯身分，去砍君王之頭。司馬遷要麼是搞錯了，要麼就是太好奇，把道聽途說的東西，誤認為真實的歷史，寫進了《史記》。[5]

但司馬遷天生是個自由派，也是個實證派，這世上唯一能讓他尊重的，大概就是能夠讓他看到和聽到的「文獻」。這裡所謂的「文獻」，是傳統意義上的，「文」是指文字性的記錄，「獻」則是出自有經驗的老人的言辭。而任何機械式的觀念，我想，對司馬遷而言，都是沒有什麼震懾力的。

上個世紀已經有學者從陝西出土的先周時期的甲骨文中，發現文王生前稱王的紀錄；[6]近年整理出版的清華簡〈保訓〉，也部分證實了《史記・周本紀》所記文王生前稱王，有相當的可信度。[7]

周武王斬首商紂王的特例，如果考慮先周族群所處地理位置的特殊，那麼這種跟世代農耕的部落方國之人明顯不同的行事作風，也不是不可以理解的。

這裡有必要簡要地討論一下，先周和西周時期，周跟戎狄糾纏不清的關係。我們看〈周本紀〉，一個直觀的印象，就是凡是出事了，總多多少少和戎狄有關。最早的，是后稷之後的君主不窋，因為丟官而跟戎狄混在一塊；接著是古公亶父，被戎狄逼迫得只得在山裡打轉；文王翻盤，厲害了，就開始跟戎狄叫板；而武王伐紂，喊上一塊幹的，是一幫以戎狄為主的西部勁旅；最後，幽王之所以失敗，是因為得罪了西方的申侯，被西夷犬戎聯軍攻進了西周的首都——鎬京。

因為〈周本紀〉記了這麼多從先周到西周，周跟戎狄糾纏不清的關係，所以學術界一直有一種意見，認為周原本就是戎狄的一支。[8]當然，這樣的意見，也有很多人反對。不過，根據先秦史名家童書業先生〈夷蠻戎狄與東南西北〉一文的研究，我們現在熟知的「四夷」的說法，也就是東夷、南蠻、西戎、北狄，其實是東周時期才出現的概念。[9]因此要在傳統王朝疆域還處在變化不定時代的西周，以及西周之前的先周，把戎狄和後人所稱的華夏完全區分清楚，是不太現實的。而事實上任何一個時代，凡是有自信的，必然不會在意什麼夷夏大防。只有到了孱弱無比的時候，才會刻意強調血脈純正，營造洪水猛獸。

〈周本紀〉（下）

——聚合與分離，都需要一個王

上一節我們講了〈周本紀〉的上半部分，主要涉及的，是西周和西周以前周王朝的歷史。這一節我們繼續講〈周本紀〉，主要講西周末和東周一段的歷史，主題是：聚合與分離，都需要一個王。講這個主題之前，我們要先回顧一下〈周本紀〉的組成。〈周本紀〉很明顯的一個特徵，是西周的內容多，而且具體詳細；東周的相對就比較少，而且記得比較瑣碎。

時代相對晚的，怎麼反而寫得少呢？這個大家不要誤會，以為司馬遷對東周這一時段的歷史沒東西可寫。不是的。東周時期可寫的東西很多，但那些東西，跟周王朝直接有關的，卻並不太多。而這一時期的主角，已經變了，不再是周王，而是諸侯群雄了。所以相關的內容，在司馬遷看來，放到《史記》五體的「世家」一體裡說，更合適。

回顧了〈周本紀〉的組成，在進入〈周本紀〉東周部分的閱讀之前，我們還要提醒各位，要分別三個「東周」：一個是東周時期，一個是東周王朝，還有一個是東周時期的後期出現的一個名叫「東周」的小封國。需要特別指出的是，前兩個東周都是後起的概念，《史記·周本紀》中出現的「東周」一詞，都只是指那個在周朝末年短暫存在的小封國，沒有前兩個概念的意思。我們在上一節和這一節用「東周」一詞指代東周時期或東周王朝，只是為了解釋的方便。用「西周」一詞的時候，其實也是如此。

東周時期是從周平王東遷雒邑開始。而〈周本紀〉寫平王東遷雒邑，前面作了很多的鋪墊。最明顯的，就是花了不少的篇幅，寫西周後期的厲王和西周末的幽王，這兩朵周朝君主裡的奇葩。

厲王也真是位厲害的王。怎麼個厲害呢？〈周本紀〉裡專門記了一個他讓老百姓閉嘴的故事。

說是這位厲王，聽說百姓在私底下說他的壞話，就設了一個監察官，專門監察那些說自己壞話的人，一旦發現，就格殺勿論。這樣說厲王壞話的，果然少了很多，到厲王在位三十四年的時候，老百姓都被修理成什麼樣了呢？就是走在路上，見到熟人，只能使個眼色，不說話。這厲王呢，聽到這樣的消息，還很高興，告訴下面說：「你看，我有辦法平息誹謗之言，他們都不敢說話了。」結果好，老百姓話是不說了，直接造反了，厲王只能出逃到一個叫彘的小國去——按照《國語．周語》的記載，這厲王還不是主動逃奔去彘國的，而是被流放過去的。[1]

周朝沒有王了，怎麼辦？老臣召公、周公站出來，做代理人，管理王朝，打出的旗號，是「共和」，也就是要重新凝聚共識，倡導和睦相處，史稱「周召共和」。所以今天我們熟悉的「共和國」這個名稱，其中的「共和」兩個字，也不是什麼新詞，而是有很古老的歷史的。

因為周召共和，周王朝算是暫時渡過了一劫。沒想到僅僅隔了一代，又冒出來第二朵奇葩——厲王的孫子周幽王。這奇葩比他爺爺更厲害，直接把西周王朝玩沒了。

周幽王的故事，幾乎是前面我們講〈殷本紀〉時講過的商朝末代君主殷紂王的翻版，關鍵詞都是紅顏禍水：殷紂王有個妲己墊背，周幽王就拉上個褒姒擋槍。

周幽王和褒姒的故事裡面，大家最熟悉的，應該是那個著名的烽火戲諸侯。說是褒姒是個冰山美人，不愛笑，周幽王為了博美人一笑，竟一再點燃原本是敵情緊急時才可以使用的烽火，令趕來救急的諸侯部隊一再上當，最後徹底失信於諸侯。西周王朝最終被申侯招呼來的西夷犬戎部隊攻破，周幽王也被殺死在驪山之下。不過已經有不止一位學者指出，這則烽火戲諸侯故事，很可能只是一個傳說。[2]

其實，〈周本紀〉寫幽王的這一部分中，寫得更驚心動魄，而且同樣具有重要歷史價值的，是在歷數周幽王奇葩作為之前，寫的那場大地震：「幽王二年，西周三川皆震」，「是歲也，三川竭，岐山崩」。三川，就是涇水、渭水和洛水，這三條西部著名的河流都枯竭斷流，一般認為，這是大地震導致了堰塞湖的出現；而岐山崩塌，則是典型的強震現象。這是《史記》裡第一次出現的地震紀錄，按照地震學界的研究和推定，那應該是一次不低於七級的大地震。[3]

需要指出的是，司馬遷在〈周本紀〉裡特意記錄這次大地震，並不只是為了在歷史敘述中保留大自然巨變的科學史史料，而是為了顯示「天人感應」。作為精通天文的歷史學家，司馬遷在《史記》的很多地方，都有意識地把天象、自然災害跟人事加以聯繫。〈周本紀〉寫到這裡，就借周幽王的一位名叫伯陽甫的大臣之口，發出了「周將亡矣」，也就是周朝快要滅亡了的哀歎；伯陽甫還預言：「若國亡，不過十年。」這預言，就如前面我們介紹的，

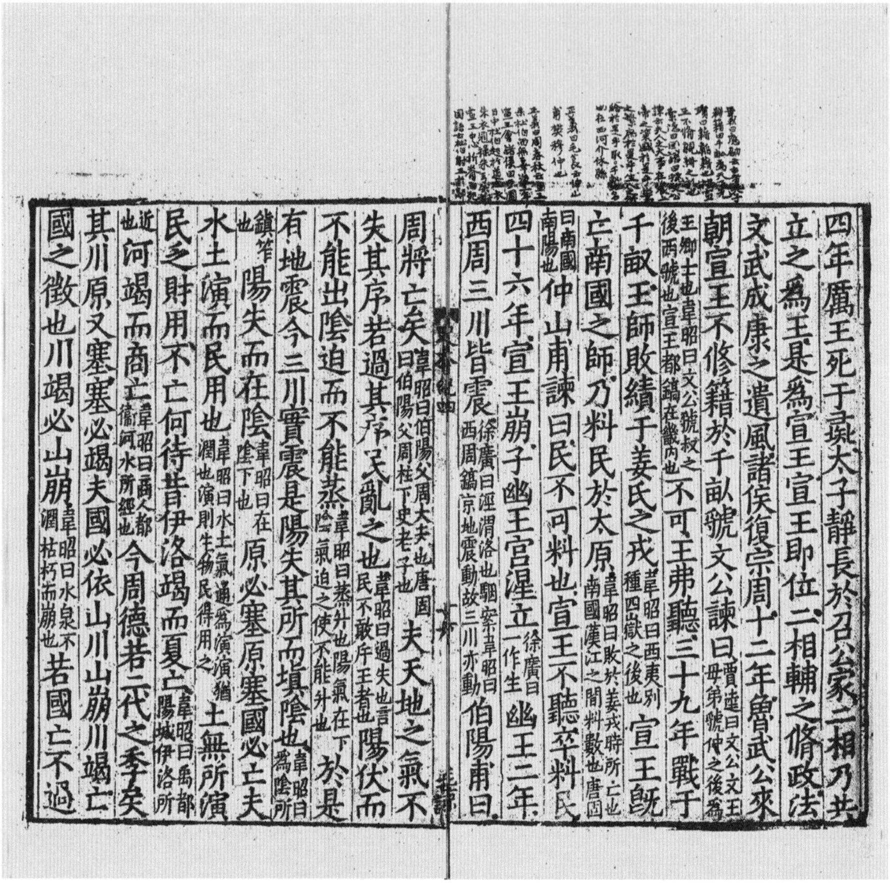

四年厲王死于彘太子靜長於召公家二相乃共
立之爲王是爲宣王宣王即位二相輔之脩政法
文武成康之遺風諸侯復宗周十二年魯武公來
朝宣王不修籍於千畝虢文公諫曰 賈逵曰文公文王母弟虢仲之後爲王卿士也韋昭曰文公虢叔之後西虢也宣王都鎬在畿內也 不可王弗聽三十九年戰于
千畝王師敗績于姜氏之戎 韋昭曰西夷別種四嶽之後也 宣王既
亡南國之師乃料民於太原 韋昭曰敗於姜戎時所亡也南國漢江之閒料數也唐固曰南國南陽也 仲山甫諫曰民不可料也宣王不聽卒料民
四十六年宣王崩子幽王宮湦立 徐廣曰一作生 幽王二年
西周三川皆震 徐廣曰涇渭洛也駰案韋昭曰西周鎬京地震動故三川亦動 伯陽甫曰
周將亡矣 韋昭曰伯陽父周大夫也唐固曰伯陽父周柱下史老子也 夫天地之氣不
失其序若過其序民亂之也 韋昭曰過失也言民不敢斥王者也 陽伏而
不能出陰迫而不能蒸 韋昭曰蒸升也陽氣在下陰氣迫之使不能升也 於是
有地震今三川實震是陽失其所而填陰也 韋昭曰爲陰所鎮笮也 陽失而在陰 韋昭曰在陰下也 原必塞原塞國必亡夫
水土演而民用也 韋昭曰水土氣通爲演演猶潤也演則生物民得用之 土無所演
民乏財用不亡何待昔伊洛竭而夏亡 韋昭曰禹都陽城伊洛所近也 河竭而商亡 韋昭曰商人都衞河水所經也 今周德若二代之季矣
其川原又塞塞必竭夫國必依山川山崩川竭亡
國之徵也川竭必山崩 韋昭曰水泉不潤枯朽而崩也 若國亡不過

北宋刻南宋補刻《史記》影印本〈周本紀〉裡記載的三川大地震

很不幸說中了。

西周就這麼被周幽王玩沒了。他的兒子周平王不得已，只能把首都搬遷到東邊的雒邑，也就是今天的洛陽。平王東遷雒邑之後的周朝，就是大家在名稱上都十分熟悉的東周。

《史記‧周本紀》所記東周部分，其中的前半段，又是中國歷史上的一個重要時段——春秋。一提春秋，各位首先想到的，一定是「春秋五霸」。不過，在〈周本紀〉裡，並沒有出現「五霸」這樣的提法。而且最有意思的，是後來被並稱為「春秋五霸」的五位國君中，齊桓公、晉文公、秦穆公、楚莊王四位，即使不是登場演出，也至少露了個臉。但那位好義的宋襄公，卻連個影子也沒見到。不光宋襄公沒有，就是宋國，也連國名都幾乎沒有出現過。這是為什麼呢？

我想這涉及〈周本紀〉的紀事原則，因為宋是殷商後代的封國，在殷商被周滅了以後，除了接受分封之地，它和周王朝其他的更具有歷史意義的交往，就沒有了，所以在〈周本紀〉中不出現宋襄公甚至宋國，也是可以理解的。

〈周本紀〉東周部分，值得注意的，是還記錄了兩種異常的歷史現象：一個是周天子屈服於強勢的諸侯，導致諸侯各自稱王；一個是周王朝之內，出現了西周、東周兩個敵對的小封國。

到周朝為止，中國傳統各級政權的負責人，以稱號的不同，來表示各人在整體秩序中的等級。最高級別自然是王，王的下面，透過分封，而有公、侯、伯、子、男五等爵位。這樣看下來，我們上一節裡說過的西伯姬昌，在殷商被周滅之前就稱王，從傳統觀念看，的確是令人震驚的，因為越級太厲害了。

〈周本紀〉的東周部分裡，記了不止一位諸侯國的國公被下屬殺死的例子，目的是烘托同一時期周王與諸侯國公地位顛倒的故事。這些地位顛倒的故事中，最具有象徵意味的，是周襄王二十年晉文公「召」周襄王，和周顯王在位時一再給秦國君主送「文武胙」，這兩個故事。

晉文公作為周朝名義上的諸侯之一，為了做諸侯的老大，竟然「召」周襄王，也就是下令讓周襄王來他指定的地方，這是典型的僭越。所以後來的儒家正統史書為尊者諱，把這件事寫成了「天王狩于河陽」[4]，意思是我們天子到晉國的河陽打獵去了。

秦國不止一位國君從周顯王那裡拿到的贈品——「文武胙」，是一種祭祀用過的熟肉；胙前面還要加「文武」兩個字，是因為那肉是祭祀周文王、周武王時用過的。把祭祀用過的

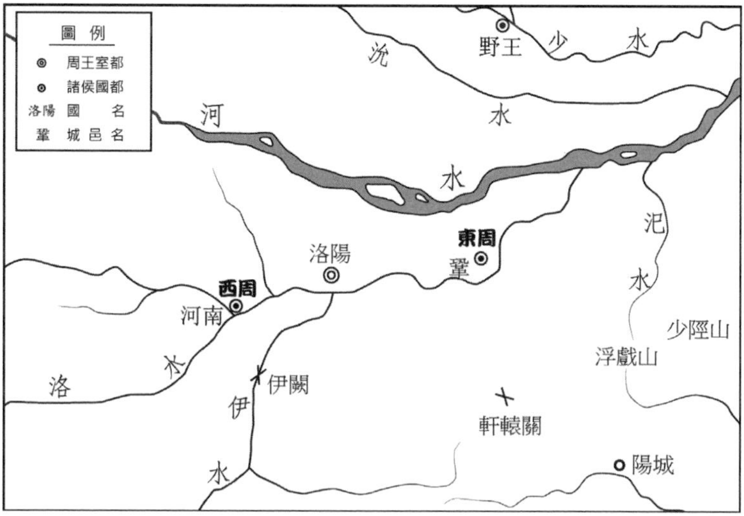

周朝末期東周、西周所在位置示意圖

肉分給諸侯，是表示對諸侯的尊重。不過秦國好像把周顯王的客氣當福氣了，當周顯王三十五年，他們再次免費獲得文武胙後，不過一年，就索性和周王平起平坐，自稱為王了。這之後其他諸侯紛紛效仿，滿世界跑出來甩名片的，就都是某某王了。

這時的周王朝內部還出問題了，出現了兩個最後都打起來的小封國——西周和東周。

正如這一節開始時介紹的「東周」一樣，〈周本紀〉裡出現的「西周」一詞，指的也是周朝末期的一個封國，而不是後來歷史教科書中所說的西周時期或西周王朝。西周國和東周國的淵源，〈周本紀〉說得比較清楚的是東周國，那是周考王分封自己的弟弟在河南，傳到第三代，再度拆分，其中的一個小兒子封到一個叫鞏的地方而成的小封國，國君號稱東周惠公。至於西周，〈周本紀〉只說到東周末代君王周赧王的時候，「東西周分治，王赧徙都西周」，就是東西兩周分家，周赧王把王都搬到了西周。不過因為除了周赧王，〈周本紀〉裡另外還出現了一位西周君，又有「東周與西周戰」的紀錄，所以一般認為，西周跟東周一樣都是周王朝內部的小封國。但因為西周國這時候供奉著周赧王，所以外人看來，似乎要比東周重要一些。

無論東周國，還是西周國，包括整個周王朝，最後都是被秦滅了的。周秦兩家的關係，很可玩味。周烈王二年（西元前三七四年），周太史儋見秦獻公，說：「始周與秦國合而別，別五百載復合，合十七歲而霸王者出焉。」這句話是什麼意思呢？我們到下一節，講〈秦本紀〉和〈秦始皇本紀〉的時候，再來討論。

〈秦本紀〉和〈秦始皇本紀〉

——文明的碾壓與創造

〈秦本紀〉和〈秦始皇本紀〉，在《史記》裡是兩篇分開的本紀，我們為什麼要放在一節裡講呢？表面的原因，是因為在《史記》裡，它們排在〈周本紀〉的後面，前後相繼，都以秦為主體。但這其實還不是最主要的原因。最主要的原因，是因為你要弄懂〈秦本紀〉體例上一系列的特徵，得看了〈秦始皇本紀〉才會明白。

〈秦本紀〉的紀事，大致可以分為三個部分。第一部分從始祖帝顓頊的後代女修開始，到秦莊公為止，其中不免有傳說的成分，比如說女修生子，也是因為吞了鳥下的蛋。第二部分從秦襄公開始，到秦成公為止，其中包含了像秦襄公護送周平王東遷，受封諸侯這樣的大事；這一部分多有具體的紀年，因為據記載，當時秦國已經開始有史官紀事了。第三部分從秦繆公開始到最後，不僅有連續的紀年，而且有豐富的故事，比如秦孝公時候的商鞅變法，就在這一部分。

〈秦本紀〉的這三個部分，在體例上有些什麼共同特徵呢？

這三部分的共同特徵，就是史料充沛，內容密集。尤其是後兩部分，年歲記錄清晰，不少有月份甚至日期。像秦孝公的生日，已經精確到秦獻公「四年正月庚寅」；孝文王即位，也寫明了日子，是「十月己亥」。

這樣的特徵，跟前面我們已經講過的四篇本紀，都有明顯的不同。為什麼會這樣呢？那是因為，司馬遷（可能還有他的父親司馬談）寫〈秦本紀〉的時候，可以利用的文獻，要遠比寫其他四篇本紀時多。

為什麼寫〈秦本紀〉時可用的文獻，要遠比寫其他四篇本紀時多呢？除了秦在時間上距司馬遷寫《史記》的時代更近，另一個十分重要的原因，在〈秦始皇本紀〉裡有記錄，就是焚書。

焚書的故事，相信大家都基本知道。據〈秦始皇本紀〉說，那是秦始皇即位三十四年（西元前二一三年）時發生的重大事件。起因於兩位文士在秦始皇面前爭寵獻計，結果是秦

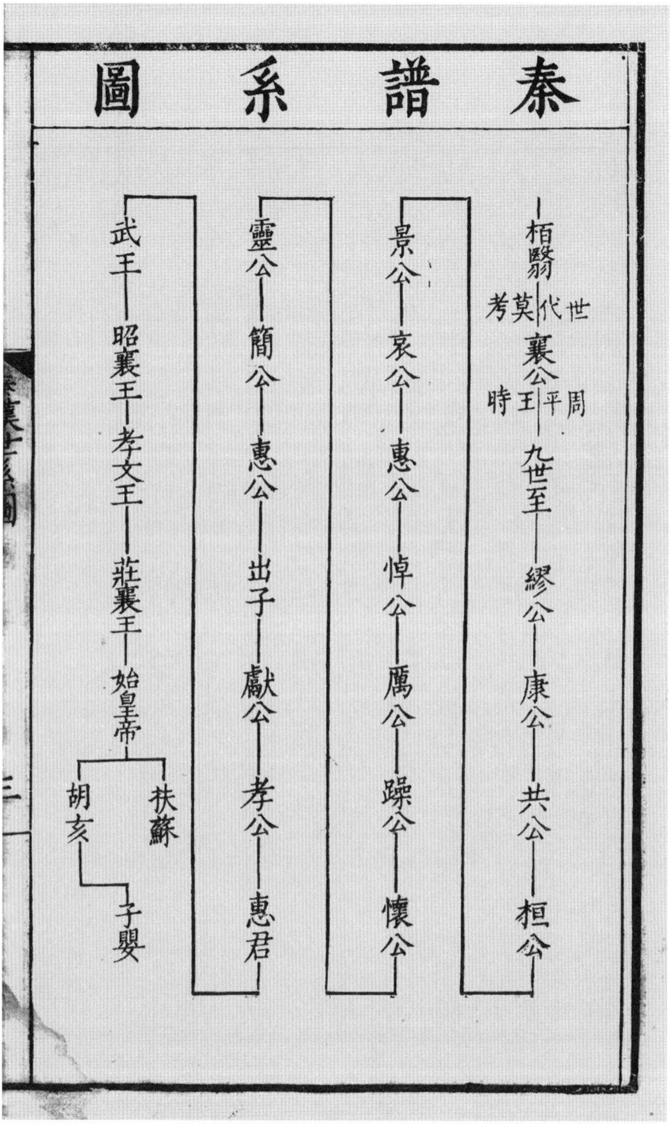

明萬曆刻本《史記評林》裡的《秦譜系圖》

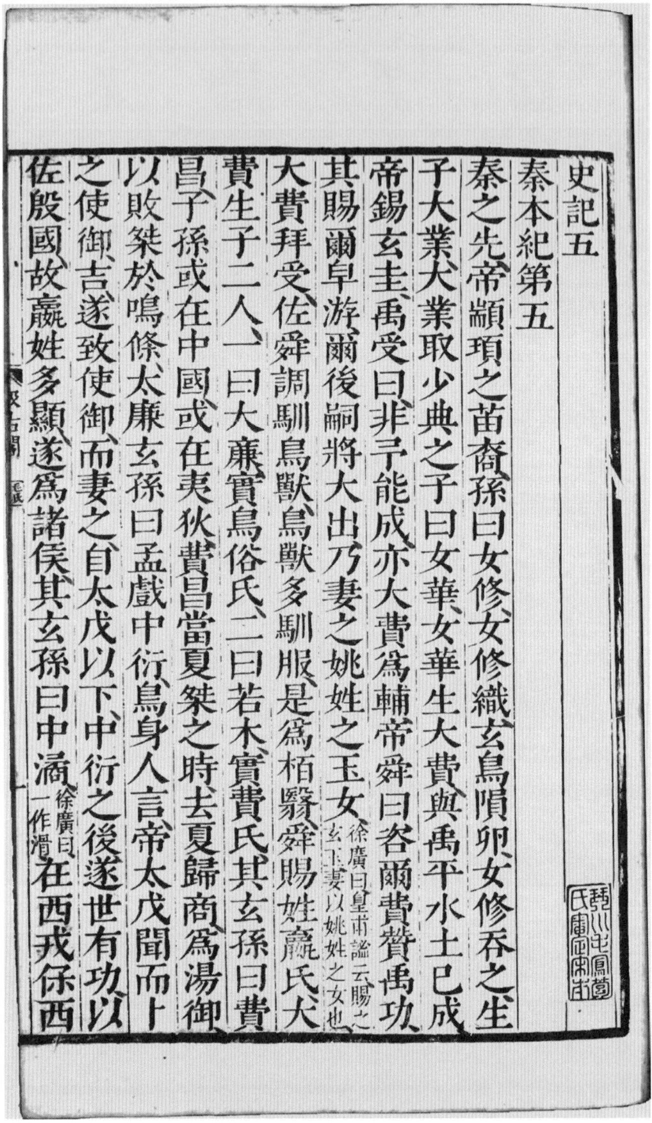
史記五

秦本紀第五

秦之先帝顓頊之苗裔孫曰女修女修織玄鳥隕卵女修吞之生子大業大業取少典之子曰女華女華生大費與禹平水土已成帝錫玄圭禹受曰非予能成亦大費爲輔帝舜曰咨爾費贊禹功其賜爾皁游爾後嗣將大出乃妻之姚姓之玉女徐廣曰皇甫謐云賜之玄玉妻以姚姓之女也大費拜受佐舜調馴鳥獸鳥獸多馴服是爲柏翳舜賜姓嬴氏大費生子二人一曰大廉實鳥俗氏二曰若木實費氏其玄孫曰費昌子孫或在中國或在夷狄費昌當夏桀之時去夏歸商爲湯御以敗桀於鳴條大廉玄孫曰孟戲中衍鳥身人言帝太戊聞而卜之使御吉遂致使御而妻之自太戊以下中衍之後遂世有功以佐殷國故嬴姓多顯遂爲諸侯其玄孫曰中潏徐廣曰一作滑在西戎保西

明末毛氏汲古閣刻本《史記》裡的〈秦本紀〉卷端

始皇採納丞相李斯的建議，大規模禁書。而跟我們上面提的那個問題，為什麼寫〈秦本紀〉時可用的史料，要遠比寫其他四篇本紀時多，直接有關的，就是李斯的建議裡擺在第一條的：「史官非秦記皆燒之。」這是一道史學禁令，意思是各家史官所藏的歷史書中，凡不屬秦國歷史文獻的，一律燒掉。

這一燒，到司馬遷父子寫《史記》時，尋找秦以外的史料就格外辛苦了。不過另一方面，有關秦本身歷史紀錄的「秦記」，倒是有很多保留下來，可以利用。在《史記．六國年表》的敘文裡，司馬遷就發過感慨，說他編年表，可以依賴的主要文獻，「獨有秦記」。

那麼，「秦記」原本又是怎樣的一種模樣呢？答案還是在〈秦始皇本紀〉裡。

在〈秦始皇本紀〉的最後，附錄了一篇編年體的秦史大事記。這篇大事記，從秦襄公開始，到秦二世為止，總共記錄了秦國三十位國王和秦王朝兩代皇帝的簡要履歷，它們的基本句式，大都是「某公立，享國多少年。葬某地。生某公」，包含了一代君主的在位年數、死後的葬地和繼承人的名號。其間還穿插了一段從秦獻公到莊襄王的其他紀事。據研究者考證，這篇秦史大事記，並不是司馬遷父子寫《史記》時原本就有的，而是後人增補的。但是，重要的是，研究者又普遍認為，那應該跟司馬遷父子寫〈秦本紀〉時用過的「秦記」，是同一類史料，後來人因為它們的內容，可以跟〈秦本紀〉所記相對照，就抄在〈秦始皇本紀〉這一篇的後面了。

順便說一下，秦朝人對於歷史紀錄的重視，是很令現代人驚訝的。這從考古發現也可見一斑。

一九七五年，在湖北雲夢一個叫睡虎地的地方，發現了一處秦代墓葬，出土了一千多枚秦朝的竹簡。其中有一篇類似於墓主人個人年譜的文獻，後來被整理者題為〈編年記〉，就很有意思。

這篇〈編年記〉一共有五十三根竹簡，每根簡長大約二十三釐米，寬大約六釐米，出土前被枕在墓主人的頭下面，可見那對他而言是十分重要的東西。

竹簡上寫的，是從秦昭王元年（西元前三〇六年）開始，歷經孝文王、莊王，到今王（也就是秦始皇）三十年（西元前二一七年）為止，總共大約九十年的逐年大事；從具體內容看，其實是一部秦國大事和墓主個人生平對照版的極簡史。從其中的紀錄，我們知道這位墓主人的名字叫喜，曾長期擔任地方低級吏員——縣令史。

被這位喜帶進墳墓的這篇〈編年記〉，拿來跟〈秦本紀〉對照，可以發現無論是秦王的

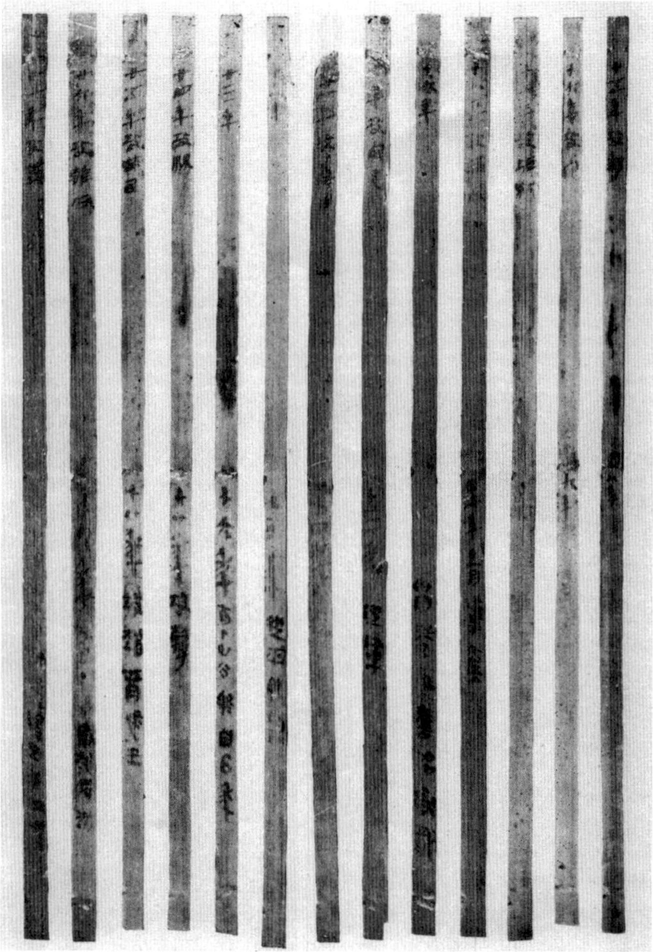

雲夢秦簡〈編年記〉（部分）

世系，還是秦國的征伐大戰，很多都是對得上的。

不過我們也不得不指出，〈秦本紀〉以及可以跟它相互印證的睡虎地秦簡〈編年記〉，它們的文獻特徵，放在整個與秦同時的六國歷史文獻大部分被焚毀的背景下看，令人不免有一種五味雜陳的感覺。這個時代的文獻，呈現的是一種消極的繁榮。換句話說，就是一種文明的痕跡，因為被打了聚光燈，而凸顯出來；但其他同時期實際存在過的文明，則因為受到了強力的碾壓，而變得模糊不清了。

在〈秦本紀〉中，除了上面講的結構性特徵之外，還再次出現了上一節最後我們介紹的，〈周本紀〉裡周太史儋見秦獻公時說的那句話，文字稍有不同，而意思基本一樣，這回說的是：「周故與秦國合而別，別五百歲復合，合七十七歲而霸王出。」記性好的讀者應該想起來了，這裡和〈周本紀〉所記最大的不同，是那位霸王出來的時間，從十七年變成了七十七年。其實，在《史記》裡，這段話出現過四次，其他兩次是在〈封禪書〉和〈老子韓非列傳〉裡，那裡的十七年，也有寫成七十年的。

同一件事，有不一樣的文本，當然有可能是文字訛誤。但這段話其實是讖語，就是成語「一語成讖」裡的那個「讖」。所謂「讖」，就是預言。這預言當然有一點影子，比如說周王朝和秦原本是合在一起的，大概指的就是〈秦本紀〉前半部分記的，秦的先祖非子，在汧水和渭水之間為周王朝養馬，而被周孝王分封在秦地的故事。這背後顯現的，是周、秦和西戎之間的複雜關聯。北京大學的李零教授，在他寫的《我們的中國》一書裡，對此有細密的考證。[1]而合了又分，分了五百年又合，歷代說法就多了，因為讖語是要用後來的史實，去倒證前面的說法的，所以算法不同，說法就不同。至於合了十七年或者七十七年，又冒出一位稱霸一世的帝王，唐朝給《史記》作注的司馬貞，就索性應景，說是秦始皇了。

說到秦始皇，現存文獻中最重要也是最系統的，當然是《史記》的〈秦始皇本紀〉。在後來的不少學者看來，《史記》從開卷的〈五帝本紀〉，寫到〈秦始皇本紀〉，才算顯出了司馬遷的個人書寫風采。為什麼呢？因為內容豐富，情節曲折，可讀性很強。的確如此。不要說前面已經說過的焚書的故事，和歷史教科書裡都寫到的統一六國、郡縣制，就單說新名詞，〈秦始皇本紀〉也提供給我們很多歷史的新知。比如「皇帝」和皇帝的自稱「朕」。

「皇帝」一詞是秦始皇的發明，〈秦始皇本紀〉已經有明確的記載，這裡就不多說了。

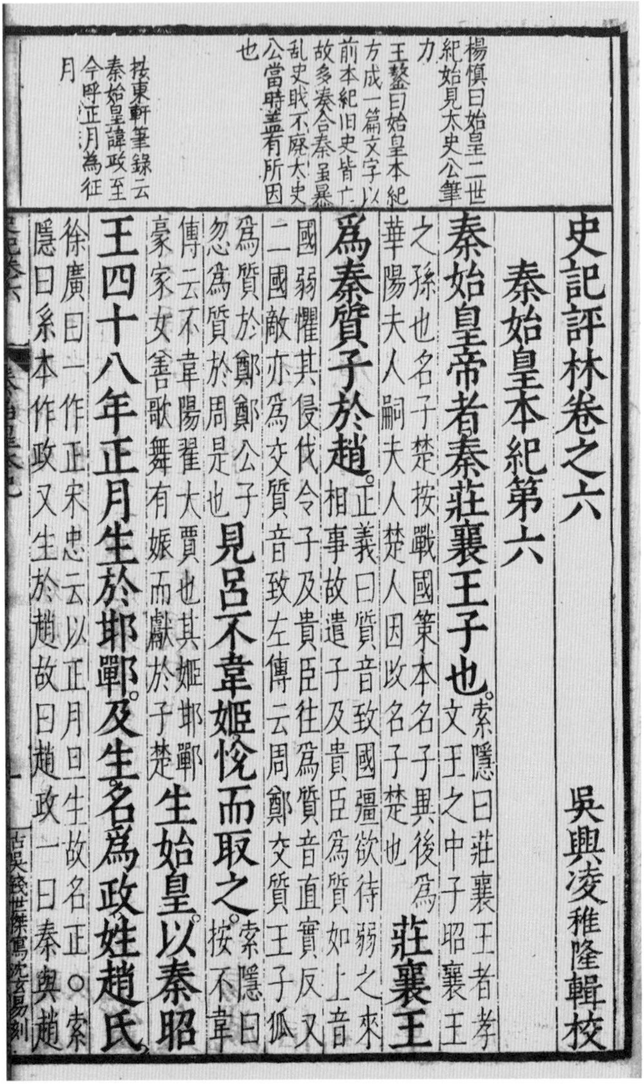

楊慎曰始皇二世紀始見太史公筆力
王鏊曰始皇本紀方成一篇文字以前本紀旧史皆亡故多奏合秦虽暴乱史氏不廢太史公當時盖有所因也
按東軒筆録云秦始皇諱政至今呼正月為征月

史記評林卷之六

秦始皇本紀第六

吳興淩稚隆輯校

秦始皇帝者秦莊襄王子也。索隱曰莊襄王者孝文王之中子昭襄王之孫也名子楚按戰國策本名子異後為華陽夫人嗣夫人楚人因改名子楚也莊襄王為秦質子於趙。正義曰質音致國彊欲待弱之來相事故遣子及貴臣為質音直實反又國弱懼其侵伐令子及貴臣往為質如上音二國敵亦為交質音致左傳云周鄭交質王子狐為質於鄭鄭公子忽為質於周是也見呂不韋姬悅而取之。索隱曰按不韋傳云不韋陽翟大賈也其姬邯鄲豪家女善歌舞有娠而獻於子楚生始皇以秦昭王四十八年正月生於邯鄲。及生名為政姓趙氏。徐廣曰一作正宋忠云以正月旦生故名正。索隱曰系本作政又生於趙故曰趙政一曰秦與趙

明萬曆刻本《史記評林》裡的〈秦始皇本紀〉天頭明人評語，謂此「方成一篇文字」

「朕」是如今古裝電視劇裡常常可以聽見的詞，為帝王專用。但其實，它最初是大家共用的一種普通的自稱，並不分上下等級。比如戰國時候楚國著名的文學家屈原，他寫的長詩《離騷》，開頭兩句是「帝高陽之苗裔兮，朕皇考曰伯庸」，意思是我是高陽帝的正宗後代，我爸的名字叫伯庸。這其中「朕皇考」的「朕」，就是「我」的意思。到了秦始皇，這個「朕」老百姓就不能用了，成了他的專用自稱。

站在今天的角度，重讀〈秦始皇本紀〉，我個人覺得，其中講秦統一六國之後的政策，「車同軌，書同文」，這六個字，涵義最深。

明人擬想的秦始皇像

所謂「車同軌」，就是車輛的輪子寬度，統一為同一個尺寸。所謂「書同文」，就是用於書寫的書面文字，字形基本統一。車同軌，從秦到其他六國故地就不用老換車了；書同文，無論你跑到哪裡，只要寫的是漢字，就都看得懂。兩者之中，後者尤其有重大的意

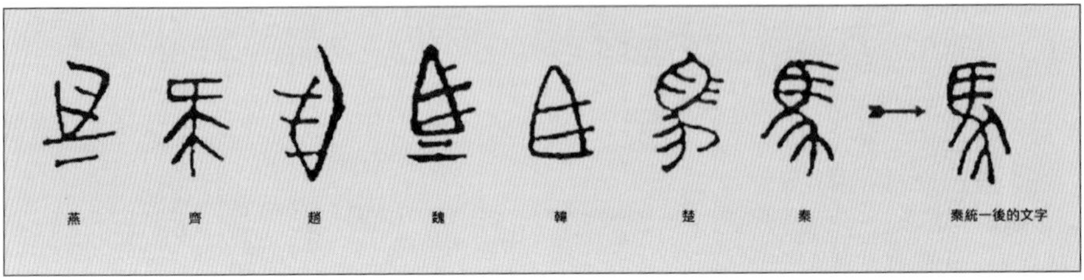

「書同文」示意圖：同一個「馬」字，七國寫法各異，秦統一為小篆體

「車同軌」的現實遺存——秦直道（張健 攝）

義。因為漢字是表意性文字，不是拼音文字，所以在國家統一之後，用「書同文」這樣的方式，可以不必強力推送容易引起地方性反感的普通話，而實現一種同文不同語的相對和諧的語言環境。這一特徵，對於之後的長時段歷史中，中華文化在國內獲得普遍的認同，和向周邊擴散，都起到了關鍵性的作用。

讀〈秦始皇本紀〉，相信大家印象比較深的，還有一點，就是全文最後的「太史公曰」特別長，而且後面還附錄了兩種其他文獻，一種是和「秦記」類似的東西，我們前面已經介紹過了；另一個是漢明帝時候班固的評語，這兩種文獻，都不是《史記》原有的，而是後人添加的。除此之外，〈秦始皇本紀〉的「太史公曰」還是很長，是因為那裡面附錄西漢文學家賈誼寫的著名的三篇評論秦朝興亡的論說文——〈過秦論〉。雖然這三篇〈過秦論〉中的一篇或兩篇，是否在司馬遷父子寫《史記》的當時就已經抄入了，學術界還沒有定論，但在原本簡短的文末史評裡，忽然大段引用同時代人著作，還是可以看出司馬遷的獨特。他是按照他自己的理解和史傳的具體要求，來組織篇章的，沒有任何的束縛。後來的正史，就不敢這樣寫了，必須考慮字數與內容的均衡。

但司馬遷的這種獨特，並不能簡單地理解為任性。他寫〈秦本紀〉尤其是〈秦始皇本

西安臨潼洪慶溝的秦坑儒谷

紀〉，心情大概是極其複雜的。從理性的角度說，他身處的漢朝，基業就是秦打下的，他對秦朝尤其是秦的統一中國，理應加以禮讚。但從感性的角度說，秦迅速崛起和急速解體滅亡，對包括他在內的漢朝人而言，實在是一種太過激烈、太驚心動魄的巨變；而這種巨變，又顯然是秦始皇開始的集權統治的必然後果。所以他需要借賈誼的文字，來一訴心中的鬱悶。

〈項羽本紀〉和〈高祖本紀〉

——天翻地覆中的超級對手

〈項羽本紀〉和〈高祖本紀〉兩篇本紀的主人公，我想大家一定都非常熟悉：一位是秦末隨著陳勝揭竿而起，做帶頭大哥滅了秦朝，自稱西楚霸王的項羽；一位是先在項羽的部隊裡鍛鍊成長，受封為漢王，後來又反戈一擊，進攻項羽，最後成為漢朝締造者的劉邦。

這兩篇本紀寫了什麼，我們下面會說。這裡先要說的是項羽進本紀的寫法，歷代有很多人都不能接受。

其中最有代表性的意見，出自唐代歷史評論家劉知幾。劉知幾在他的成名作《史通》裡說：「非唯羽之僭盜，不可同於天子，且推其序事，皆作傳言，求謂之紀，不可得也。」意思是不要說項羽那樣犯上作亂的大盜，不可以跟天子等同進入本紀，就是看《史記．項羽本

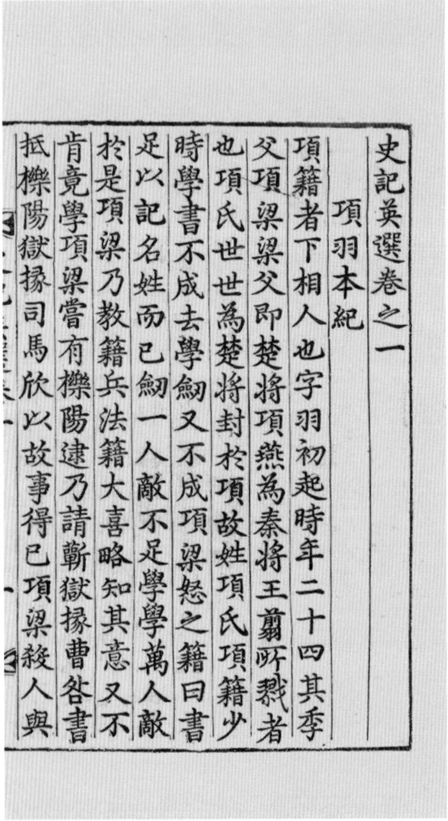
史記英選卷之一
項羽本紀
項籍者下相人也字羽初起時年二十四其季
父項梁梁父即楚將項燕為秦將王翦所戮者
也項氏世世為楚將封於項故姓項氏項籍少
時學書不成去學劍又不成項梁怒之籍曰書
足以記名姓而已劍一人敵不足學學萬人敵
於是項梁乃教籍兵法籍大喜略知其意又不
肯竟學項梁嘗有櫟陽逮乃請蘄獄掾曹咎書
抵櫟陽獄掾司馬欣以故事得已項梁殺人與

朝鮮本《史記英選》裡的
〈項羽本紀〉卷端

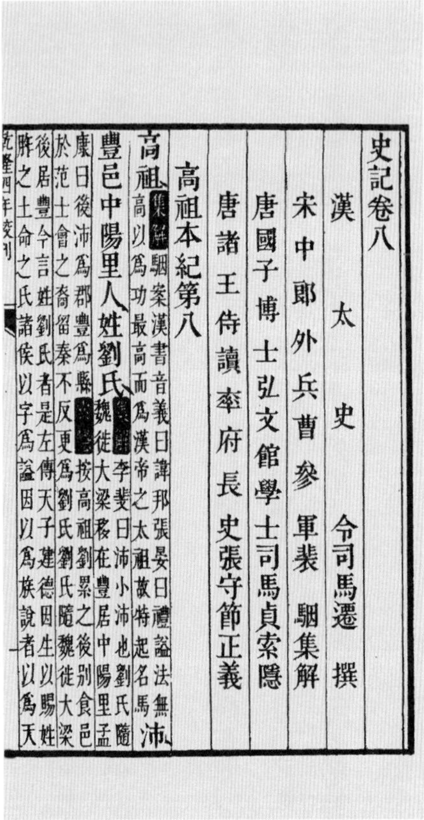
史記卷八
漢　太　史　令司馬遷　撰
宋中郎外兵曹參軍裴　駰集解
唐國子博士弘文館學士司馬貞索隱
唐諸王侍讀率府長史張守節正義
高祖本紀第八
高祖【集解】駰案漢書音義曰諱邦張晏曰禮謚法無高以爲功最高而爲漢帝之太祖故特起名焉沛
豐邑中陽里人姓劉氏【集解】李斐曰沛小沛也劉氏隨魏徙大梁移在豐居中陽里孟
康曰後沛爲郡豐爲縣【索隱】按高祖劉累之後別食邑
於范士會之裔留秦不反更爲劉氏劉氏隨魏徙大梁
後居豐今言姓劉氏者是左傳天子建德因生以賜姓
胙之土命之氏諸侯以字爲謚因以爲族說者以爲天
乾隆四年校刊

清乾隆武英殿刻本《史記》裡的
〈高祖本紀〉卷端

紀》寫的情節，也都是列傳一路，想要找出其中可以稱為本紀的，也找不到啊。

劉知幾的話，前半句後來有很多人批評，說他不懂司馬遷。因為本紀只可以記錄天子，也就是做了皇帝的人的事蹟，是後起的正史概念，在秦漢之際的歷史空隙中，項羽做過一陣實際的老大，怎麼就不可以進本紀呢？

不過劉知幾的後半句話，就是說〈項羽本紀〉怎麼看都像列傳的文體，不像本紀，是有道理的。

〈項羽本紀〉從項羽的出身、起事寫起，寫他一路向西，滅秦封王，又東還老家，定都彭城（也就是今天的徐州）；再寫他被劉邦攪局，輸了天下，最後在烏江邊上自殺。其中寫得最精彩的，歷來認為是巨鹿之戰、鴻門宴和垓下之圍三個片段。〈項羽本紀〉的紀事，是寫完一件，再寫一件，故事性很強，確實不像一般的編年體的本紀。

相比之下，《史記》裡寫劉邦的〈高祖本紀〉，就很有本紀的感覺。它也從劉邦的出身、起事寫起，寫他投奔項羽，寫他受封漢王，也寫他看準縫隙挑戰項羽，依靠部下的力量當上了皇帝；以及登基之後東征西討，最後有病不治，永垂不朽的事蹟。它比較嚴格地遵循了本紀的編年原則，所以總體上紀事遠比〈項羽本紀〉要細密準確。不過帶有情節和對話的故事，不如〈項羽本紀〉那麼多，比較容易給人有印象的，只有起事之前喜歡說大話，鎮住了未來的丈人，使其主動倒貼女兒；勝利後還鄉，高唱〈大風歌〉；還有臨終拒絕治療，痛罵醫生；如此等等，三、四個場景而已。

那麼，既然這〈項羽本紀〉和〈高祖本紀〉如此不同，我們為什麼要把它們放在一起講呢？

一個主要的原因，就是歷來談這兩篇本紀，大都偏重於把它們視為前後縱向的關係，也就是劉邦代替了項羽。但事實上，劉邦和項羽，其實是同時代人。兩人有很多的交集，曾經是勢均力敵的超級對手。所以看看他們的橫向關係，會對認識秦漢之際的歷史，很有幫助。

就橫向關係而言，一眼就可以看出來的，是劉邦、項羽雖然都不喜歡讀書，但項羽出身還是貴族世家，而劉邦出身低微，沒有什麼教養。

橫向關係一般較少提到的另一面，是儘管〈項羽本紀〉排在〈高祖本紀〉之前，其實劉邦的年紀，比項羽要大很多。

項羽的年歲，在〈項羽本紀〉的開頭就有記錄，說的是：「初起時，年二十四。」這個「初起時」，指的應該就是下面寫的，秦二世元年（西元前二〇九年）九月，他和他小叔項梁一起，殺死會稽縣長，宣布「起大事」的時候。劉邦的年歲，〈高祖本紀〉很詭異地沒有記錄，但後來作《史記》注釋的歷代學者，多有考證，證明他起兵的時候，是四十八歲，而那年也是秦二世元年。[1]

這樣算下來，劉邦的年紀，此時竟要比項羽大整整一倍。寫《史記會注考證》的日本學者瀧川資言，是少數看出這一點的人，他說：「沛公年已五十，思慮既熟；項羽年二十加六，血氣方剛。彼接物周匝積密，不敢妄動；此當事真摯勇決，任意徑行：是二人成敗之所以分也。」[2]言下之意，一個二十幾歲的小青年，在中國，怎麼玩得過人生經驗已經很豐富的五十歲大叔呢？不過我想司馬遷之所以把項羽放到本紀裡，其實還有另一層意思，就是這麼一位只活了三十幾年的年輕人，竟然改變了歷史的走向，不以成敗而論，他終究還是個英雄。

需要指出的是，儘管有上述的橫向關聯，〈項羽本紀〉和〈高祖本紀〉的主要文獻來源，還是不同的。

我們先說〈項羽本紀〉。

在〈項羽本紀〉裡，寫楚漢相爭，有一個場景非常經典，就是項羽把劉邦他爹劉大爺逮住了，想藉此要挾劉邦，就把劉大爺綁了推上一塊大砧板，向對面陣地上的劉邦放話：「今天如果你不趕緊退兵，我就要水煮你老爸了！」沒想到小流氓這回碰到的是老流氓，劉邦的回覆，竟然是：「老弟，我跟你一起，是在楚懷王跟前拜過把子的，咱們約好了是兄弟啊。那樣我爸就是你爸了。兄弟你要是鐵了心水煮你爸，可別忘了分我一杯肉羹吃哦。」寫得太傳神了，是不是？當然是啊。可我們必須指出的是，這個故事，不是司馬遷創作的，而是他從前人的書裡抄來的。

他是從什麼書中抄來的呢？就是陸賈的《楚漢春秋》。

陸賈又是誰呢？陸賈就是那位提醒漢高祖，在戰馬上得了天下，未必可以就在戰馬上治理天下的人，漢初的一位傑出的外交家和政治家。《史記》列傳部分有他的傳記，〈項羽本紀〉和〈高祖本紀〉裡，又記載了他在秦末楚漢相爭之際，作為漢王的外交代表，深入敵後，跟項羽和秦國高級將領接觸的事。因此他寫的《楚漢春秋》，可以說是當時的第一手文獻了。遺憾的是，這麼重要的書，流傳到宋朝，竟然就散失了。我們現在只能透過清朝人的輯佚——也就是從其他古書裡找出引用過《楚漢春秋》的，大概五十個片段，把它們重新彙編起來——透過這樣的輯佚本，看一個模糊的大概，讀一點局部完整的文字。

好在上面我們講的項羽要挾劉邦水煮劉大爺的故事，陸賈《楚漢春秋》裡相關的文字，還保留著。我們拿來跟《史記》的〈項羽本紀〉一對照，發現不僅故事講述的順序完全一樣，連關鍵性的對話，也沒相差幾個字。可見《史記》裡的這一則故事，一定是從《楚漢春秋》裡抄來的。

與此相應，〈項羽本紀〉裡的另外兩個故事，沐猴而冠和垓下之圍，它們的框架，也都應該在《楚漢春秋》裡就有了。因為早期注釋《史記》的學者，在解釋這兩個故事時，都提到了《楚漢春秋》，說前者《楚漢春秋》裡還記了諷刺項羽為「沐猴而冠」的人，姓蔡；[3]後者《楚漢春秋》裡記錄霸王別姬時，虞姬還寫過一首深情回覆項羽的五言詩。[4]

那麼，是不是就此可以推斷，《史記》的〈項羽本紀〉，就基本上是陸賈《楚漢春秋》的拷貝呢？

當然不能。我們也再舉一個例子，就是著名的鴻門宴。

鴻門宴的故事，現存的《楚漢春秋》清朝人輯佚本裡，保留了兩個片段，一個寫前半部分，寫到樊噲強行闖入宴會時為止。文字是這樣的：[5]

項王在鴻門，亞父曰：「吾使人望沛公，其氣沖天，五色采相繆，或似龍，或似雲，非人臣之氣，可誅之。」高祖會項羽，范增目羽，羽不應。樊噲杖盾撞入，食豕，羽壯之。

另一個片段，是關於沛公脫險的：

沛公脫身鴻門，從間道至軍。張良、韓信乃謁項王軍門，曰：「沛公使臣奉白璧一只獻大王足下，玉斗一只獻大將軍足下。」亞父受玉斗，置地，戟撞破之。

兩個片段之間，雖然還有缺失的文字，不過鴻門宴故事的主要情節，是都在了。我們再回憶一下中學課本裡就學過的〈項羽本紀〉，它是如何寫鴻門宴的呢？你一定記得，它的故事情節，要遠比《楚漢春秋》複雜、曲折和生動。其中出現了護衛沛公的項伯，和舞劍欲殺沛公的項莊，演出一段千古驚險劇，成就了「項莊舞劍，意在沛公」的成語，那是《楚漢春秋》裡完全沒有的。另一方面，其中並沒有出現《楚漢春秋》裡出現了的韓信的名字。

那麼，〈項羽本紀〉有關鴻門宴的那些生動的描寫，是不是就是司馬遷就著《楚漢春

明萬曆二十六年北京國子監刻《史記》本〈項羽本紀〉裡寫鴻門宴的部分

秦咸陽城遺址內發現的大型國家府庫遺址，有明顯的過火痕跡

秋》的梗概，發揮作家的想像力，自己添油加醋炮製出來的呢？我看也未必。從現存《史記》文本中對話異常生動這一點看，司馬遷應該更多地是吸收了故老傳聞，也就是當時在漢代民間流傳的口述歷史。他做的，應該主要是「整齊故事」的工作，就是使文字和邏輯相對而言更加順暢。

這樣生動得像小說一般的歷史紀錄，是否會與史實相去甚遠？前面幾節我們已經講過，在基本史實方面，《史記》有相當的可信度，〈項羽本紀〉也是如此。比如它說項羽滅秦後，「燒秦宮室，火三月不滅」。現在考古發現證明，秦咸陽城宮殿及府庫遺址的建築夯土和基址，的確有被烈火大面積焚燒的痕跡。[6]

至於〈高祖本紀〉，由於紀事體例的限制，

我個人認為，其中恐怕比較少用到以記錄富有情節性的故事為主的《楚漢春秋》，而更多地是利用了漢代的官方檔案。清代乾嘉考據學派的代表人物之一趙翼曾說，〈高祖本紀〉除了總敘部分，下面寫劉邦初起事，稱為「劉季」；打下沛地後，稱為「沛公」；受封後，稱為「漢王」；到即位，就都稱為「上」了（「上」就是「今上」的意思）。這一表述規則，後來成為各家正史的習慣用法。這跟〈項羽本紀〉名字混用（開始稱「項籍」，到攻打襄城時又稱「項羽」，中間還稱過「項王」，到引兵西屠咸陽，燒秦宮室，又回過來再用「項羽」）完全不同，顯示了官方史學的嚴謹。

不過〈高祖本紀〉裡也有兩個令人費解的問題：一個是前面我們已經提過的，寫這麼一位著名的開國皇帝，居然都不寫他生在哪一年，活了多少歲；另一個就是在〈高祖本紀〉的正文裡，你是找不到高祖名叫「劉邦」的證據的——那裡面只寫了他姓劉，字季；他爸叫太公，他媽叫劉媼（那幾乎可以明確地說，那都不是真正的名字，就跟現在叫劉大爺、劉老太一個意思），而從頭到尾都沒有出現劉邦的「邦」字。

稍有歷史常識的人都知道，中國傳統社會中，名和字，是一對互相關聯的符號。像項羽名籍，字羽，是因為「籍」有憑籍、憑藉的意思，「羽」則是羽翼，憑藉羽翼騰飛，兩者在這個意義上是相關聯的。相比之下，劉邦的名「邦」，和字「季」，看不出任何的關聯。

另一方面，由於中國人傳統的兄弟排行，是伯仲叔季，所以劉邦本來在鄉里的名字，可能是劉四，也有人認為應該叫劉三，後來稍稍有名，則改為雅一點的劉季，到有做皇上的意圖了，才改為劉邦。當然，做了皇帝，這名，一般人是不准叫，也不准寫出來的了，這就是中國歷史上著名的避諱制度，所以《史記》裡也就沒法寫了。

悲催的是，因為他的名字裡有個「邦」字，其他即使比他早得多，用了「邦」字的東西，也一律得改名號了。最典型的，就是《詩經》風、雅、頌三部分中的風，大家都熟悉的名稱是十五國風，但其實，在劉邦做皇帝之前，它不叫「國風」，而叫「邦風」，是為了避劉邦的名諱，才改叫「國風」的。上海博物館藏戰國楚簡中，有一篇被題名為〈孔子詩論〉的，其中提到《詩經》的國風，就還是沒有改字之前的「邦風」。[7]

〈高祖本紀〉裡高祖名字和生年的缺失，和這篇本紀裡一再宣稱的蛟龍、赤蛇、五彩雲氣等等，恰好形成一種反差很大的對比，並帶上了一抹不易為人覺察的諷刺色調。在這樣的背景下，我們再度回望〈項羽本紀〉和〈高祖本紀〉兩篇本紀的關係，就更有意味了。

站在〈項羽本紀〉的角度看〈高祖本紀〉，那就像是在冷靜地為項羽這個年少輕狂武夫

戰國楚竹書〈孔子詩論〉中的「邦風」（右起第三簡第四、第五兩字，圖版選自《上海博物館藏戰國楚竹書》第一冊）

的激越跳動，描述一個壯闊的舞臺和深沉的背景；反過來，站在〈高祖本紀〉的角度看〈項羽本紀〉，那不過是高祖偉大一生中短暫出現的一顆流星；不過這顆流星曾經很耀眼，借著它的探照，細細查看，你甚至可以發現高祖的一段黑歷史。這兩篇本紀，就是這樣互相糾纏著，為秦漢之際的歷史巨變和漢朝初期的制度延續，提供了一種感性的觀照和解釋，也為歷史轉折關頭人性的真摯、冷漠和變態，畫出了一道真切的風景。

〈呂太后本紀〉

——改朝換代，跟性別有關嗎？

關於《史記》的這一篇〈呂太后本紀〉，首先要說的是，在許多的《史記》版本裡，它的題目，都寫作〈呂后本紀〉，這恐怕是不對的。〈呂后本紀〉儘管和〈呂太后本紀〉只差一個「太」字，意思卻完全不一樣。寫〈呂太后本紀〉，是因為高祖去世後，漢惠帝比較軟弱，實際掌握大權的是呂太后，所以有資格讓她入本紀；如果寫〈呂后本紀〉，那就是劉邦還活著的時候，他大太太的傳記了。劉邦既然有〈高祖本紀〉，憑什麼在一個前後相繼的縱向系列裡面，呂后還要再寫一篇本紀呢？所以這一篇的題目，只能是〈呂太后本紀〉——我們看《史記》最後一篇〈太史公自序〉，其中本篇提要的末尾，司馬遷寫的也是「作〈呂太后本紀〉」，就可以推知，傳世的《史記》各本正文標題作〈呂后本紀〉，大概是《史記》

史記九

呂太后本紀第九

呂太后者集解徐廣曰呂后父呂公漢元年為臨泗侯四年卒高后元年追謚曰呂宣王高祖微時妃也集解漢書音義曰諱雉 索隱諱雉字娥姁也生孝惠帝集解漢書音義曰諱盈女魯元太后及高祖為漢王得定陶戚姬集解如淳曰姬音怡眾妾之總稱也漢官儀曰姬妾數百蘇林曰清河國有如里而題門作姬讀曰漢秩祿令及茂陵書姬內官也秩比二千石位次倢伃下在七子八子之上 索隱如淳音怡非也茂陵書姬是內官是矣然官號及婦人通稱姬者姬周之姓所以左傳稱伯姬叔姬以言天子之宗女貴於他姓故遂以姬為婦人美號故詩曰雖有姬姜不棄顦顇是也愛幸生趙隱王如意孝惠為人仁弱高祖以為不類我常欲廢太子立戚姬子如意如意類我戚姬幸常從上之關東日夜啼泣欲立其子代太子呂后年長常留守希見上益疏如意立為趙王後幾代索隱上其紀反又音祈也太子者數矣賴大臣

寧改制易俗作高祖本紀第八 惠之早霣諸呂不台徐廣曰無台輔之德也一曰怡懌也不為百姓所說崇彊祿產諸侯謀之殺隱幽友徐廣曰趙隱王如意趙幽王友大臣洞疑遂及宗禍作呂太后本紀第九 漢既初興繼嗣不明迎王踐祚天下歸

左：清局刻本《史記》作〈呂太后本紀〉

右：北宋本《史記》的〈太史公自序〉作「呂太后本紀」

早期傳抄過程中文字被減省的結果。清人張文虎整理《史記》，恢復其〈呂太后本紀〉原題，是對的。《漢書》在〈惠帝紀〉後列了〈高后紀〉，稱「高后」，是用了劉邦死後的謚號。但我想，這篇名還是不如《史記》用「呂太后」更恰當。

其次要說的是，《史記》裡沒有出現劉邦的大名，也沒有出現呂后的真實名字。〈呂太后本紀〉的第一句話是：「呂太后者，高祖微時妃也。」意思是呂太后，是高祖還沒有發達時娶的太太。南朝劉宋的時候，注釋《史記》的裴駰，在注釋這句話時，引用了前人的一種說法，兩個字：「諱雉」。諱是名諱的意思，雉就是野雞。這是我們現在能看到的比較早的有關呂后名字的紀錄。

為什麼呂后他爸會給她取個意思是野雞的怪名字呢？我猜想，呂后可能要麼是屬雞的（但是不是酉年生的，無法確定），要麼是生在地支屬酉的那一天的。這個猜想，有什麼證據可以支持嗎？有的。大家可能知道，現在通行的十二生肖順次，雞對應十二地支中的酉年，是東漢以後才流行起來的。考古發現的東漢以前表示年份的十二生肖裡，比如甘肅天水放馬灘出土的秦簡《日書》（這是一種類似後代看相算命用的書），雞對應的十二地支，不是第十位的酉，而是第六位的巳。不過，在另一種秦簡《日書》，湖北雲夢睡虎地出土的秦

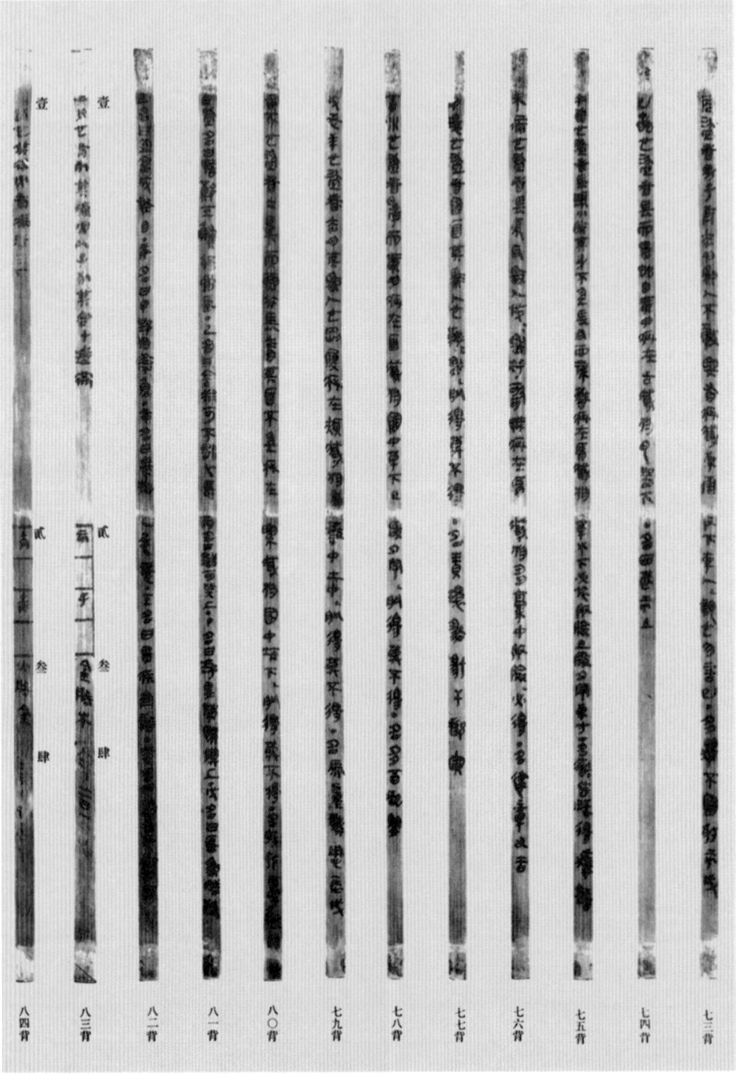

湖北雲夢睡虎地秦簡《日書》甲種裡的十二地支（選自《睡虎地秦墓竹簡》，文物出版社，1990 年）

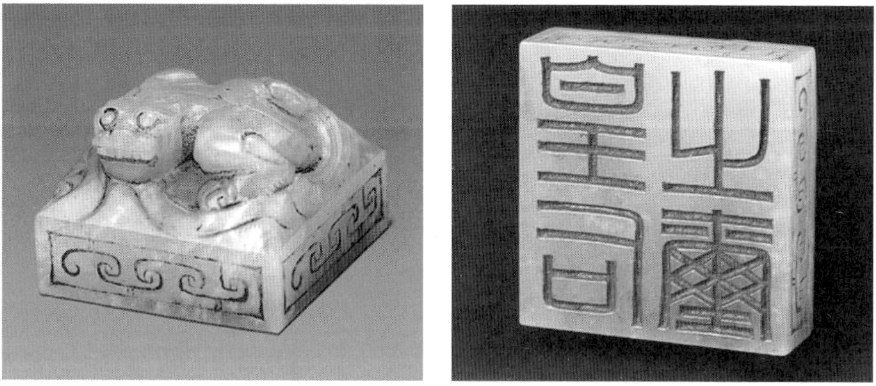

「皇后之璽」玉印，陝西省咸陽市韓家灣狼家溝出土，因出土地點距漢高祖呂太后合葬的長陵僅千米，故推定為呂后之印。現藏陝西歷史博物館

簡《日書》裡，也有十二地支，那不是用來紀年，而是用來紀日的，那裡面跟酉日對應的動物，寫的雖然是個「水」字，實際的意思，就是跟呂后那個名字一樣的「雉」。[1]

那麼，《史記》的〈呂太后本紀〉裡，都寫了些什麼呢？

和前面我們講過的〈項羽本紀〉、〈高祖本紀〉不同，這一篇本紀，雖然題目標的是呂太后，那裡面寫的，卻並不都是呂后生前的事情。它的紀事，很明確地分為太后生前和太后死後兩大部分。

太后的生前部分，〈呂太后本紀〉主要記的，是她做太后以後的事情。這中間有三件事特別突出：一件是對付往日的情敵，一件是控制當今的皇帝，再一件是給娘家人封王。

這三件事，說白了，都是宮鬥劇。不過《史記》寫法不同：第一件是恐怖片，第二件是倫理片，第三件是紀錄片。三個片子還是互相關聯的。

恐怖片的主角，是戚夫人，劉邦當年做漢王以後娶的二房。因為當年的戚夫人年輕貌美，呂后被高祖冷落了好一陣；也因為這位戚夫人，執著地想讓自己的親生兒子如意，代替呂后所生的兒子——也就是後來的孝惠帝——做太子，雖然沒成功，卻讓大房的呂后感受到了強烈的生存危機。結果待劉邦一死，孝惠帝登基，呂太后就把她囚禁到了深宮永巷，最後還殘忍地砍去她的手腳，挖掉她的雙眼，火燒了她的耳朵，讓她喝了永遠不能再發出聲音的湯藥，把她扔在廁所裡，還送給她一個極度侮辱的綽號——「人彘」，就是人豬。

倫理片的序幕，是已經做皇帝的孝惠帝被呂太后召去看現場版的恐怖片，得知眼前的人彘就是戚夫人，被嚇得大哭，當場把君權拱手相讓給母后大人，並從此得病，年輕輕的就死了。

於是以眼淚為主題的正片上演了。這回的視角，換成了第三方——年僅十五歲的張公子張辟彊。張公子是留侯張良的兒子，年紀不大，看問題很深刻。在孝惠帝的葬禮上，他發現了一件怪事，就跑去和丞相交流。他問丞相：「太后只有孝惠帝這麼個兒子，現在駕崩了，卻乾哭，不掉眼淚，您知道這事的謎底嗎？」丞相不知道這孩兒葫蘆裡賣的什麼藥，反問他：「此話怎講？」張公子的回答，竟然是：「高皇帝沒有成年的兒子，太后是怕你們這些老臣啊。您如今不妨奏請，讓太后的三個侄兒呂台、呂產、呂祿當將軍，帶兵控制京城的南北軍，讓其他呂家人都進宮，在中央機關工作，這樣太后才會安心，您幾位才可能擺脫禍害。」

如此現實的計謀，出自十五歲的天才，丞相還能說什麼呢？只能照辦。倫理片就此轉場紀錄片。只是下面這紀錄片免不了都是給這位封侯，替那位封王，或者搞掉這個王，再讓那個上，具體的，我們到講「表」和「列傳」時還會涉及，這裡就不多說了。

這裡我們關心的問題，是司馬遷是依據什麼史料，來寫這宮鬥劇的？

當然，基本的框架，應該會參照漢朝的官方檔案。但前兩部分中，倫理片的細節，應該有別的史料作補充；而恐怖片，則肯定不會出自官方檔案和一般文獻，而應該有特別的來源。

那麼，這些其他的史料、特別的來源，會是上一節我們提到的陸賈的《楚漢春秋》嗎？

我們再去讀一下清人輯佚的《楚漢春秋》吧，發現裡面倒真還有一則呂太后的故事，還跟《史記．呂太后本紀》所寫的眼淚故事有關。說是惠帝駕崩後，呂太后想給英年早逝的皇帝兒子起個高高的墳頭，那樣她從未央宮坐著就能看到。就此各位大將都勸她別這樣，太后就是不肯改主意。這時東陽侯出場了，他流著淚對太后說：「陛下您如果日夜都能看到惠帝陵墓，那會極度悲痛，流淚不止，這是傷害生命啊。臣下我只能為之悲哀了。」據說太后聽了這話，才作罷。

但是我們對照一下〈呂太后本紀〉，就知道《史記》並沒有選用陸賈《楚漢春秋》裡的這則故事。不過在《史記》卷九十七〈酈生陸賈列傳〉裡，附錄了一位叫朱建的傳記，涉及一位曾經和呂太后有特殊關係的人，辟陽侯審食其，使我們對於〈呂太后本紀〉前半部分的史料來源，有了新的猜測。

朱建的名號，和戰國四公子之一相同，也叫平原君。他之所以能在《史記》中留名，是因為曾經透過上層關係，幫辟陽侯審食其擺脫欽定罪名，免於一死。審食其怎麼成為欽定罪犯的呢？因為有人向孝惠帝告發，說他跟呂太后關係曖昧，而呂太后又心虛，沒法幫他說話。

那朱建幫審食其脫罪，司馬遷是如何知道的？根據〈酈生陸賈列傳〉篇末的太史公曰，「平原君子與余善，是以得具論之」，這話翻譯成現代漢語，就是平原君的兒子跟我關係好，因此我可以比較具體地寫這些故事。因為這句話，後代有不少人指責司馬遷，說他這樣寫史，有徇私的嫌疑。但晚清時期整理《史記》頗有功績的張文虎，卻不那麼看，而認為其中的紀事，「非徒蕪累筆墨也」[2]，就是說也不單單是多餘的文字。我個人的看法，是《史記》給朱建列傳，尤其是重點寫他和審食其的交往，也許是一種暗示，提示像〈呂太后本紀〉那些不可能為官修檔案紀錄的殘酷內情，很可能是由跟呂太后關係非同一般的審食其獨家講述的祕聞，朱建把它們轉述給了自己的兒子，朱建之子又講給了司馬遷聽。

講到呂太后的生前事，還有一件跟第二件的控制皇帝有關，就是呂后實際掌握國家最高權力時的公開紀年問題。

根據《史記·呂太后本紀》，孝惠帝死後，在呂太后的操縱下，先後有兩位劉氏小皇帝登基即位，第一位即位時雖然標明是新的「元年」了，還是「號令一出太后」，就是所有的官方命令其實全都出自呂太后；第二位上位時，索性「不稱元年」了，因為「太后制天下事也」，就是太后管著天下的事呢。這兩段傀儡小皇帝的時間，加起來有八年，後來像《資治通鑑》等史書，就直接把這八年用「高后某某年」來標示了。

「高后某某年」的紀年是真實存在過的嗎？對此學界有不同的看法。相關學者認為，那個時段呂太后實際掌權，是毫無疑義的，但紀年是很正式公開的大事，呂太后未必會這麼做。一九八〇年代前期，湖北江陵的張家山漢墓中，出土了一批西漢初年的竹簡，其中有一篇曆譜，據考古發現簡報，是起於高祖五年，終於高后二年的。但事實上，我們看後來正式出版的《張家山漢墓竹簡（二四七號墓）》一書，這份曆譜裡從頭至尾都沒有出現「高后」二字，甚至被判定為高后的那兩個年份，文字都正好是缺失的。所謂「高后元年」、「高后二年」的說法，是透過文獻考證獲得的。因此，高后紀年是否確實實施過，至今依然是個謎。

呂太后在執掌朝政十五年後死了。她一死，〈呂太后本紀〉的主題和主人公就都變了。這部分也寫了三件事：一件是奪南北軍，一件是殺姓呂的人，一件是迎代王做新皇帝。掌控局面的主人公，則都是高祖時代的老臣。

這個部分，有一個值得注意的問題，就是那些重新掌握漢王朝實權的大臣，在選擇新的漢朝皇帝時，特別注意他們的生母的家庭情況。比如當有人提出齊悼惠王作為候選人時，就馬上有反對意見說，這位齊王的母家姓駟，其中叫駟鈞的，是個惡棍；有人提議淮南王，反對的聲音裡就說他「母家又惡」，只有最後被提名的代王，不僅是漢高祖活著的兒子中年紀最大的，為人仁義，尊奉孝道，個性寬厚，而且同樣重要的，是他的老娘薄氏，做人小心翼翼，個性善良，所以最後取得各位大臣的一致同意，把這位代王推舉上去，做新一代的漢朝

湖北張家山漢墓 247 號墓出土曆譜中，最左側兩簡研究者考證為高后紀年，但其上部明顯斷缺，年份已不可見（選自《張家山漢墓竹簡（247 號墓）》，文物出版社，2001 年）

皇帝——就是後來的漢文帝。

這樣的結果，當然是呂太后生前不願意看到的。她的意識裡，是劉家和呂家既已結親，就共享漢朝了。所以從宋代的王觀國，到清代的趙翼，都竭力幫呂太后說話，說她根本沒有「盜漢之意」，也就是沒有竊取漢朝江山的意圖。我也同意這樣的看法。不過，在當時，那些劉邦的老臣們，想法和呂后並不相同，在他們的意識裡，漢家天下，一定是嚴格的狹義的，具有絕對的排他性，說白了，就是男性的劉家必須獨主漢朝。這兩者從根本上說，是有衝突的。而結果是大臣們勝利了，所以母系的呂姓一系的人，就統統得死。

記錄了那麼多的血雨腥風之後，在〈呂太后本紀〉的末尾，司馬遷寫了這樣一段「太史公曰」：

> 孝惠皇帝、高后之時，黎民得離戰國之苦，君臣俱欲休息乎無為，故惠帝垂拱，高后女主稱制，政不出房戶，天下晏然。刑罰罕用，罪人是希。民務稼穡，衣食滋殖。

這段「太史公曰」，翻譯成現代漢語，是說，孝惠皇帝、呂太后當政的時候，黎民百姓得以遠離國家戰爭之苦，國君和大臣都希望休養生息，無為而治，所以孝惠帝放手不管，呂太后以女天子的身分代行皇帝之職，政令不出房門，天下安寧，很少用到刑罰，犯罪的人因此也很少，百姓們一心一意務農，衣食一天比一天豐盛。

從這段太史公曰，結合〈呂太后本紀〉的敘事，可以明顯地看出司馬遷的歷史書寫原則和歷史評價標準，是並不相同的：在書寫歷史時，他的最高原則是求真；而評論歷史時，他更傾向於求善。但他不以基於全域因而相對抽象的好評，去掩蓋具體的真實的惡；也不以具體真實的惡，而改變從長時段歷史看做出的總體性的好評。

因此，司馬遷的歷史觀，在他生活的時代，是具有明顯的超越性的。他對於呂太后時期的評價，既超越了姓氏，也超越了性別，而具有更廣泛意義上的評判國家領導者的指向。在他看來，宮鬥也罷，私心也罷，上升到國家治理的層面，一切應該以是否讓老百姓安居樂業，是否合乎普遍的人性，為唯一的價值判斷標準。

文、景、武帝三〈本紀〉

——帝王祕史的可說與不可說

我想肯定有讀者看到題目，就會提出一個問題，就是你為什麼要把漢文帝、漢景帝和漢武帝三篇〈本紀〉，放在一節裡講。

這個我確實得先解釋一下。大家都知道，《史記》的本紀部分總共有十二篇，寫漢文帝的〈孝文本紀〉，和寫漢景帝、漢武帝的〈孝景本紀〉、〈孝武本紀〉，是排次在最後部分的三篇。這三篇本紀的主人公，雖然是西漢王朝前後相繼的三位皇帝，三篇本紀本身的性質，卻大不相同。

怎麼個不同呢？簡單地說，現在通行的《史記》文本中，〈孝文本紀〉是司馬遷寫的，完全沒有問題；〈孝景本紀〉是不是司馬遷的作品，很成問題；而〈孝武本紀〉，則不僅文本不是它原來的，連篇名都不是——它本來應該叫〈今上本紀〉。

那麼，既然三篇本紀的性質如此不同，我們為什麼還要把它們擱在一塊兒來講呢？這是因為，從《史記》編纂史上看，把它們放在一起討論，正好可以印證我們這一節的主題：帝王祕史的可說與不可說。

我們先說〈孝文本紀〉。

〈孝文本紀〉除了開始部分寫文帝如何在大臣的堅持邀約下登基做了漢朝的新皇帝，其餘的大部分，都是以過錄原文的文帝詔令為中心，來展開這一時期的歷史敘事的。這些詔令，包括文帝遺詔在內，總共有二十一則。

以這二十一則詔令為中心的〈孝文本紀〉，可以說是《史記》寫漢代諸位帝王的本紀中，最具正面色彩的一篇。我們讀〈孝文本紀〉，可以很明顯地感到司馬遷對於這位前代帝王的熱愛。篇末的「太史公曰」引孔子的話，說「必世然後仁」，意思是一個朝代，一定要過了一世，也就是三十年，才開始逐步施行仁政，這話也有一定的道理。但就全篇〈孝文本紀〉而言，文帝被塑造成了一位幾乎沒有任何缺點的聖人，我們以小人之心度君子之腹，總

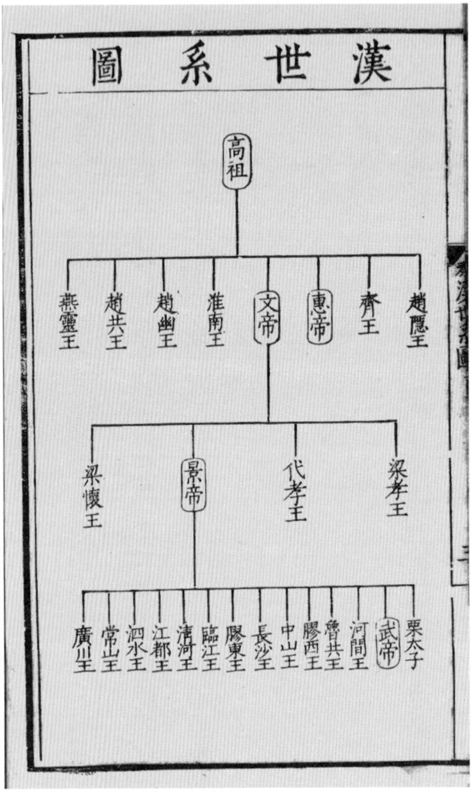

明萬曆刻本《史記評林》裡的
《漢世系圖》

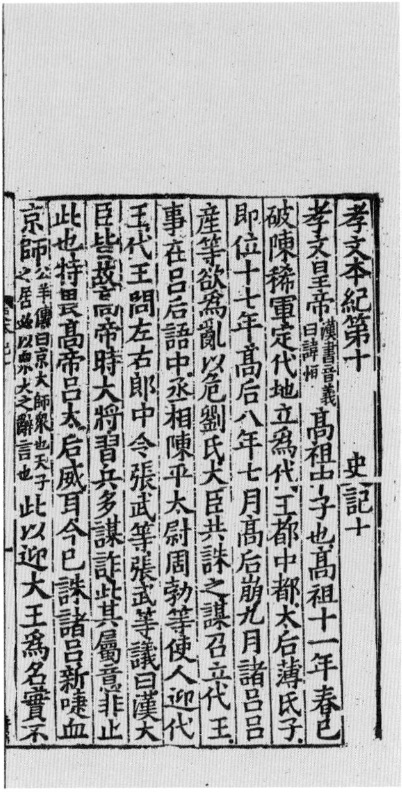
孝文本紀第十　史記十
孝文皇帝漢書音義曰諱恒高祖中子也高祖十一年春已
破陳豨軍定代地立爲代王都中都太后薄氏子
即位十七年高后八年七月高后崩九月諸呂呂
產等欲爲亂以危劉氏大臣共誅之謀召立代王
事在呂后語中丞相陳平太尉周勃等使人迎代
王代王問左右郎中令張武等張武等議曰漢大
臣皆故高帝時大將習兵多謀詐此其屬意非止
此也特畏高帝呂太后威耳今已誅諸呂新啑血
京師公羊傳曰京大也師衆也天子之居必以衆大之辭言之也此以迎大王爲名實不

影印北宋刻本《史記》裡的
〈孝文本紀〉卷端

覺得這其中恐怕難免有理想化、情緒化的成分。

這話怎麼講呢？我們來看看〈孝文本紀〉裡的兩個小故事。

第一個故事，跟立太子有關。那是文帝即位不久的事，當時有下屬向他建議，應該儘早把太子確定下來。這文帝的反應，非常有意思。他開始是堅決反對，甚至把它提到了「重吾不德」的高度，意思是那會讓我道德有虧，後來又搬出了楚王、吳王等受封的諸侯王，說那些諸侯王裡面，有很多德才兼備的好同志，如果我真的有個三長兩短，你們推舉那些品德高尚的同志接班，那是「社稷之靈，天下之福」啊。當然了，最後他被固執的下屬說服，很快立了太子。不過透過這頗有戲劇性的一幕，我們發現文帝其實也並不是一個毫無心計的人，在立太子這個問題上，他開始時的激烈反應，其實是對自己同姓兄弟們的一種安撫和試探。

另一個故事，是著名的緹縈救父。緹縈是齊國太倉令淳于公的小女兒，因為父親犯法，被帶到首都長安來用刑，她隨父進京，就給最高領導寫了封情真意切的信，表示甘願自己做官奴，代替父親受刑。這封信，竟神奇地轉到了文帝手裡，結果引出了文帝下詔「除肉刑」，也就是廢除直接戕害身體的刑罰條例。這是一個法外開恩的故事，司馬遷卻花了不少的篇幅加以描述。後來的研究者認為，這很可能跟武帝時代肉刑已經恢復，司馬遷自己又身受腐刑有關。也有人進一步推論，說司馬遷之所以在〈文帝本紀〉裡，花如此多的筆墨，描述漢文帝時代政治的寬鬆，是為了反襯他自己生活著的漢武帝時代的專制。

下面我們來看看〈孝景本紀〉。

關於〈孝景本紀〉，學術界一直以來就有很多的爭論。褒貶之間，反差很大。說它寫得好的，稱讚它是《史記》十二本紀中寫得最像本紀的；說它寫得不好的，根據的是它的文風，說那根本不像是司馬遷寫的。

文風什麼的其實比較虛，我們還是說點實的。

首先必須肯定的是，這篇〈孝景本紀〉確實像部分研究者說的，在呈現編年體本紀的特徵方面，十分突出，它是嚴格按照年月順序來記錄景帝時期的史實的。不過，跟《史記》十二本紀的其他篇章相比，它寫得實在太簡短了。而且，最引人注目的，是這一篇本紀，從頭至尾，竟然完全沒有講過一個故事。司馬遷的《史記》，除了十表和八書裡的個別篇章，都講故事；本紀裡沒有故事，那還能叫《史記》嗎？

其次值得注意的是，今本〈景帝本紀〉的內容，跟司馬遷在《史記》的其他地方為這篇

漢景帝陽陵考古發現的殉葬陶俑，因衣著腐朽而皆成裸體

本紀寫的提要，明顯不合。

要說清楚這個問題，我們要先介紹一下，中國早期的古書，和現在各位還比較容易看到的十六世紀以後的中國書，在體裁上的一個明顯不同。

我們熟悉的書，無論古書新書，通常都有目錄，目錄通常都是放在全書正文的前面的，對吧。但是早期的中國古書，它們的篇章目錄，不是放在正文開始的前面，而是放在正文結束的後面。那目錄裡面，每一篇章名稱之下，還帶有簡短的內容提要。這種帶有提要的全書目錄，一般還是跟作者的自序和傳記合在一塊兒，組成一個篇章的。這一著述樣式，古書中遺存至今，最典型的，就是《史記》最後的那篇〈太史公自序〉。

在〈太史公自序〉裡，有《史記》全書的提要目錄，其中〈孝景本紀〉的提要，是這樣寫的：

諸侯驕恣，吳首為亂。京師行誅，七國伏辜。天下翕然，大安殷富。作〈孝景本紀〉第十一。

這段提要翻譯成現代漢語，就是：諸侯驕傲放縱，吳王為首作亂。京城裡因此開了殺戒，最後參與叛亂的七個諸侯國都被拿下。就此天下和諧，非常地太平、殷實而富足。我們拿這段提要，跟今本《史記》的〈孝景本紀〉相對照，發現在〈太史公自序〉提要裡，作為景帝一朝最重要歷史事件的七國之亂，在〈孝景本紀〉裡竟然只有短短的六十來個字；而提要後半段裡寫的「天下翕然，大安殷富」，〈孝景本紀〉裡好像也沒有什麼具體的描寫。

所以後來像寫〈太史公書亡篇考〉的著名學者余嘉錫，就確信〈孝景本紀〉的原文已經失傳了，現在我們看到的〈孝景本紀〉，大概是晉朝人依據遺存的漢朝文獻編寫的。

那麼，〈孝景本紀〉的原文，會是在什麼樣的情形下失傳呢？這方面，有一則源自三國時期的特殊傳聞，可以參考。

說是《史記》的景帝本紀和武帝本紀兩篇，曾經被漢武帝要去抽看，看了以後，漢武帝大怒，這兩篇本紀因而遭到削除，也就是用刀把它們寫在竹簡上的文字都削掉了。[1] 武帝本紀被削除以後，變成了什麼模樣，我們下面會說。至於〈孝景本紀〉這篇為漢武帝的老爸立傳的文字，到底寫了什麼，觸及了已經當皇帝的兒子的敏感神經，令他大怒，則已經無法考證了。

最後我們討論一下〈孝武本紀〉。

在這一節開始時，我們就說了，〈孝武本紀〉根本就不是司馬遷的原作，連篇名都不是。那現在《史記》裡的這篇〈孝武本紀〉，是從哪裡來的呢？

我想不少讀者已經知道，這篇〈孝武本紀〉，是從《史記》八書的〈封禪書〉裡抄出來，抄的是〈封禪書〉後半部分，文字完全一樣，連「太史公曰」也一字不落抄過來了。這

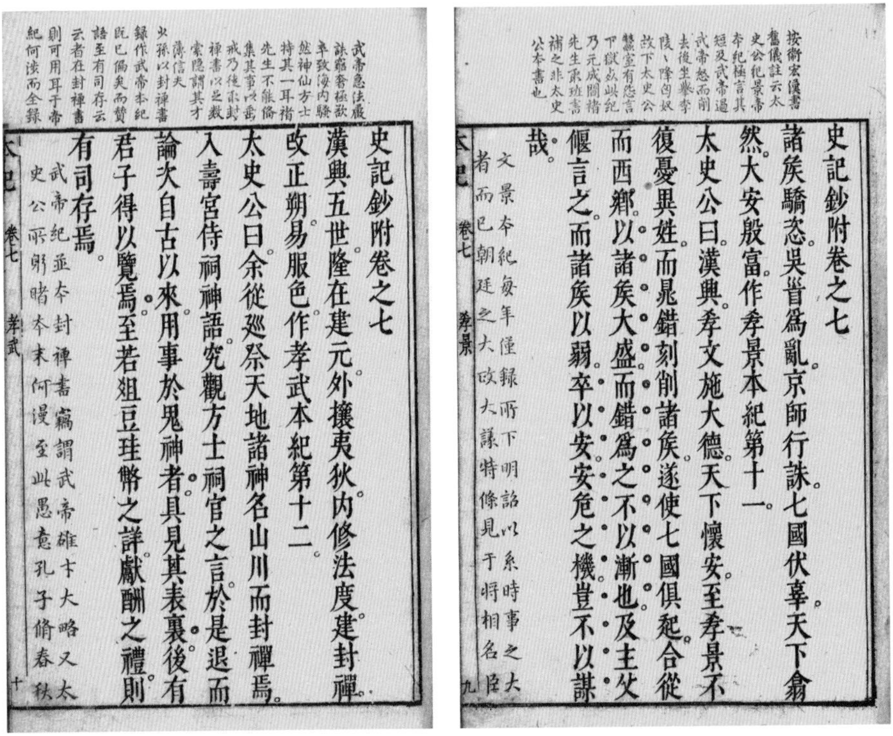

明刻套印本《史記鈔》中節選的〈孝景本紀〉和〈孝武本紀〉，
兩篇節本開頭都列了〈太史公自序〉中兩篇本紀的提要

是司馬遷自我抄襲嗎？當然不是，而是原稿遺失或被刪除後又由後人妄加的，當然加上去的時間，大概不會太晚。

為什麼〈孝武本紀〉的原稿會遺失，或者竟要被刪除呢？這就要討論一下，這篇本紀，原本究竟寫了什麼。

我們也採用上面討論〈孝景本紀〉時用過的方法，看看〈太史公自序〉裡的相關提要，是如何介紹〈孝武本紀〉的。

明人擬想的漢武帝像

〈太史公自序〉裡寫武帝本紀的提要，篇名還是原來的，叫〈今上本紀〉，具體說的是：

> 漢興五世，隆在建元，外攘夷狄，內修法度，封禪，改正朔，「易服色」。作〈今上本紀〉第十二。

這段話開頭的八個字「漢興五世，隆在建元」，是說咱們漢王朝前後已經有五個皇帝當朝，而最強盛的時代，要數武帝的建元年間。建元年間如何強盛呢？第一，「外攘夷狄」，那指的自然是攻打匈奴；第二，「內修法度」，這說的大概是崇尚儒家學術等政治措施；第三，「封禪，改正朔，易服色」，這些都是禮儀制度上的具體舉措。從字面上看，〈今上本紀〉寫的內容，應該完全是歌功頌德，毫無「政治」問題啊。

但是且慢。清代女學者李晚芳，在她寫的《讀史管見》一書中，寫過一段評論《史記·平準書》的文字，可以提供給我們一個認識〈今上本紀〉的參照。〈平準書〉是《史記》的八書中，專門討論經濟制度源流的一個篇章。李晚芳對它的基本判斷是，這是一篇「謗書」，也就是誹謗之作。為什麼呢？她分析說：

> 當時弊政甚多，將盡沒之，則不足為信史；若直書之，又無以為君相地。太史於是以敏妙之筆，敷絢爛之辭，若吞若吐，運含譏冷，刺於有意無意之間，使人賞其絢爛，而不覺其含譏；贊其敏妙，而不覺其冷刺。[2]

意思是漢代弊政甚多，司馬遷如果都不寫，《史記》就不足為信史了；但如果直書其事，那讓皇帝、丞相的臉往哪兒擱。所以司馬遷在寫法上玩了一點花招：他用他的那枝生花妙筆，鋪寫了一大篇非常絢爛的文辭，而吞吞吐吐之中，其實蘊含著冷刺骨髓的嘲諷。一般人看了，只是欣賞它的一片絢爛、無限高妙，而感覺不出其中到處隱含著的無情嘲諷和陰冷譏刺。

李晚芳說〈平準書〉的這類冷嘲熱諷，我們想，在〈今上本紀〉的原稿裡應該是更多吧。那樣在漢武帝的時代，這篇〈今上本紀〉的文字，當然也必須跟〈景帝本紀〉一樣，被從竹簡上削掉了。

〈孝文本紀〉、〈孝景本紀〉和〈孝武本紀〉，這三篇本紀的文本，在歷史中浮沉起伏，命運各異，反映了中國的傳統史書，在書寫當代歷史時，難免遭遇的困境。專制帝王的日常生活，不可避免地連接著政治，也就自然有必須說、可以說、可說可不說，和絕對不可以說的分別。而一個有主見的歷史學家，即使在個人實踐中突破了當時的限制，有什麼就寫什麼，怎麼想就怎麼寫，但當他的史書完成，在現實世界中自由或不自由地傳播時，有一些他個人根本無法控制的東西，依舊會憑藉特定的氣候，像幽靈一樣附著上來，用各種方式，曲解、篡改甚至消解掉他心愛作品的某些組成部分。所幸像《史記》這樣風骨猶存的歷史巨著，歷經滄桑，依然活著，它們千瘡百孔的軀體，成為檢測後來讀者的智商、學養和洞察力的絕好素材。

第二卷

說「表」

畫一個網格，把歷史填進去，把人填進去

《三代世表》——中國最早的家譜，是胡編出來的？

我們前面用了十節的篇幅，討論了《史記》五體的第一體「本紀」。從這一節開始，我們要進入《史記》五體的第二體——表。這一節先講排在《史記》十表第一篇位置的《三代世表》。

在講這篇《三代世表》之前，我想還是有必要先說一下，「表」是怎樣的一種文本。生活在現代世界，表格的應用，是十分普遍的事。你無論是上學，還是找工作，不填個表，是不可想像的。不過你大概不會想到，表格的本源，其實是一種純粹傳統的歷史文獻樣式。

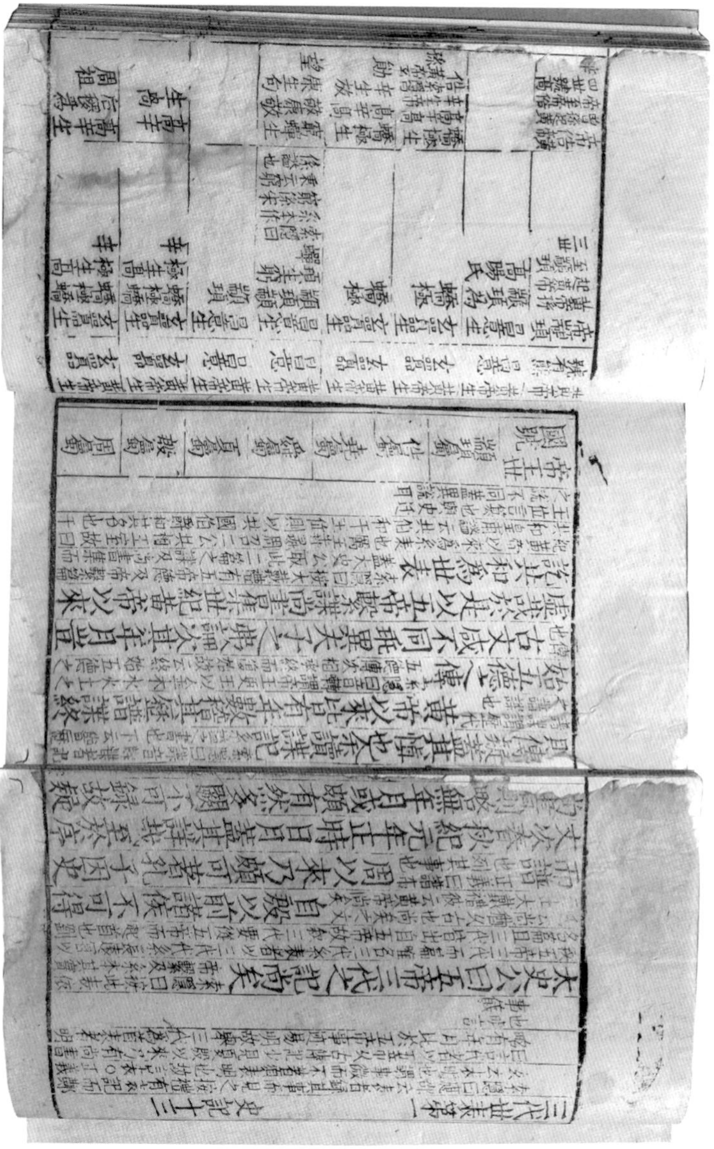

明嘉靖間王延喆翻南宋黃善夫刻《史記》本《三代世表》卷端、序及表格起始部分

表的形式來源，一般認為應該是「周譜」，也就是周代的譜牒，性質類似後代的家譜族譜。周代的家譜族譜，外觀上是個什麼模樣，現在已經無法看到了。而依據傳世文獻和出土文物，研究者認為，漢朝人所謂的譜，其實是曆法與譜牒結合的「曆譜」。[1]曆法關乎天文，譜牒記錄人事，兩者原不相干。但太史令的職掌範圍，正好是上及天官，下兼歷史。所以比較合乎邏輯的推論就是，《史記》的十表，用表格的形式，按世系、年月和國別縱橫譜寫歷史中的人和事，應該是司馬遷綜合「曆」、「譜」兩者，而推陳出新的一種歷史文本。

那麼，具體到《三代世表》，它又是一份怎樣的表格呢？

從文本的組成上看，《三代世表》分為三個部分：序、表的正文和表後面的一篇「張先生褚先生問答」。其中表的正文，又分為前後兩個部分，我們姑且稱它們為表一和表二。

表一由縱向五十四行、橫向八列組成。其中第一列是「帝王世國號」，第一列的第二行裡記的，就是五帝系統裡的黃帝。第一列下面的七列，都以「屬」為名，比如顓頊屬、周屬等，屬在這裡是世系的意義。七列的前四列，分別為顓頊、俈（嚳）、堯、舜之屬，它們和第一列第二行的黃帝，組成五帝系列；後三列，分別為夏、殷、周之屬，它們組成三代系

列。這兩個系列合為一表，無論縱還是橫，最早都歸到黃帝，所以表一可以說是黃帝的家譜。算起來，它也可以說是中國最早的家譜了。

不過這個我們稱之為表一的黃帝的家譜，混亂和矛盾的地方，還是滿多的。最典型的，像第一列的最後，倒數第二格，說從黃帝到殷紂王有「四十六世」，而倒數第一格，說從黃帝到周武王才「十九世」。周武王比殷紂王要晚，怎麼從黃帝開始算，反而經歷的世代會比殷紂王還短呢？

那麼，這樣的家譜，是司馬遷胡編出來的嗎？

當然不是。

為什麼說它不是司馬遷編造的呢？這就需要我們讀一讀位於《三代世表》正文之前的那篇序。

這篇序，是以「太史公曰」開頭的，分兩段，第一段的大意是說，五帝和夏商周三代的記載，雖然有很悠久的歷史，但殷商以前的諸侯國，其實是沒法編次它們的譜系的，周朝以下，才有相關的紀錄。孔子依據魯國官史文獻編次《春秋》，每記一事，一定會寫魯君的紀元年歲，標明四時、日期和月份，差不多算是很詳細了。但到他編次《尚書》的時候，就很簡略，沒有記什麼年月，有的地方稍微多記了一點，但同時又有很多缺失之處，都沒有辦法寫定。所以孔子的做法是，凡是有疑問的地方，就讓疑問留著，這真是很謹慎的做法。

第二段說，我讀譜牒紀錄，從黃帝以下都記有年數。但考察那些日曆、譜牒和金木水火土這五德的流轉，古文獻紀錄又都不同，矛盾歧義之處很多。這樣看來，孔夫子不討論和排次那些文獻的年月，真不是沒有原因的啊！於是我用《五帝繫諜》、《尚書》等彙集史料，記錄黃帝以來到周朝共和時候為止的世系，編纂了這份《三代世表》。

由此可見，司馬遷編這份《三代世表》，第一，並不是胡編亂造的，是有根據的；第二，他知道其中有很大的矛盾，但他認為既然原始文獻原本就有很多矛盾，我解決不了，不如向孔子學習，「疑以傳疑」，就讓它們原樣呈現。

那麼，我們再來具體讀讀《三代世表》的表一，還會發現什麼問題呢？

第一個問題，是夏、殷、周三系的橫格中，在大禹、商湯和周武王之後，事實上都存在的後繼的君王卻都消失了。像第六列的夏屬，到「文命，是為禹」就結束了，後面就都是空格了；第七列的殷屬，到「主癸生天乙，是為殷湯」結束了，後面都是空格了；又如周屬，到「文王昌生武王發」也結束了，後面也都是空格了。這不是很奇怪嗎？

要解答這個問題，很多學者都會想起歷史上的一個著名的說法，就是出自東漢學者桓譚寫的《新論》一書裡的一句話：「太史《三代世表》，旁行邪上，並效周譜。」這裡的「旁行」，比較好理解，就是橫向的列自右向左展開；這裡的「邪上」，就不容易理解了。那究竟什麼叫「邪上」呢？

「邪上」的「邪」，在桓譚那裡是寫作「邪惡」的「邪」，但實際上它跟「歪歪斜斜」的「斜」是同一個意思。南京大學古文獻研究所的趙益教授，寫過一篇〈《史記・三代世表》「斜上」考〉，[2]很好地解答了這個問題。

趙教授文章的大意，是夏屬、殷屬和周屬，本是在各自橫欄裡從右向左發展的，到大禹、商湯和武王之後，他們各自傳承的歷史，自動向左上方斜指，轉入第一列的相應的格子裡了。

具體地說，大禹之後，接班的應該是斜上角第一列裡的「帝啟」；商湯之後，緊接著的應該是斜上角第一列裡的「殷湯代夏氏」；而周武王之後，接續的應該是斜上角第一列裡的「周武王代殷」——這就叫「旁行斜上」。

這一形式，實話實說，有點彆扭。但從實用的角度看，卻讓家譜和國史，兩條不同的歷

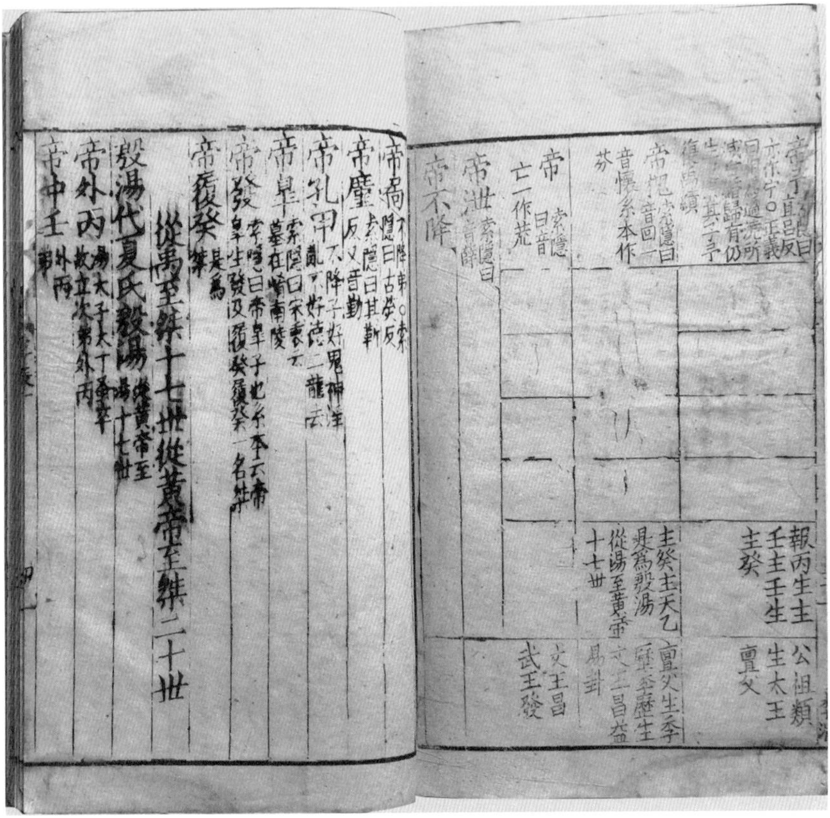

明嘉靖間王延喆翻南宋黃善夫刻《史記》本《三代世表》中的「旁行邪上」

史線索，合於一表，還是滿有創意的。

除了這個「旁行邪上」，《三代世表》的表一裡面存在的另一個問題，是出現了不是帝王的伊尹。

只要通翻一遍《三代世表》的這個表一，就可以發現，裡面記錄的都是帝王，只有在第一列的第二十六格裡，出現了伊尹的名字，那不是帝王，而是商朝的老臣。這是怎麼回事呢？

按照《三代世表》的紀錄，當時殷商的帝王是太甲，此王的特點，是一個「淫」字。別誤會啊，這個「淫」，不是淫蕩的意思，而是指做事過分。因為太過分了，所以前朝老臣伊尹只得出來干預：他把太甲放逐到一個叫桐宮的地方，軟禁起來，三年以後，幽閉在桐宮裡的太甲悔過自新了，獲得了伊尹的諒解，被迎了回來，重新執政。

這就是著名的伊尹放太甲於桐宮的故事。《史記》的〈殷本紀〉和《三代世表》裡，都記錄了這個故事，雖然文字詳略有所不同，卻一直是作為君臣理想關係的典範，而被廣泛傳揚的。正統歷史學家看重的，既有作為大臣的伊尹磊落無私，也有作為君王的太甲知過善改。因為從後代的實際情形看，重複這樣清純如水的故事，簡直是天方夜譚。

不過西晉時代出土的《竹書紀年》，解構了這一經典故事。在那部相傳是戰國時代魏國

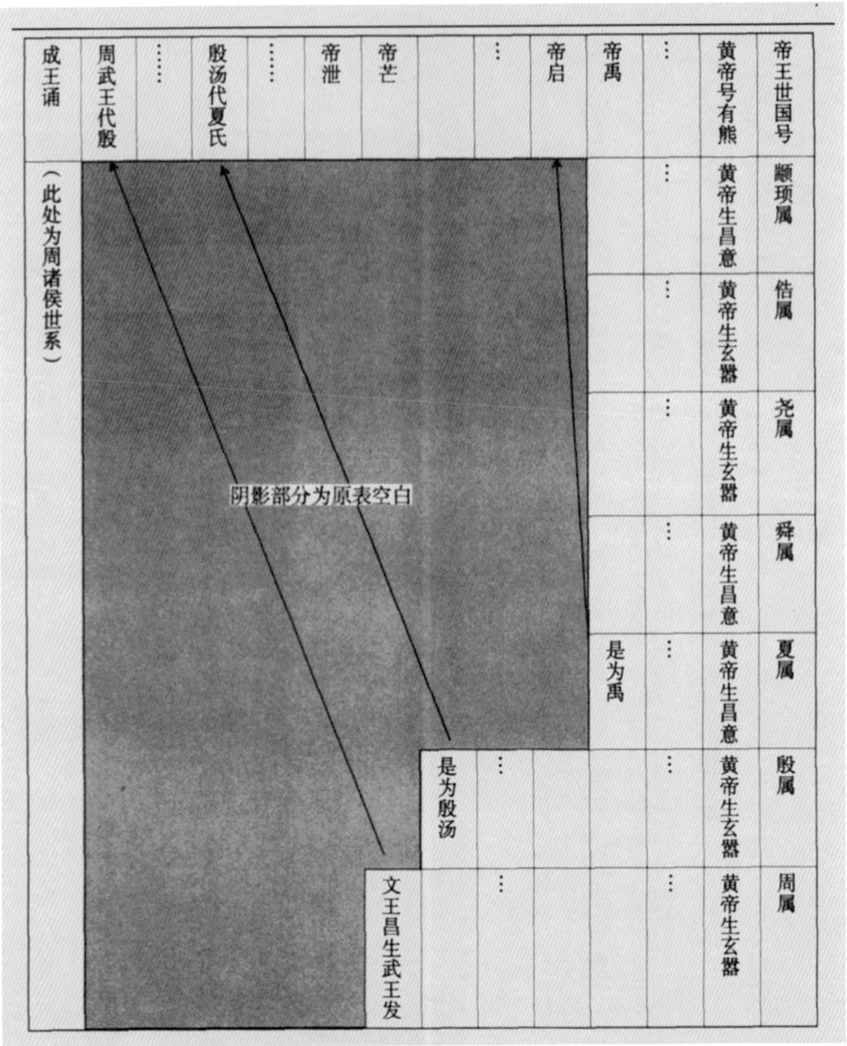

圖示來自趙益〈《史記・三代世表》「斜上」考〉
（原載《文獻》2012 年第 4 期）

人所作的編年體史書中，保存的商代史料，觸目驚心。說當時的真實情況，是伊尹放逐太甲後，篡位自立，而太甲被關了七年，實在憋得慌，就設法逃出桐宮，殺了伊尹。[3]

歷史是如此地撲朔迷離，我們不知道究竟應該相信兩種說法中的哪一種。不過《史記》把前一個版本的伊尹故事，留在原本記錄帝王世系的《三代世表》裡，應該是有原因的。我們推測，《史記》所依據的更早的文獻，在處理伊尹故事時，可能遇到過類似《竹書紀年》所記的後一個版本，為了強化自己記錄的前一個版本的伊尹故事的正確性，才不合常規地把伊尹的名字，和放太甲於桐宮的故事梗概，都保留在了本是專門記錄帝王名號世系的文本中。

《三代世表》正文的表二部分，雖然與表一緊密相連，但實際的格式並不相同。它從「成王誦」開始，到「共和，二伯行政」為止，共有十行，十二列。外觀上看比表一更像一份歷史年表，但其實仍然不是年表，而是世系表。

這份表格，除第一列是周王世系外，周王以下的十一列，所列的都是周朝分封的諸侯，依次是魯、齊、晉、秦、楚、宋、衛、陳、蔡、曹、燕十一國。從第一行看，其中初封的魯周公旦、晉唐叔虞、衛康叔、蔡叔度、曹叔振鐸和燕召公奭六位，都是周王的同姓，也就是都姓姬；宋和陳，分別是殷商和五帝中的舜的後裔。餘下來比較特殊的三家，是齊、秦、楚，他們在《三代世表》裡都屬異姓封王。其中的齊太公尚，也就是後代俗稱的姜太公，來頭很大，是周文王和周武王的導師；楚國的熊繹之所以能封王，是因為他爹曾經給周文王打過工；而只有秦，從表二裡看，什麼都不是，卻也和其他封國同列。這是為什麼呢？

這是因為秦具有特殊性。這種特殊性，可以從兩個方面來看。一是周秦關係特殊，這一點我們在講〈秦本紀〉和〈秦始皇本紀〉時已經提過；二是從保存史料的角度而言，先秦部分的秦王世系，有比較充分的材料，又別無可放之地，就只能放在這裡了。

《史記．三代世表》的表文之後，還有一篇張先生和褚先生的問答。這個不是《史記》的原文，是西漢後期一位叫褚少孫的博士自己加上去的。

褚少孫為《三代世表》加的這一大段文字，歷來遭到很多人的痛罵。但說實在的，這有點冤枉了這位褚先生。他加這段對話性的文字，是好心，是想替司馬遷彌合矛盾。因為司馬遷一方面在《史記》的本紀裡，按照《詩經》的描寫，記錄了商的先祖契和周的先祖后稷，都無父而生，也就是生來就不知道爹是誰，另一方面又在《三代世表》裡把他們都歸入黃帝的直系後代。兩者明顯是有矛盾的。但這位褚先生的解釋，除了「信以傳信，疑以傳疑」一八個字，還比較靠譜，其他什麼天命之類一大堆，真的都是很沒有用的話。他尤其不知道的是，司馬遷其實並不在乎《史記》裡存在這一類的矛盾，他似乎更喜歡讓自相矛盾的史料在他的大書裡互相較量爭鬥，以此顯現歷史的紛繁複雜與難以捉摸。

《三代世表》是只錄世系，不繫年月的。它的終點是共和，從共和元年開始，中國歷史才有明確的連續不斷的紀年。而共和以前的年歲，歷代多有人研究考證，成果則毀譽參半。最近的成果，是著名的夏商周斷代工程。但因為在方法和材料方面存在比較多的問題，工程中有關夏商周三代紀年的階段性結論，至今未被學界普遍接受。[4]

因此我們今天翻開任何一本正規、通行的中國歷史紀年表，它們的正文，依然是從西元前八四一年的共和元年開始的。這依據，追溯起來，就是來自《史記》。

《十二諸侯年表》

——群雄混戰的時空演示圖

上一節我們講了《史記》五體的第二體「表」的開篇《三代世表》，這一節我們接著講第二篇《十二諸侯年表》，主題是：群雄混戰的時空演示圖。

《十二諸侯年表》和《三代世表》在時間上是前後相接的，交接點都是周朝的「共和」年間；但兩個表給人的感覺，是完全不同的：看《三代世表》，有點像霧裡看花，看不真切；而《十二諸侯年表》呢，翻開第一頁，就讓人神清氣爽。為什麼呢？因為它有明確的紀年了，而且這紀年是連續不斷，一貫到底的。

這種連續不斷、一貫到底的紀年，在今天通行的中華書局標點本《史記》裡，表現得最直觀、最明確，因為它的《十二諸侯年表》，在表格的外面，都標出了西元紀年，從西元前

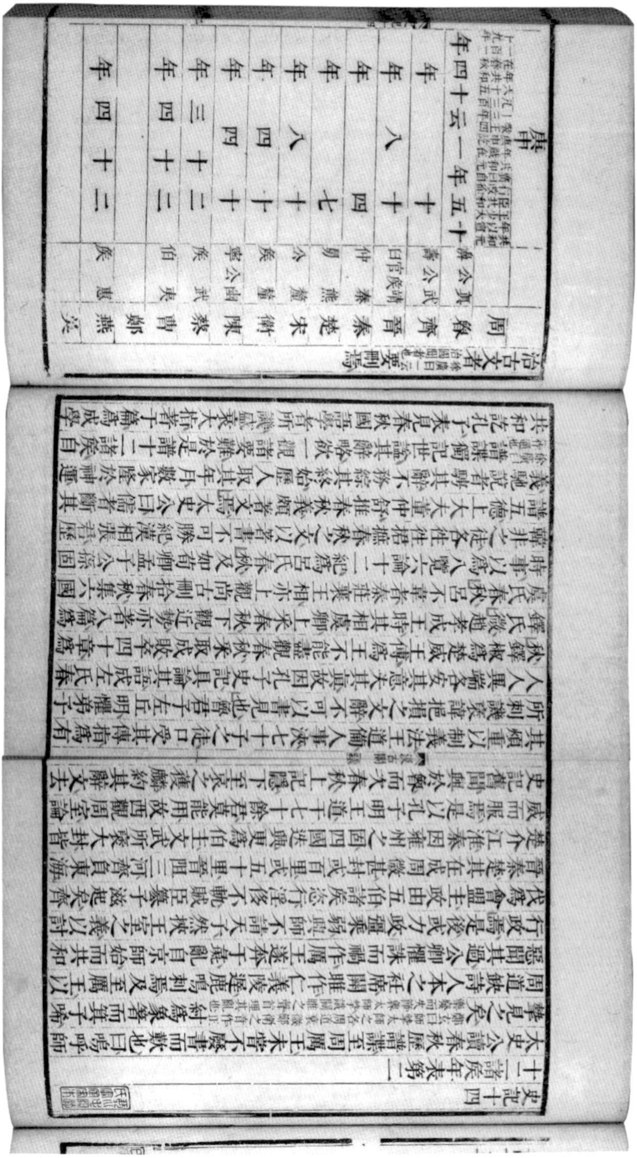

明末毛氏汲古閣刻《史記》本《十二諸侯年表》卷端、序和表格正文開始部分

八四一年，到西元前四七七年，總共是三百六十五年。

不僅如此，在《十二諸侯年表》的最上一個橫欄裡，你還可以看到以天干為序的干支紀年，除了開頭的周朝共和元年標出「庚申」，最後的周敬王四十三年標出「甲子」，中間凡是天干是甲乙丙丁的「甲」的年份，都一一標出了。

不過，這些干支紀年並不是《史記》原本就有的。干支紀年東漢時才開始流行，《十二諸侯年表》上方的這些干支紀年標注，據清代乾嘉學派的代表人物錢大昕考證，應該是東晉一位名叫徐廣的學者注釋《史記》時添加的，其中還不乏錯誤。至於西元紀年，十六世紀才由歐洲傳教士帶入中國，十九世紀在中國的信教人士中間流行，二十世紀上半葉才被作為國家正式紀年使用，所以《十二諸侯年表》外的那些西元紀年，顯然是現代人添加的。

既然都是後來人添加的，還有什麼必要在這裡特地講呢？因為即使沒有干支紀年和西元紀年，《十二諸侯年表》裡還是有更重要的確定的時間訊息，就是周朝君王和各國君主的在位時間——專業的稱呼，叫「積年」。

因為周朝和各諸侯國的君主的積年都確定了，《十二諸侯年表》才有如此穩定、清晰的面貌。也因為《十二諸侯年表》有如此穩定、清晰的面貌，中國的歷史，才可以從你所在的年份，逐年追溯上去，連續不斷。這中間是沒有「大約某某年」這樣的東西的，全部是絕對確定的年歲。從這個意義上說，對《十二諸侯年表》無論加以什麼樣的讚美之詞，應該都是不過分的。

那麼，司馬遷是怎麼編出這份具有如此重要的歷史價值的年表的呢？

現代著名學者王國維先生，對此有一個著名的說法。在他的論文集《觀堂集林》一書裡，有一篇〈史記所謂古文說〉，在那篇論文裡，他說：「太史公作《十二諸侯年表》，實為《春秋》、《國語》作目錄。」意思是《十二諸侯年表》其實是以兩部先秦典籍《春秋》和《國語》為基礎編纂的，是它們的「目錄」也就是章節內容概要。

王國維這樣說，當然是有證據的。這證據之一，就在《十二諸侯年表》表格正文前的那篇序裡。

這篇序，從「太史公讀《春秋曆譜諜》」開始，以周厲王（就是我們在講〈周本紀〉時講過的那位讓老百姓都閉嘴的奇葩之王）為引子，帶出了西周末到東周時期，諸侯中的五霸迭次興起，挾天子以令諸侯的史實。中心的話題，則是孔子編《春秋》，左丘明為《春秋》作注解，成《左氏春秋》（也就是今天俗稱的《左傳》），以及之後的各類「春秋」編纂史。在歷數儒家學者、縱橫家、編曆日的人、算命師和傳世譜牒各自的偏執之處後，太史公提出自己的綜合方法，歸結說：

於是譜十二諸侯，自共和訖孔子，表見《春秋》、《國語》學者所譏盛衰大指著於篇，為成學治古文者要刪焉。

這句話翻譯成現代漢語，就是：由此我譜錄十二個諸侯國，從西周的共和元年到孔子的時代，力圖呈現研究《春秋》、《國語》的學者們所體察到的歷史盛衰大要，並寫定為這一篇表，為學者們利用古文字書寫的古籍，提供一個刪節提要本。這其中對《春秋》、《國語》的強調，尤其是對《春秋》的大段述說，證明司馬遷的編纂《十二諸侯年表》，一定與此書有極大的關聯。

王國維說「太史公作《十二諸侯年表》，實為《春秋》、《國語》作目錄」，另一方面的證據，是在《十二諸侯年表》的正文裡。

我們看《十二諸侯年表》，首先遇到的第一件令人迷惑的事，就是它橫向的欄，除了第

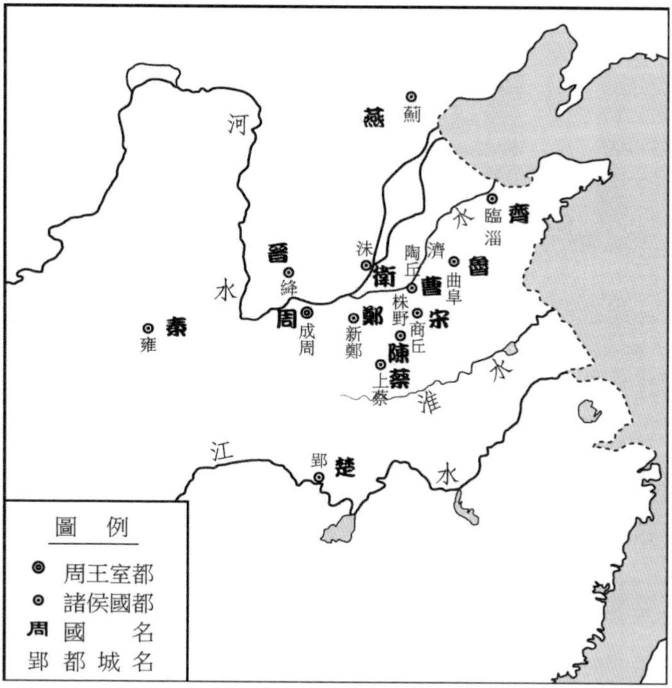

春秋十二諸侯國示意圖

一欄是周朝，不算諸侯，其餘所列，從上到下，依次是魯、齊、晉、秦、楚、宋、衛、陳、蔡、曹、鄭、燕、吳，那明明是十三個諸侯，為什麼篇名卻題作「十二諸侯」呢？

對此歷史上有過不少的解釋。相比之下，明朝學者傅占衡的解釋最為合理。這位傅先生說，《史記》之所以譜寫了十三個諸侯國的事蹟，篇名卻題為「十二諸侯」，是因為這篇表是「以魯為主」，也就是以排次在周朝下面一欄的魯國為主的。為什麼這麼說呢？因為《十二諸侯年表》的主要來源，是《春秋》，而《春秋》的紀年，是魯國君主的紀年，魯國因此在年表裡有特殊地位，所以不計。[1]

那麼，這是否意味著，司馬遷在編《十二諸侯年表》的時候，至少魯國的部分，就直接抄《春秋》了呢？

也不是的。我們把《春秋》的白文，就是沒有加過任何後來人注釋的《春秋》本文，跟《十二諸侯年表》相對照，可以發現，兩者還是不同的。司馬遷對《春秋》是有所取捨的，也有所改寫的。比如西元前七二〇年，也就是魯隱公三年，《春秋》的原文裡寫的是：「三年，春，王二月，己巳，日有食之。」到《史記》的《十二諸侯年表》裡，就被縮減修改為「二月，日蝕」。

此外應該特別指出的是，司馬遷所利用的《春秋》，主要是帶有左氏注解的《左傳》，其中不少文字，不取《春秋》的經文，而用了《左傳》的傳文。比如西元前六九四年，也就是魯桓公十八年，《十二諸侯年表》的魯國一格裡，記有魯桓公帶夫人赴齊國，齊侯卻與魯桓公夫人私通，並派人將魯桓公殺死在車上的故事。而我們看《春秋》，這一年只記了正月魯桓公和夫人文姜到齊國去，接著就是四月份魯桓公神祕地死在了齊國，沒有別的話。倒是在《左傳》的這一年裡，詳細地記錄了魯桓公帶文姜去齊國，齊侯與文姜私通，被魯桓公發現，結果魯桓公反被齊侯派去的殺手做掉的狗血劇情。其中的「齊侯通焉」一句關鍵語，一字不差，為《左傳》和《十二諸侯年表》共有，可見太史公依據的，一定是《左傳》。

順便說一下，現在大家相對比較熟悉的《左傳》作者是左丘明的說法，最早也是出自《史記》的這篇《十二諸侯年表》。

《十二諸侯年表》最精彩的地方，是在嚴格明確的時間延展線索中，還有空間的歷史演化軌跡，成就了一個時空並舉的歷史長卷。我們在本紀、世家和列傳裡看不太清楚的宏觀場景，在這裡往往有全域性的展示。

大家還記得我們在講〈周本紀〉時，曾經講過的那個晉文公召周襄王狩獵河陽的故事嗎？周襄王二十年，晉文公作為周朝名義上的諸侯之一，為了做諸侯的老大，竟然「召」周襄王，也就是下令讓周襄王來他指定的地方。《春秋》為尊者諱，把這件事寫成了「天王狩于河陽」，意思是天子去晉國的河陽打獵了。這事在〈周本紀〉裡是寫得極其簡單的，只有結果，沒有原因。

周襄王二十年，就是西元前六三二年。我們把《十二諸侯年表》的這一年翻出來，看看這一年的諸侯列國史，《年表》是怎麼寫的。

在周朝一格裡，記的是我們熟悉的「王狩河陽」，就是周王去晉國的河陽打獵了。在周朝下面的魯國一格裡，記的是「公如踐土會朝」，意思是魯公去踐土參加拜見周王的活動了，這其中的「踐土」，也是晉國的地名。[2]

周王和魯君都跑到晉國去，這晉國到底發生了什麼大事呢？

答案就在魯國下面一格的齊國裡，那一格裡寫的是：「會晉敗楚，朝周王。」意思是齊國和晉國一起打敗了楚國，因此朝見周襄王。在下面的第五個格子秦國、第九個格子陳國、第十個格子蔡國，都有類似的「會晉伐楚」的表述，意思是「和晉國一起討伐楚國」。可見這次討伐楚國的戰爭，是一次國際行動，而打頭的，就是晉國。

晉國打頭的聯軍，和楚國軍隊是在哪裡開打的呢？楚國一格裡有記載：「晉敗子玉于城濮。」原來這場國際戰爭，就是春秋史上著名的城濮之戰。而子玉，則是楚軍的將領。

晉國為什麼要和楚國開打呢？答案在楚國下面的一格宋國裡：「晉救我，楚兵去。」是為了救挨楚國打的宋國。

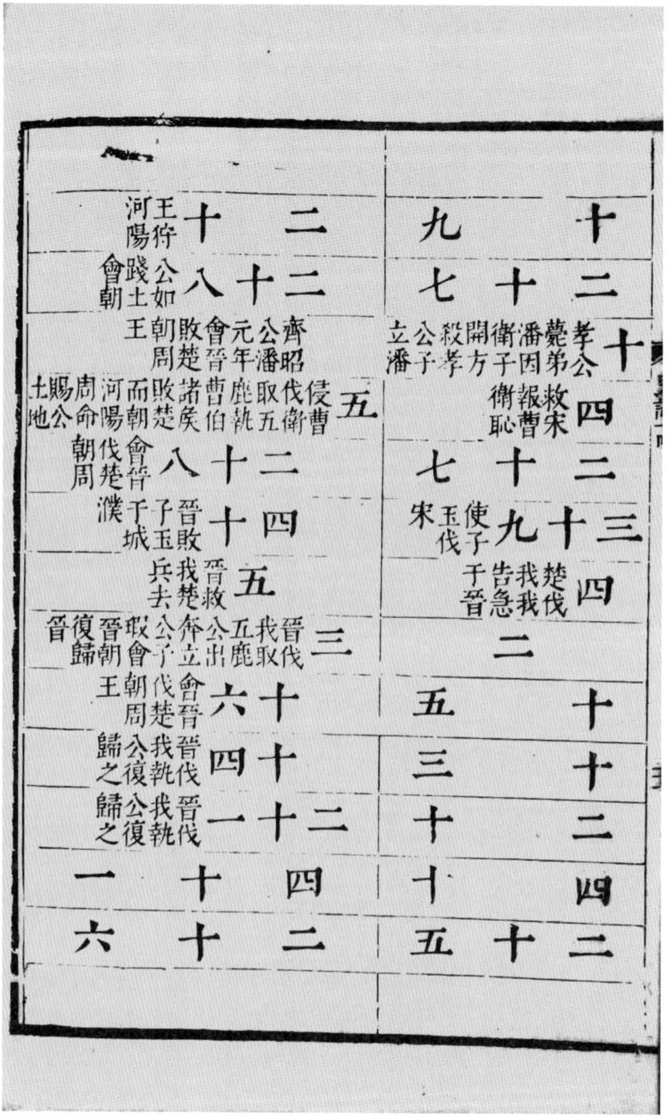

十九	二十 王狩河陽
二十七	二十八 公如踐土會朝
十 孝公薨弟潘因衛子開方殺孝公子立潘	齊昭公潘元年會晉敗楚朝周王
四 救宋報曹衛恥	五 侵曹伐衛取五鹿執曹伯諸侯敗楚而朝河陽周命賜公土地
二十七	二十八 會晉伐楚朝周
三十九 使子玉伐宋	四十 晉敗子玉于城濮
四 楚伐我我急告于晉	五 晉救我楚兵去
二	三 晉伐我取五鹿公出奔立公子瑕會晉朝復歸晉
十五	十六 會晉伐楚朝周王
十三	十四 晉伐我執公復歸之
二十	二十一 晉伐我執公復歸之
四十	四十一
二十五	二十六

明末毛氏汲古閣刻《史記》本《十二諸侯年表》周襄王二十年表

晉國這一打，還有什麼好處呢？晉國一格裡寫了，有兩個重大突破，一個是「侵曹伐衛，取五鹿，執曹伯」，就是趁機把曹國和衛國兩個小國教訓了一下，拿下了衛國一處名叫五鹿的地方，還把曹國國君曹伯給逮住了。另一個重大突破，是「諸侯敗楚而朝河陽，周命賜公土地」，就是晉國和其他諸侯國一起打敗楚國，在晉國的河陽朝見周襄王，周襄王下令賜給晉文公土地。

至於晉國教訓衛國和曹國，除了在同一行的衛國和曹國的格子裡，有可以互相印證的文字，還可以從晉國的橫欄向前推一年，就是西元前六三三年的晉國一格裡，找到答案，因為「救宋」，是為了「報曹、衛恥」。而所謂的曹、衛之恥，又可以再上溯到四年前的西元前六三七年，在那一年的衛國一格和曹國一格裡，都記錄了當時尚未成為晉文公的重耳，落難從齊國經過曹、衛兩國時，都受到了「無禮」的對待。

你看，從「天王狩于河陽」的故事出發，圍繞著城濮之戰，透過《十二諸侯年表》看到的，是不是一個比〈周本紀〉更豐富、更全面的世界？

當然，熟悉《史記》的讀者可能會說，你這個只是拿〈周本紀〉跟《十二諸侯年表》比較的結果。《史記》裡不是還有一篇〈晉世家〉嗎？那裡面不是也寫了城濮之戰嗎？

不錯，《史記》的〈晉世家〉裡也寫到了城濮之戰，而且因為寫了不少參與者的對話，整體上遠比《十二諸侯年表》生動。不過有一個細節應該提醒大家注意，就是〈晉世家〉畢竟是站在為晉國立傳的角度寫的，所以對當年這場戰爭的國際化程度，並沒有過多關注，其中雖然有一句「宋公、齊將、秦將與晉侯次城濮」，但像《十二諸侯年表》裡提到的陳、蔡兩國也追隨晉國開打楚國，就沒有寫。

因此可以說，《十二諸侯年表》做得最成功的，是在時空並舉的歷史長卷中，向讀者展示了單憑本紀、世家和列傳都看不太清楚的縱橫交錯的宏觀歷史場景。在這樣的宏觀歷史場景中，哪怕是一個點、一個單一的歷史事件，因為是處在二維平面的表格之中，都會比一般的敘述性的文字，更容易與前後上下的其他點發生直接的視覺關聯。而那些點，又往往是跨越了時間和國別的，因而它們呈現的歷史現象，會超出它們本身在所在那一格裡面的那幾個字的字面意思，而透過讀者的聯想，具有一種穿越時空、自我重組的力量。二維平面的表格，因此在一定條件下也得以立體化，成為讀者心目中可以回溯的三維的歷史空間。

我們說「表」是《史記》的骨架，就是在這樣的意義上說的。南宋著名文獻學家鄭樵說「《史記》一書，功在十表」，[3]我想主要也是從這樣的角度出發而得出的結論。

《六國年表》
——帝國統一的長時段前奏

上一節我們講了《十二諸侯年表》，這一節我們講《六國年表》，主題是：帝國統一的長時段前奏。

講《六國年表》，碰到的第一個問題，和上一節我們講《十二諸侯年表》一樣，就是名不符實。

《十二諸侯年表》裡，除了周王朝，實際有十三個諸侯。《六國年表》裡，即使單單從表格上看，也不止六個，除了最上一欄的周朝，我們數一下，秦、魏、韓、趙、楚、燕、齊，有七個啊，這是為什麼呢？

名為《六國年表》，實際至少記錄了七國，原因和上一節我們講《十二諸侯年表》類

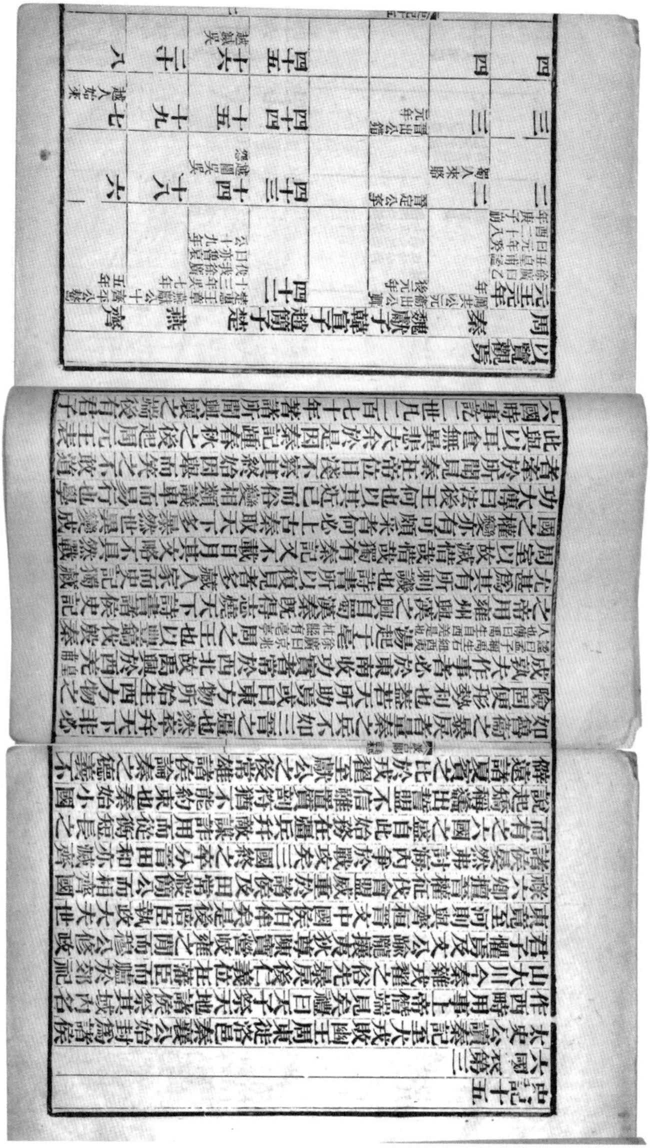

清光緒年間金陵書局刻《史記》本《六國年表》卷端、序和表格正文開始部分

似，是有一個國家，不算在篇名的「六國」之內，那就是秦國。為什麼秦國可以不算呢？因為這篇《六國年表》，和我們講過的〈秦本紀〉、〈秦始皇本紀〉一樣，都是以「秦記」，也就是秦朝當時的編年檔案為基礎編纂的。

細心的讀者可能已經看出來了，我們上面提到《六國年表》實際記錄的國家是七國，在七國的前面，加了「至少」二字，這又是為什麼呢？

我們知道《六國年表》和前一篇的《十二諸侯年表》，在時間上是前後銜接的：《十二諸侯年表》結束於周敬王四十三年，也就是西元前四七七年，《六國年表》開始於周元王元年，也就是西元前四七六年，兩者在年份上是無縫對接的。不過有一個形式上的問題，不知你注意到沒有，《十二諸侯年表》的最後一行，除了陳國和曹國因為已經亡國而成空白，其他的周朝和十一個國家都還在，怎麼到《六國年表》，除了周朝，這諸侯國就突然縮減為七個了呢？

這就要說到司馬遷對於《六國年表》的精心設計了。

從歷史時段看，《六國年表》上起周元王元年，下至秦二世三年，縱橫譜寫的，是西元前四七六年到西元前二〇七年，這二百七十年間的歷史。這段時間中的絕大部分，也就是

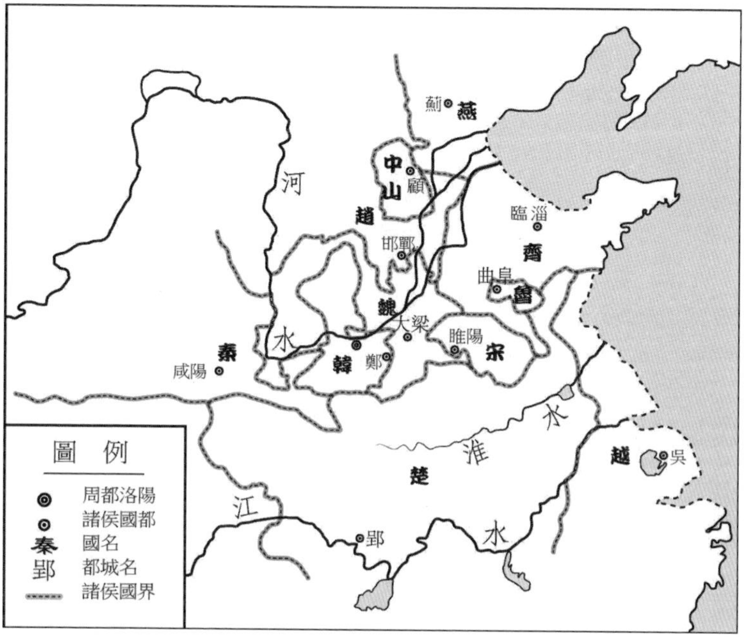

戰國七雄示意圖

讀者在名稱上都很熟悉的戰國時期。而說到戰國，大家就很容易想起戰國七雄，《六國年表》除了周王朝之外，橫向的列，從上到下安排的，秦、魏、韓、趙、楚、燕、齊，就是那「七雄」。事實上無論是今天通行的戰國時期的起始年代，還是戰國七雄這一稱呼，根據都是《史記》這篇《六國年表》。

不過，戰國七雄雖然在《六國年表》裡各占一列，但最開始的時候，它們的檔次是不同的：實際和前面的《十二諸侯年表》

完全相銜接的只有四個，就是秦、楚、燕、齊；而餘下的三個，魏、韓、趙，當時其實還都只是晉國三位大臣的領地。所以《六國年表》的第一欄裡，七雄的稱呼都是不一樣的：最氣派的是楚國，和周王朝一樣，稱王，叫楚惠王；其餘的比較正常的，是稱公，像秦厲共公、燕獻公、齊平公都是；最低級的，只能稱子，都出自晉國，就是魏獻子、韓宣子和趙簡子。

那麼，魏、韓、趙三家的主人——晉國，在哪裡呢？

在第三列的魏一欄裡。我們翻到西元前四七五年那一行，在魏那一個格裡，可以看到「晉定公卒」四個字，這個有關晉國的紀事，最特殊的地方，是形式上比其他的普通的魏國紀事要低一格排，意思是這些晉國的紀事，是附帶著放在這裡的。而之所以把晉國的紀事附在魏國一欄裡，是因為晉國最後是在西元前三七六年被魏、韓、趙三家瓜分滅掉的，而魏在《六國年表》裡，是三家裡排次在最上一欄的，所以就把戰國時期晉國的史實附錄在了魏國一欄裡。

這樣的在一國的紀事中，低一格附錄其他國家的史事，在《六國年表》裡還有很多。像鄭國就附在韓國一欄裡，因為西元前三七五年韓滅了鄭；宋國附在齊國一欄裡，因為西元前二八六年，齊滅了宋；蔡國、魯國、吳國、越國都附在楚國一欄裡，因為西元前四四七年

河南濮陽高城春秋戰國時期衛國都城遺址發掘現場

和前二四九年，楚分別滅了蔡和魯，而吳國，是在西元前四七三年被越國滅了的。這些都可以在《六國年表》相應的欄格裡找到紀錄。只有越國，在《六國年表》裡有頭無尾，不過我們透過《史記》的〈越王勾踐世家〉，可以知道它是在楚威王在位時（西元前三三九年－西元前三二九年）被楚國打敗的。

這些被附錄在戰國七雄裡的大小國家中，最牛的是衛國；這個衛是保衛的衛，我們姑且叫它小衛國。這個小衛國的戰國史，是低一格附記在另一個魏國欄裡的。那個魏，是三國時代曹魏的魏，我們姑且稱之為大魏國。小衛國怎麼牛呢？直到大魏國都被秦滅了，這小衛國還在，你在《六國年表》裡還就找不到「某滅衛」這三個字。而據《史記》的〈衛康叔世家〉記載，這個小衛國的最後一屆領導——君角，在亂世中幹了二十一年，直到秦二世上位後，才被廢為庶人，也就是平民，這小衛國才算壽終正寢。

說到這裡，我想你應該明白了，司馬遷是用了一種怎樣的設計，完美地讓《六國年表》在史實上跟《十二諸侯年表》對接。被低一格附記的晉、鄭、宋、蔡、魯、吳、衛七國，加上到戰國時期依然強盛的秦、楚、燕、齊四國，正好十一個，就是《十二諸侯年表》結束時剩餘的諸侯數。

除了和《十二諸侯年表》對接，《六國年表》裡寫的最多的，是七國之間的血腥爭鬥；尤其是秦統一六國之前，六國和秦的較量。《六國年表》所記的這種較量，和《史記》的有關世家、列傳相比，不是具象的，而是宏觀的，其中隱含了一種世家、列傳所罕有的全域性的悲劇氣氛。

這裡我們就舉一個例子，西元前二四一年的紀事。《六國年表》的這一年，只有秦、魏、楚三國的格子裡有文字記載。秦國一格裡記的，是「五國共擊秦」；魏國一格裡記的，有兩句話，一句是「秦拔我朝歌」，另一句低一格，寫的是「衛從濮陽徙野王」；而楚國一格裡記的，是「王東徙壽春，命曰郢」。三件事好像毫無聯繫。但是如果我們參看各國的前面幾年的年表，再對照《史記》的其他相關篇章，可以發現這三國的這一年的紀事，其實密切關聯，互為因果，並直接影響了以後的六國歷史進程。

所謂「五國共擊秦」，據〈秦始皇本紀〉，指的是這一年韓、趙、楚和魏、衛五國聯合，共同進攻秦國的一次國際行動。又根據〈春申君列傳〉，這次行動，就是戰國諸侯為對付日益強大的秦國而採取的「合縱」之舉；「合縱」名義上的「縱長」，是楚國的考烈王，而實際的主帥，則是當時的楚國丞相、戰國四公子之一的春申君。

韓、魏、趙三個兄弟之國之所以會參加此次攻擊秦國的行動，是因為它們在這之前都有被秦國侵占領土的屈辱紀錄。遠的不說，單看《六國年表》裡提到的，就有韓桓惠王二十九年（前二四四年），「秦拔我十三城」；魏景湣王元年（前二四二年），「秦拔我二十城」；趙孝成王二十年（西元前二四六年），「秦拔我晉陽」。這裡的「拔」，就是奪取的意思。至於小衛國，當時是大魏國的附庸。只有楚國，以力量強盛而被推舉擔任「縱長」的國家，它參戰的目的，是要跟秦國一爭霸主的地位。

但是很遺憾，這次「五國共擊秦」的行動，很快就以失敗而告終。失敗的直接後果，就

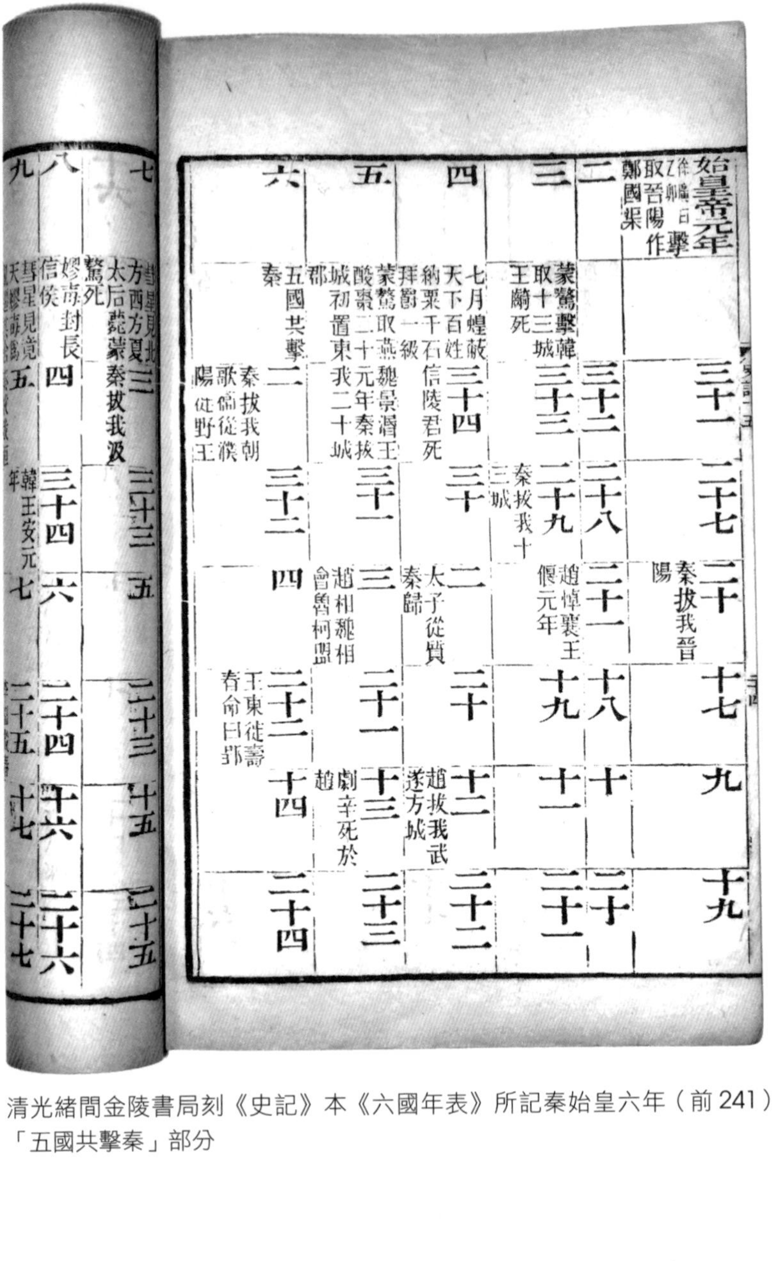

清光緒間金陵書局刻《史記》本《六國年表》所記秦始皇六年（前241）「五國共擊秦」部分

是《六國年表》的西元前二四一年欄裡，寫在魏國和楚國格子中的那兩件看似毫無關聯的史事：一件是低一格記錄的，小衛國從濮陽遷居到了野王；一件是楚國遷都壽春，並定名新首都叫郢。小衛國之所以遷居，據〈秦始皇本紀〉，是因為以濮陽為首都的衛國，在參與五國攻秦後，被秦反攻而破了國，所以不得不搬家。而楚國的首都，據〈春申君列傳〉，之前是在一個叫陳的地方；這時候之所以遷都去壽春，據〈楚世家〉，也是由於本年度跟諸侯一起討伐秦國，沒成功，也只好搬家了。

也許有的讀者會說，既然本紀、世家和列傳裡都有如此詳細的紀錄，司馬遷幹嘛不乾脆把相關的紀錄，都寫進《六國年表》，那不是更好，讀者看起來也更方便嗎？

原因還是年表這一體裁的編纂方式。我們前面說過，《六國年表》是以「秦記」為基礎編纂的。但事實上秦以外的六國的具體史料，有一些殘篇斷簡到西漢前期還是存在的。比如我們上面引的《六國年表》的文字裡，有不少都帶個「我」字，像「秦拔我十三城」之類，這些應該就是那個國家自己的原始文獻紀錄。這些包括「秦記」在內的原始文獻紀錄，如果你有時間比對，可以發現有些甚至跟《史記》的其他篇章所記是有矛盾的。我們想，司馬遷應該是為了保存這些難得的史料的原本樣態，以利於後人的再研究，才在《六國年表》裡這樣吝嗇他的筆墨。《六國年表》裡留下了一些似乎不該有的空格，原因我想也在於此。

《六國年表》從西元前二四六年開始，橫向的周王朝一欄消失了，周的位置併入了秦國；進一步地，從西元前二二〇年開始，年表全體不再分橫向的欄，只有逐年的縱向的格子，此後所記，都只有秦一國的史事。大家一看就明白，前者是秦滅兩周，後者是秦統一六國。

那麼，在《六國年表》裡面，司馬遷是如何看待秦國的這一系列大動作的呢？

這就需要我們回過頭來，讀讀《六國年表》正文前的那篇序。這篇序，寫得迂迴曲折，在《史記》十表序中，是套路很深的一篇。

這篇序，是從「太史公讀『秦記』」寫起的，開場白裡一句「僭端見矣」的驚呼，意思是「僭越的端倪已經顯現出來了」，瞬間營造出一種緊張的氣氛，讓人不得不跟隨作者跨越千年，去回顧秦和各諸侯國犯上作亂的史實。

這史實足夠混亂，其中的關鍵詞，除了欲望、僭越、背叛，還有以強凌弱。這樣的時代，多的是權謀，少的是信用，即使「置質剖符」，也不再能約束誰了。所謂「置質」，就是以人質做抵押；[1]而「剖符」，是像竹子那樣可以一剖為二，雙方各持一半，作為信用憑證符號。

但司馬遷對在混亂時代裡脫穎而出的秦國，態度十分曖昧。他對於秦焚燒《詩》、《書》與六國的歷史紀錄，是非常惋惜的，但也好像並未因此對秦恨之入骨。一個明顯的證據，是《六國年表》的秦始皇三十四年一欄裡，對那場給中國文化帶來深遠影響的焚書事件，一個字都沒有提。而在年表的序裡，他既從不可知的神祕主義角度出發，說歷史上成功者大都興起於西北，又說「秦取天下多暴，然世異變，成功大」，意思是秦奪取天下主要靠暴力，但能隨時代的變化而改變其政策，所以成就很大。如此不同尋常地為秦國以暴力手段一統天下辯護，肯定其合理性，不免令人驚訝。

司馬遷為什麼會對秦抱持這樣一種態度呢？

這中間不能說沒有他作為一個漢朝人的局限。像序裡面不經意間寫的那句「漢之興自蜀漢」，意思是漢朝是從巴蜀漢中興起的，言下之意，因為漢跟秦一樣都起於西北，所以成功了，就說明司馬遷轉彎抹角地為秦的成功，塗上一層宿命的色彩，其實很可能不過是想藉此表達，他身處的漢王朝能夠立國，具有無可辯駁的正統性。但同時我們也要注意，即使秦焚燒了幾乎所有的官藏六國史料，讓司馬遷父子纂寫《史記》變得異常艱難，司馬遷卻依然在《六國年表》序裡對秦做出這樣有所肯定的評價，是因為他是把秦放在更長更廣闊的歷史視野中來考量的。在他看來，任何改變歷史走向的事件和主體，都是歷史學家最應該關注的；而秦的統一六國，是事實上第一次在國家層面實現了中華民族的統一，這無論如何都是應該載入史冊的壯舉，儘管這一壯舉的背後，有太多的無恥、暴力和血腥。

《秦楚之際月表》——大王輪流做，本月到我家

上一節我們講了《六國年表》，這一節我們講《秦楚之際月表》，主題是：大王輪流做，本月到我家。

講這篇《秦楚之際月表》之前，我們先回到上一節講過的《六國年表》。在《六國年表》的最後，有縱向的三個格子，名義上記載的是秦二世元年到三年（西元前二〇九年－西元前二〇七年）的歷史。但細心的讀者可能已經注意到了，那份表格最後一個縱向的格子裡記錄的，並不全都是發生在秦二世三年（西元前二〇七年）這一年裡的事情。其中寫在最後的一句話是：「尋誅羽，天下屬漢。」雖然這句話開頭的那個字是「尋」，就是不久，意思是不久把項羽殺了，然後天下都歸屬了漢朝，但其實天下真正「屬漢」，要到五年以後的西

元前二〇二年才實現。因此《六國年表》最後的那三個格子，名義上只有三年，其實記了八年的事情，也就是西元前二〇九年到西元前二〇二年這八年的歷史。而《秦楚之際月表》呢，就是把這八年的事情進一步細化，橫向上從右向左，按每年十二個月展開，所以叫月表。

那麼，這份月表的縱向的行列，是怎麼排的呢？這個也可以跟《六國年表》作一個比較。《六國年表》在秦統一六國前，除了周朝，從上到下排著的，是秦、魏、韓、趙、楚、燕、齊七國，而《秦楚之際月表》的開頭第一行，從上到下排著的，是秦、楚、項、趙、齊、漢、燕、魏、韓九個。除了項和漢兩家，其餘七個，如果不考慮先後次序，兩份表中出現的名號，竟然是完全一樣的。

嗯？被秦統一的六國，這時又全部復活了？

別激動，別激動，告訴你真相：全是山寨貨，扯個旗號而已。

比如排在第四位的趙國，在月表秦二世元年八月一格裡，寫的是：「武臣始至邯鄲，自立為趙王，始。」話好像還沒寫完，但意思是明白的，說這位名叫武臣的，這個月才跑到戰國時代趙國的都城邯鄲，自己給自己封了個趙王的名號。一看就是個冒牌貨。

又比如排在第五列的齊國，它的開國君王，名叫田儋。據說是跟戰國時候的齊國君主沾點親帶點故的。而月表的秦二世元年九月一格裡，明確寫著此人的出身，是「狄人」，這個狄在哪裡呢？在今天山東的高青縣東南，這裡離戰國時齊國的首都臨淄雖然不算遠，但拿的畢竟不是正宗的王二代王三代戶口了。

那怎麼到這個時候，忽然時興起山寨六國來了呢？這麼大的事情，難道沒人管嗎？

還真的就沒人管，因為這個階段，是秦國走向崩潰，漢朝尚未建立的時刻。這個階段，最時髦的旗號，是楚，楚國的楚。因為當年被秦征服的六國中，最有資格、最有力量，而且也最持久地跟秦一較高低的，是楚國。所謂「楚雖三戶，亡秦必楚」，意思是楚國即使只剩下三戶人家了，最後滅了秦國的，還一定是楚國。而事實上，在秦朝嚴酷的統治下，最早打出反秦大旗，還真的就是楚國故地之人，就是那位振臂高呼「王侯將相，寧有種乎」的帶頭大哥——陳勝。陳勝和他的小夥伴們打出的旗號，據〈陳涉世家〉說，就叫「張楚」，是張大楚國的意思。陳勝死後，被不同的反秦勢力先後抬出來做大旗的楚王景駒和楚懷王熊心，也都頂著個「楚」字，所以《史記》這一篇月表的名稱，就題為「秦楚之際」了。[1]

《秦楚之際月表》的橫向的列裡面，排次在楚之下的項，是項梁、項羽叔侄倆打頭的一支暴動部隊。這是月表的前半部分風頭最健的一支，項羽曾經把楚的旗號都接了過去，號稱

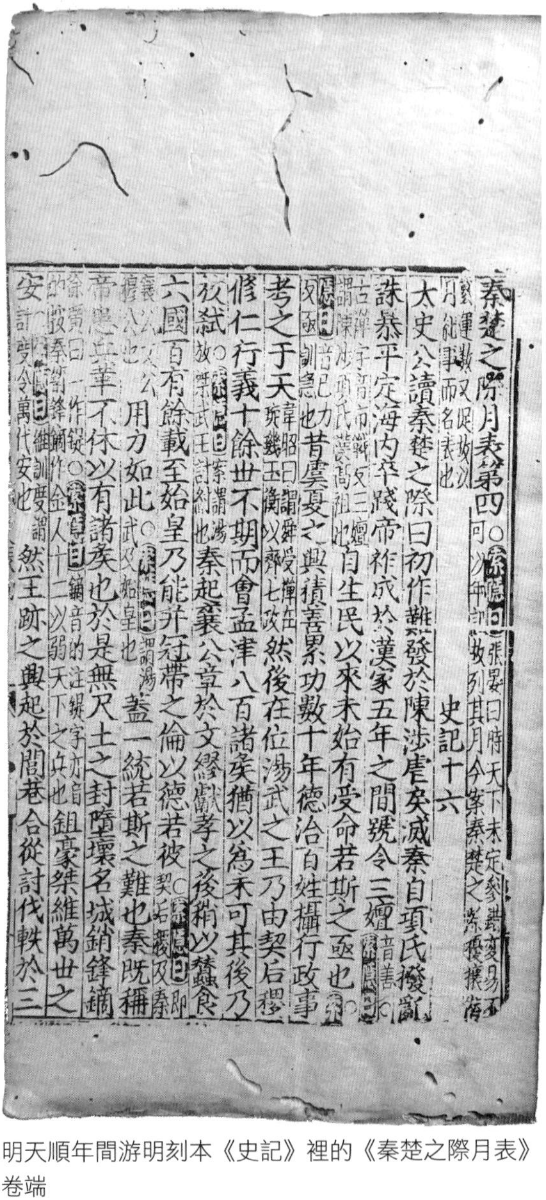

明天順年間游明刻本《史記》裡的《秦楚之際月表》卷端

西楚霸王。不過這位驕傲的霸王，後來被那一支不山寨六國的漢打敗了，而漢的主人，就是後來的漢朝的創始人——劉邦，當時應該還叫劉四、劉三或者劉季。

簡單地說，一篇《秦楚之際月表》的看點，前半是秦楚較量，後半是楚漢相爭。兩者的分界線，在月表秦二世三年後一年（也就是西元前二〇六年）的秦曆的十二月。月表這個月前後的橫欄的數量都是不同的：這之前，是九個；這之後，一下子變成了二十個。之所以有那麼大的變化，是因為當時秦二世已經被秦朝奸臣趙高殺死，而各路反秦勢力中，數項羽一支的力量最為強悍，因此雖然大家名義上奉楚懷王為宗主，事實上卻只能接受項羽的分封結果。而那二十個，就是項羽拆分前面八家，給諸路豪傑分地封王的結果。

無論是寫山寨版的六國及其同夥，還是寫拆分後的二十個小王國，站在漢朝和漢朝以後正統歷史學的角度看，《秦楚之際月表》最大的問題，是政治不正確。你看，在這份月表裡，唯一一條可以貫穿始終的紅線，不就是咱們漢家嗎？可司馬遷居然沒有把漢放在最上面、最醒目的一欄，而只放在了前半部分九個橫欄裡的第六欄、後半部分二十個橫欄的第十一欄，而且沒有任何特殊的標識。要知道，在前半部分，那個曾經和我們偉大的漢高祖一爭天下的楚霸王項羽一系，是排在第三位的；而在後半部分，跟高祖同在一系做鄰居的，竟然

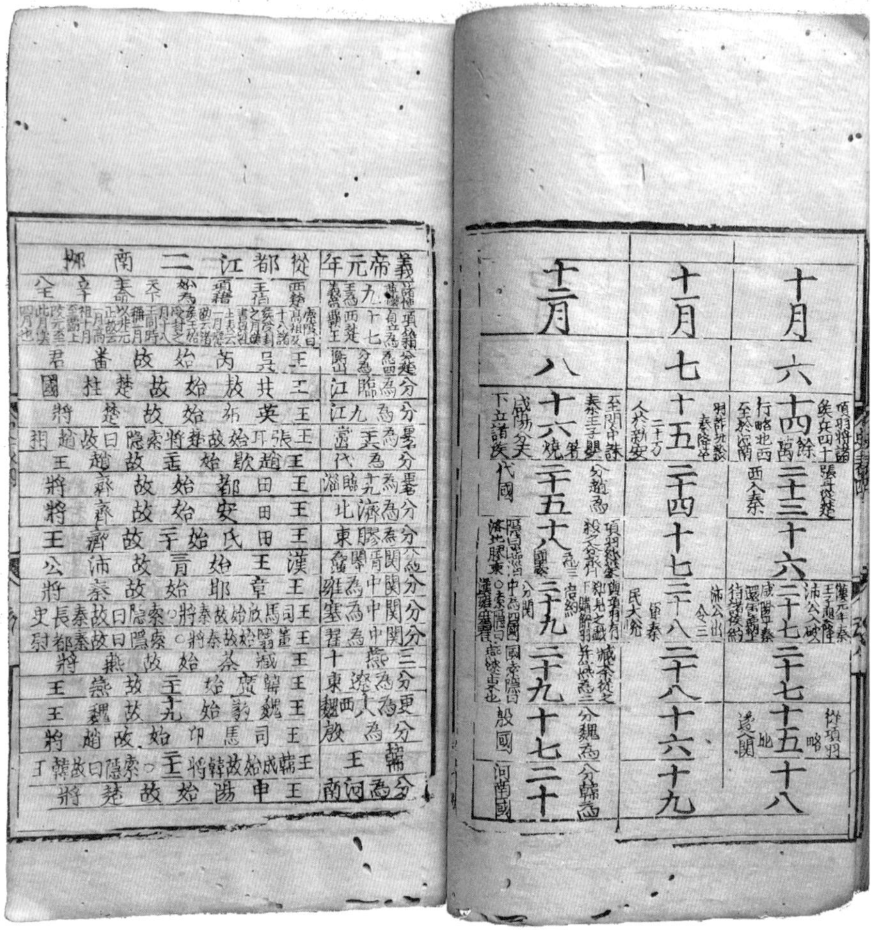

明天順年間游明刻《史記》本《秦楚之際月表》義帝元年前後的變化

是三位向項羽投降的秦朝敗將，雍王章邯、塞王司馬欣和翟王董翳。這成何體統！

不僅如此，在月表的具體格子裡，對漢高祖的描寫也幾乎不用仰視的角度，只是客觀敘述；而對高祖曾經和後來的死對頭項羽聯合作戰，又毫無忌諱之意，一再寫出。這怎麼可以啊！

不過，兩千年後，站在現代人的立場上讀《秦楚之際月表》，我們不得不佩服司馬遷的勇氣、定力和智慧。正是他堅持以史實作為歷史書寫的最高原則，我們才能透過這麼一份頭緒紛繁、錯綜複雜的月表，看清秦是如何崩潰的，漢又是如何起來、如何壯大、如何成功的。具體來說，因為緊接秦之後，有機會擔任全國性老大的就是項羽，而劉邦當時事實上是追隨項羽的，所以項家一系的位置，在月表裡必須高於漢家。又因為項羽要壓制、排擠已經露出爭霸勢頭的劉邦，故而等秦朝滅亡，他可以自行分封諸侯的時候，特意把劉邦安排到了他認為絕對麻煩的、原來秦朝的中心地帶關中附近，並在劉邦的近旁，安插了前朝的三位敗將，給他們封王，所以月表後半的安排，如果不違背史實，就只能把漢王國和這三個秦將小王國放在一起。至於寫作的視角和無所忌諱，實際上換個角度看，正可以顯出漢高祖那種以結果為導向的處世原則，對於劉姓漢家在各種勢力的夾縫中脫穎而出，具有的決定性意義。

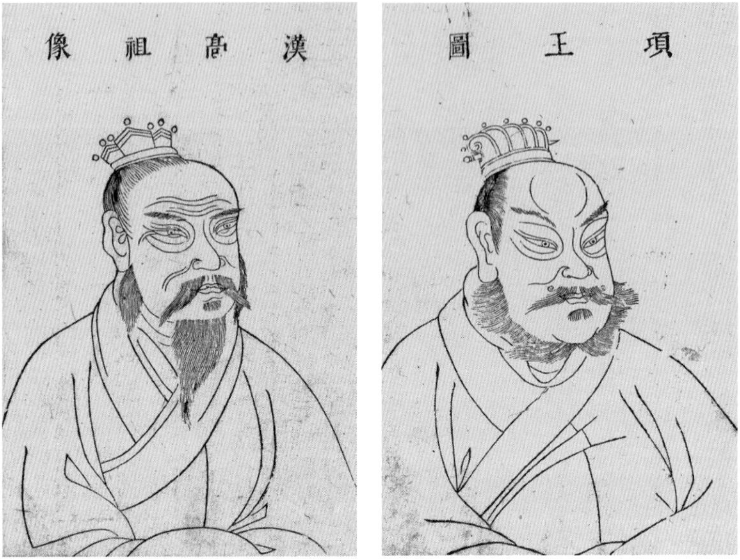

明人擬想的劉邦、項羽像

這裡要特別提一下，作為歷史學家的司馬遷，在書寫當代史方面顯示出的高超的政治智慧。這證據，就在《秦楚之際月表》開頭的序文裡。

這篇序，用現在文章的分段方法，可以分為三個自然段。第一自然段是客觀地回顧當代史，從陳勝最初的發難，到項氏叔侄的滅秦，再到漢家平定海內，最終登上皇帝寶座，特意指出：「五年之間，號令三嬗，自生民以來，未始有受命若斯之亟也。」意思是五年之中，發號施令的最高統帥就換了三個，自從有人類以來，沒有見過接受天命之事像這樣快速的。[2]

第二段是進一步回顧古代史。這話題拉得就有點遠了，從虞夏之興，說到湯武革命，再落腳到秦始皇「並冠帶之倫」，也就是把山東六國那樣的以講究禮儀為中心的國家都吞併了，最後發了一句感慨：「以德若彼，用力如此，蓋一統若斯之難也。」意思是即使像虞、夏、商、周那樣一直有良好的德行，或者像秦國這樣歷代持續發力，一統天下的事情還是這樣地困難。

最後一段是點題。從秦王稱帝，擔心再打內戰，所以不再分封諸侯寫起，寫了秦想要維持一個萬世平安局面的良好願景，和為此採取的一系列措施。接著話鋒一轉，說沒承想新的君王，已經悄悄地從民間小巷子裡誕生了。這之前秦頒布的一系列禁令，正好幫助賢達之人完成驅除大難的工作。所以結論是：「故憤發其所為天下雄，安在無土不王。」意思是：所以只要發憤做自己的事情，就可以當天下的首領，怎麼可以說沒有封土就不能夠成就王業呢？然後順流而下，完全切換到歌功頌德的頻道。先是虛問一句：這應該就是經傳裡所說的「大聖人」了吧？然後提高聲響，連著高呼兩遍：這不是天意嗎，這不是天意嗎！再回頭歸結說，不是大聖人，還有誰有資格這樣接受天命、做皇帝呢！

你看，典型的拍馬屁文字，卻寫得峰迴路轉，還通篇沒有出現過一次領袖的姓氏，這水準，真是高！要是不讀一下《秦楚之際月表》的正文，你都要懷疑司馬遷的歷史書寫原則是否改變了呢。

但司馬遷畢竟是司馬遷，他用這樣奇妙的組合，在序文和月表正文之間造就了一種特殊的張力，既迎合了當朝政治的需要，又相對完整地保留了未被歪曲的當代史的基本演變發展線索。

我們多次建議大家，讀《史記》一定要讀全篇，為什麼要堅持這麼說呢？這篇《秦楚之際月表》，就是一個最好的例子。

漢興以來王侯三《年表》
——分封制背後的兩難

上一節我們講了《秦楚之際月表》，這一節我們講《史記》表的部分涉及漢朝王侯的三篇《年表》，主題是：分封制背後的兩難。

不知大家注意到沒有，《史記》的表，總共才十篇，其中有五篇，都涉及漢朝的封王與封侯。這五篇譜寫漢朝封王與封侯故事的表，依次是：《漢興以來諸侯王年表》、《高祖功臣侯者年表》、《惠景間侯者年表》、《建元以來侯者年表》和《建元以來王子侯者年表》。單看篇名就可以知道，除了第一篇是講封王的；其餘的四篇都是講封侯的，漢代封侯比較多，所以又分了三段：漢高祖時候是一段，漢惠帝到漢景帝時候是一段，建元以來也就是漢武帝時候又是一段（建元是漢武帝做皇帝以後的第一個年號）。不過漢武帝的時候，那些被加封了王的名號的王，又被允許拆分自己的王國土地，給自己的王子們，讓他們有機會封侯。所以建元以來的封侯統計表，又分成了兩份：一份是普通的由中央直接分地立國，並加封名號的侯，另一份是王分自個兒的地給心肝寶貝兒子們，再由中央給這些王子加封名號的侯。

本節我們從上面講的五篇中，選三篇，合為一節，來作一點討論。這三篇，就是寫封王的那一篇《漢興以來諸侯王年表》，和兩篇寫封侯的《高祖功臣侯者年表》、《建元以來侯者年表》。

那麼，為什麼要把這三篇放在一起講呢？因為這三篇，從線性的歷史角度看，前兩篇在漢朝的頭上，第三篇在司馬遷生活的當時，而從《史記》五體的「表」這一文本體裁看，前一篇是橫向地展示諸王，後兩篇是縱向地鋪敘列侯，互相之間既有密切關聯，又可以前後上下對照，而凸顯的，是同一個重要的問題，就是分封制。

什麼是分封制？簡單地說，就是老大占了一塊過於龐大的地盤，自己管不過來，就把自己看中的部分留下來，其他的都瓜分給兩種人，一種是當年跟著自己跑馬占地的小兄弟，一種是自己的嫡親兒子。分給了他們，老大就基本不管這些分出去的地上是長草還是長花了。

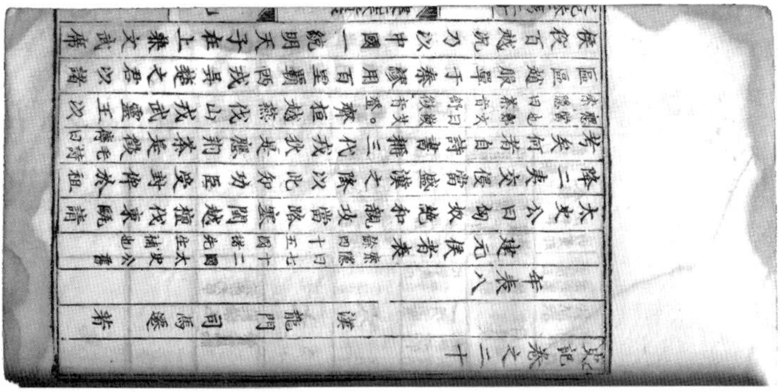
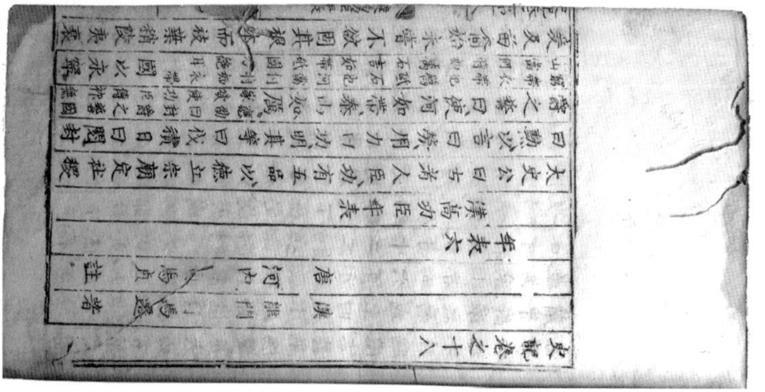
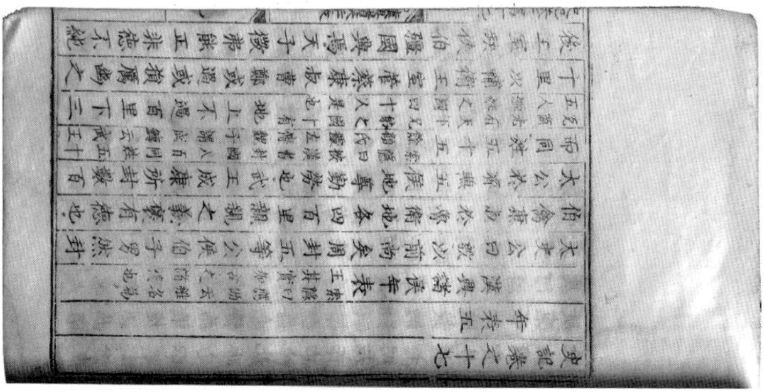

明正德間劉氏慎獨齋刻本《史記》裡的《漢興以來諸侯王年表》、《高祖功臣侯者年表》、《建元以來侯者年表》卷端，篇名均被省略為簡稱

跟分封制相對的，是郡縣制。什麼叫郡縣制？就是老大占了一塊很大的地盤，自己管不過來，但還是要管。怎麼辦，就先把這塊地盤分成若干個小地盤，然後找了一批職業經理人，給他們發工資發路費，讓他們跑去那裡，代替自己管。代管總歸不放心啊，所以這些職業經理人就需要定期回來彙報，還需要定期輪換崗位。

秦始皇統一六國前，夏商周的周，施行的大都是分封制。到了秦始皇，腦子一熱，改成了郡縣制。結果才到二世，秦就崩潰了。為什麼會崩潰呢？大家都認為是專制，而專制在政治制度上的表現之一，就是不成熟的郡縣制。於是到了劉邦建立漢朝，雖然表面上繼承了秦朝的郡縣制，但朝野上下最感興奮的，是與此同時，分封制又回來了。

司馬遷的時代，正好是這一輪分封制由熱轉涼的時代，留下了很多分封的檔案，其中有些應該還是他參與編纂的，像《漢興以來諸侯王年表》的序文最後，有「臣遷謹記高祖以來至太初諸侯」這樣的話，意思是為臣司馬遷恭敬地記錄從高祖到今上太初年間的諸侯王情況。這樣的話，應該不是司馬遷為了編纂《史記》這部私家歷史而寫的，而是他編《史記》時，直接引用了自己擔任公職時主持的有關計畫裡的文字。因為他熟悉有關的檔案，所以才會在十表裡面，安排五表也就是一半的篇幅，詳細地譜寫到他的時代為止漢朝的分封制實況。

這其中《漢興以來諸侯王年表》一篇，是專門譜寫漢朝封王的歷史實況的。它開頭的序文裡，把歷代王朝分封的歷史，扼要地概括為五等變二等，也就是從最初的公、侯、伯、子、男五個等級，到漢朝簡化為王和侯兩個等級。而這一變化之中產生的關鍵詞，則有兩組，一組叫推恩、削地，一組叫強本幹、弱枝葉。這兩組關鍵詞，還是互為因果的：前一組說的是，受了帝王的恩惠，被封為王的人，應該把這份帝王給與的恩惠再推廣，分地給自己的子孫，這就是「推恩」；而帝王那一邊呢，為了防止諸侯王做大，無法控制，還得想方設法削減甚至收回已經分給王們的土地，這就是「削地」。一邊推恩，一邊又削地，其結果，就是關鍵詞的第二組：帝王，這好大一棵樹，主幹強盛；而諸侯王，以及諸侯王的王子王孫，這些枝枝葉葉，無形之中，被逐步削弱了。於是，整個國家，又開始向郡縣制靠攏。

《漢興以來諸侯王年表》的正文，正是對上述分封歷史演變態勢的具體說明。它橫向方面，從右向左，一年一格，從漢高祖元年（西元前二〇六年），一路排到了漢武帝太初四年（西元前一〇一年），前後超過了一百年。縱向方面，從上到下，分為二十七列，除了第一列是漢朝紀年，下面每一列就是一個王國；不過最開始的時候，這些列大都是空白的，留有文字的只有十列（除漢朝），也就是高祖時代最早分封的十個諸侯王國：楚、齊、荊、淮

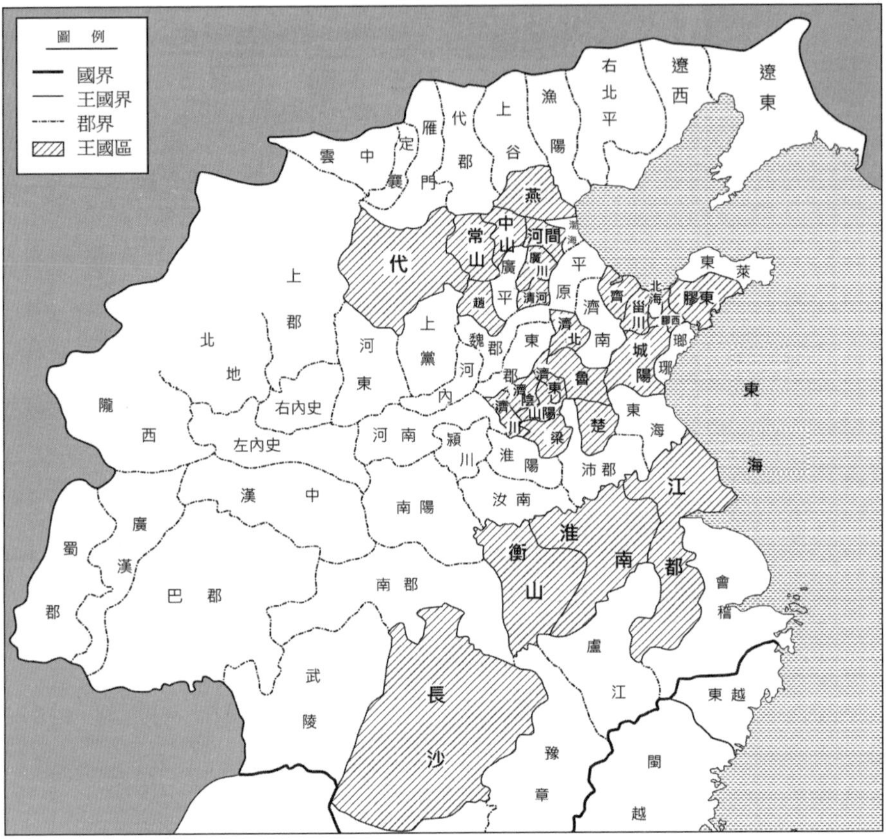

漢景帝時諸侯王國數最高達 25 個

南、燕、趙、梁、淮陽、代、長沙。隨著表格向左延展，空白的表格和左邊欄裡，逐步出現更多的文字，到漢景帝中元三年至後元三年（西元前一四七年－西元前一四一年）那幾年，根據左邊欄裡的紀錄，橫列裡的諸侯王國數，達到了最高值，有二十五個。景帝後元三年之後，諸侯國的數量，又有所回落。

《漢興以來諸侯王年表》的正文裡，縱向的同一行裡，文字最密集，且最觸目驚心的，是漢景帝三年（西元前一五四年）。這一年的楚、濟南、菑川、膠西、膠東、吳、趙七國的格子裡，寫的都是「反，誅」二字。熟悉這段歷史的讀者應該知道，這就是西漢著名的七國之亂。這是由吳王帶頭，借了「清君側」（也就是掃除皇上身邊的壞人）的名義，挑戰漢景帝的一場皇家災難，這挑戰當然不是無緣無故起來的，原因是漢景帝身邊的大臣晁錯，給景帝出了個強硬但有點冒進的點子：削藩，也就是搞掉一點過於強大的諸侯王。諸侯王當然不幹了。兩邊沒談攏，結果就動刀子了。具體的情形，可以參看《史記》的〈吳王濞列傳〉。

司馬遷是看透了歷史大勢的人，他完全了解分封制在漢朝的兩難境遇：封國勢力太大，影響朝廷安全；封國被切割得太細碎，則帝王的個人權力又會毫無制衡。但他的內心，終究對於人類以血緣為紐帶的親情，懷有一份純真的夢想，所以在這篇《漢興以來諸侯王年表》

徐州北洞山西漢楚王墓出土彩繪俑（《文物》1988 年第 2 期）

正文前的序的最後，他委婉地規勸已經過於強勢的一方：「形勢雖強，要之以仁義為本。」意思是別老覺得自己占了好地盤，實力強悍，最重要的，還是要以仁義為立身之本。

接下來我們要討論的《高祖功臣侯者年表》，譜寫的是漢高祖所封各個侯國的歷史。它的形式，跟上面我們講的《漢興以來諸侯王年表》正好相反：《漢興以來諸侯王年表》的直行是時間軸，橫向的列是各個諸侯王。這篇《高祖功臣侯者年表》，是每一個縱向的行，就是一個侯國，從右向左，排列了一百四十三個。橫向方面，則除了第一第二列分別為國名和侯功（就是因為什麼功勞而封侯），從第三列開始向下到第八列，是時間軸，每一列，代表一個漢朝皇帝時代，從上到下，依次是高祖、惠帝、呂太后、文帝、景帝和武帝，每個皇帝的在位年數，標在年表開頭的第一行的皇帝名號下，像「高祖十二」，就是指高祖在位十二年。此外，年表的第九列也就是最後一列，還列出了「侯第」，也就是封侯的等級。

這篇《高祖功臣侯者年表》，按照清代寫《讀史記十表》的汪越的推斷，應該是以漢代前期的一個國家計畫為基礎編出來的。理由是《漢書》裡記錄的呂太后二年，由丞相陳平負責，給列侯按功勞打分評等級，計畫成果最後寫定兩份，正本收藏在宗廟裡，副本放進官府檔案館。司馬遷利用的，應該就是那個副本。

至於這份年表給人留下最深刻印象的，應該是表序裡的一段名言：「居今之世，志古之道，所以自鏡也。」意思是站在現在的立場，記錄古代的事理，目的是像照鏡子一樣照一照自身。「通古今之變」的宗旨，在《史記》中真可以說是無處不在。

討論完了《漢興以來諸侯王年表》和《高祖功臣侯者年表》，我們最後要講的，是專門譜寫漢武帝封侯史的《建元以來侯者年表》。

這份年表，形式上和上面講的《高祖功臣侯者年表》類似，也是直行都是各個侯國，共計七十三個；橫欄除了侯國的國名和侯功，從第三列開始，按漢武帝在位時的年號排次，從上到下，依次是元光、元朔、元狩、元鼎、元封和太初以後。全表譜寫的，是各個侯國在武帝一朝的發家史或者落魄史。

這篇《建元以來侯者年表》很特別的地方，是這些在漢武帝時代受封的侯國，它們的開國主人，幾乎全部是因為軍功或者跟戰爭有關的事情而封侯的。所以，從某種程度上說，它可以當三分之一篇〈武帝本紀〉看。我們前邊說過，《史記》的〈武帝本紀〉，原稿已經找不到了，現在留在《史記》裡的那篇〈武帝本紀〉，是後人截了半篇〈封禪書〉冒充的。所幸《史記》留下了許多武帝時期的紀事，可以略微彌補一下這遺憾，《建元以來侯者年表》就是這類紀事文字之一。

在《建元以來侯者年表》的序裡，司馬遷從「二夷交侵」的當代國際關係史說起，所謂「二夷」，就是北邊的匈奴和東南邊的閩越，他舉了《詩經》裡相關詩句為證，然後高調宣布：「況乃以中國一統，明天子在上，兼文武，席捲四海，內輯億萬之眾，豈以晏然不為邊

西漢著名將軍霍去病墓前的「馬踏匈奴」石雕（陝西茂陵博物館藏）

境征伐哉！」意思是而今中國已經一統天下，聖明的天子高高在上，文武兼備，國內管理著億萬群眾，國際方面怎麼可以安安靜靜，不做一點跨出國境、出征討伐的事呢！

如此瘋狂的好戰的文辭，是司馬遷的真心話嗎？當然不是。跟我們前邊討論過的《秦楚之際月表》的序類似，這些文字，都是煙幕彈。真正關鍵性的東西，都在表的正文裡。

《建元以來侯者年表》的正文裡寫的，是些什麼內容呢？

除了第二列的「侯功」裡，記錄的都是「擊匈奴」、「擊南越」或者「匈奴相降」，然後受封侯之類爽利事，你往下看，一半以上的侯國都不得善終。短命的比如樂安侯李

江西南昌漢海昏侯墓出土金餅，據餅上墨書，考古學界認為它就是預備上貢的酎金

蔡，因為跟隨大將軍衛青討伐匈奴，凱旋之後，在元朔五年四月得以封侯，但到元狩五年，不知為何，看上了漢景帝陵園裡的神道邊的一塊地（這口味也夠奇葩的），結果獲罪，又不想進監獄，就自殺了，侯國也因此被撤銷。稍微長命一點的，比如龍頟侯韓說，也是跟李蔡同一批因為同樣的軍功封侯的，元鼎五年，因為「酎金」——一種隨宗廟祭祀時所用的多重發酵的酒（也就是所謂的「酎」）一同進獻的禮金——成色不足，而被開除了侯籍；但過了兩年，漢武帝又看上他了，就又給恢復了侯國的待遇；到元封元年，這韓說還因為出征

東越，改封案道侯。而到征和二年，他兒子韓長繼承侯國之後，這兒子不爭氣，被判有罪，韓家的這侯籍再度被撤銷；好在韓說兒子多，另一個兒子韓曾，比較爭氣，最後又從地底下爬了起來，再次受封為他老爸最初獲得的那個龍頟侯。如此折騰，背後的操盤手是誰，不用說都明白啊！

《建元以來侯者年表》還有一個特別之處，就是後面有一個附錄。這個附錄，包含兩份簡單記錄武帝、宣帝時期侯國的表格，和一段夾在中間，以「後進好事儒者褚先生曰」開頭的評論文字，它們和司馬遷的原表，是靠一句排在附錄前的注釋「右太史公本表」相區分的。而根據那段評論文字，一般認為，這個附錄，應該出自因為給《史記》補寫文章而出名的褚少孫之手。不過褚少孫的境界，從這段文字看，是完全沒法和太史公相比的了。

《漢興以來將相名臣年表》——高官的任期和下場

上一節我們講了三篇漢代的王侯《年表》，這一節我們講《漢興以來將相名臣年表》，主題是：高官的任期和下場。

我想讀者看《漢興以來將相名臣年表》，從頭到尾翻一遍，馬上就會提出一個疑問：這是司馬遷寫的嗎？

這樣問，是有道理的。第一，這篇表，在表格正文的前面，沒有寫一個字，就是沒有序；第二，這篇表，從高皇帝元年（西元前二〇六年）編起，編到最後一年，已經是漢成帝的鴻嘉元年（西元前二〇年）了，要說這是司馬遷編的，那這太史公可夠長壽的，至少得活一百一十歲啊。

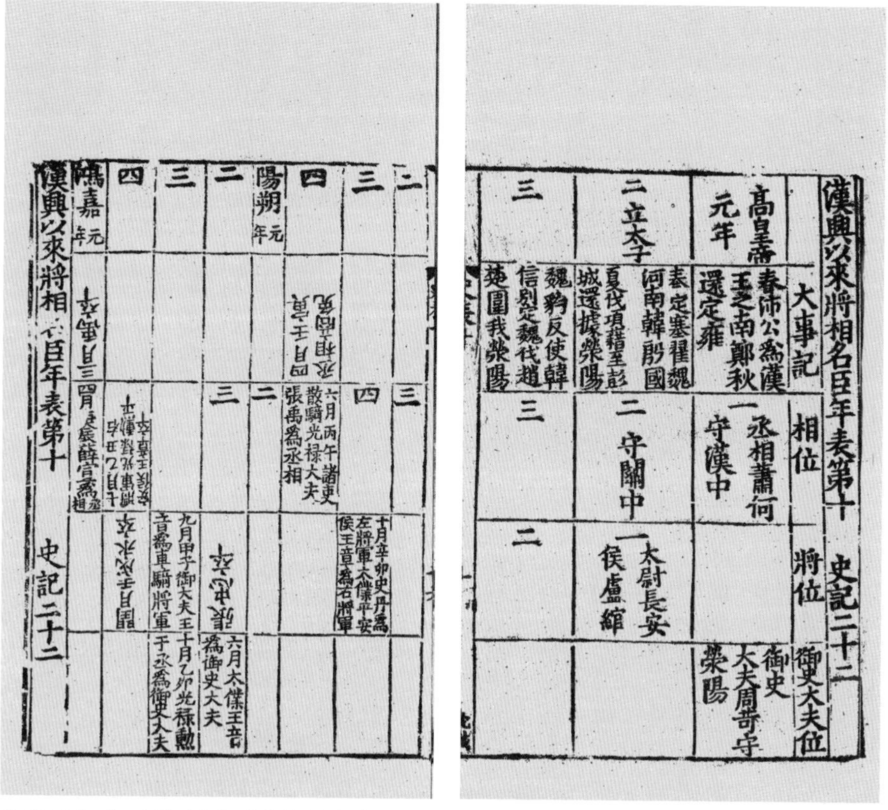

北宋刻本《史記》裡的《漢興以來將相名臣年表》卷端（右）和卷尾（左）

所以，歷代就有一種說法，說這篇《漢興以來將相名臣年表》，在司馬遷身後就弄丟了，現在放在《史記》裡的這篇，是後來人補編的。寫〈太史公書亡篇考〉的余嘉錫先生，還推測這篇年表是一個叫馮商的人補編的。

不過，更多的研究者相信寫《史記集解》的南朝劉宋時候的學者裴駰的說法，這篇《漢興以來將相名臣年表》，是由司馬遷的原作和後人的補寫合編而成。具體地說，以漢武帝太始元年（西元前九六年）為界，之前的部分，是司馬遷編寫的，之後的部分，則是後來人添加的。[1]

我也同意裴駰的看法。舉一個典型的例子，這篇《漢興以來將相名臣年表》在漢高祖九年（西元前一九八年），記了這麼一個故事，說是未央宮建成了，在前殿擺酒席慶賀。太上皇也就是劉邦他爹應邀出席宴會，已經做了皇帝的劉邦，拿了個玉製的酒杯，給他爹敬酒，說：「爹，您當年總覺得我不如二哥有出息，現而今我的功績和二哥比，您覺得誰更多啊？」這劉老爹呢，畢竟經歷過風雨，很有涵養，笑而不語，倒是旁邊一幫跟班的，耐不住了，連呼「萬歲」。

大家都知道，《漢興以來將相名臣年表》是表格紀事，表格紀事一般都以簡單扼要為基本原則，而這段紀事，連高祖生動的問話都出現了，這樣獨特的書寫風格，我想也只有出自司馬遷之手；後來補寫表格的人，恐怕是無論如何也不敢嘗試的——我們只要回想一下，前面我們講過的那篇後人補寫的〈孝景本紀〉，原本可以講故事的，卻連一個故事都沒講，那要是這篇《漢興以來將相名臣年表》全部都是後人補寫的，大概連做夢都不會想到可以這樣寫的吧。

在年表裡講故事，前所未聞。不過《漢興以來將相名臣年表》的獨特之處，還不止於此。我們再來看看它的結構。

這份年表橫向上是以漢朝的時間前後為序，自右向左展開的。縱向方面從上到下，排了五列：第一列是漢代皇帝紀年，其中雖然出現了「高后某年」字樣，但我很懷疑這是否是呂太后當時的稱呼；第二列是「大事記」，寫漢朝歷年的大事；第三列是「相位」（位是職位、官位的位），就是歷任丞相的更替；第四列是「將位」，主要記太尉、將軍以及他們領導的具有全域性的軍事行動，比如攻打匈奴等；第五列是「御史大夫位」（御史大夫，相當於副丞相），記的都是御史大夫的更替情況。

我們上邊講的那個漢高祖跟他爹對話的故事，是寫在第二列的「大事記」裡的。「大事記」裡除了講故事，更奇特的，是還有倒著寫的文字。比如孝惠帝二年的大事記一格裡，除了正常的「楚元王、齊悼惠王來朝」，還有倒著寫的一行字：「七月辛未，何薨。」意思是這年的七月辛未那天，蕭何去世了。再隔兩格，在孝惠帝五年的大事記一格裡，又出現了也是倒著寫的一行字：「八月乙丑，參卒。」意思是這年的八月乙丑那天，曹參死了。

蕭何、曹參都是漢朝前期著名的丞相，為什麼他們去世的紀錄，要如此奇特地倒著寫呢？就此我們要先找找這份表格裡，蕭何、曹參擔任丞相的紀錄，寫在哪裡。蕭何擔任丞相的紀錄，就在《漢興以來將相名臣年表》開篇第一行的「相位」裡，寫的是「丞相蕭何守漢中」；曹參擔任丞相的紀錄，則在倒書的記錄蕭何去世那一行的「相位」裡，寫的是「七月癸巳，齊相平陽侯曹參為相國」，相國就是丞相，曹參名字前有一串頭銜，是因為這一年擔任丞相前，他是在齊王那裡工作，同時已經受封為平陽侯。因此，有關這兩位丞相的工作紀錄，就出現了這樣一種奇特的記錄形式，他們開始任職的紀錄，在第三列的「相位」裡，而當他們死了，有關的消息，就自動上升一個格子，到第二列的「大事記」裡了。而兩者聯繫起來看的話，是不是會讓您聯想起我們在講《三代世表》裡說過的那個「旁行邪上」？換句話說，就是在《漢興以來將相名臣年表》裡，一位丞相正常的工作和升遷紀錄之後，接著有

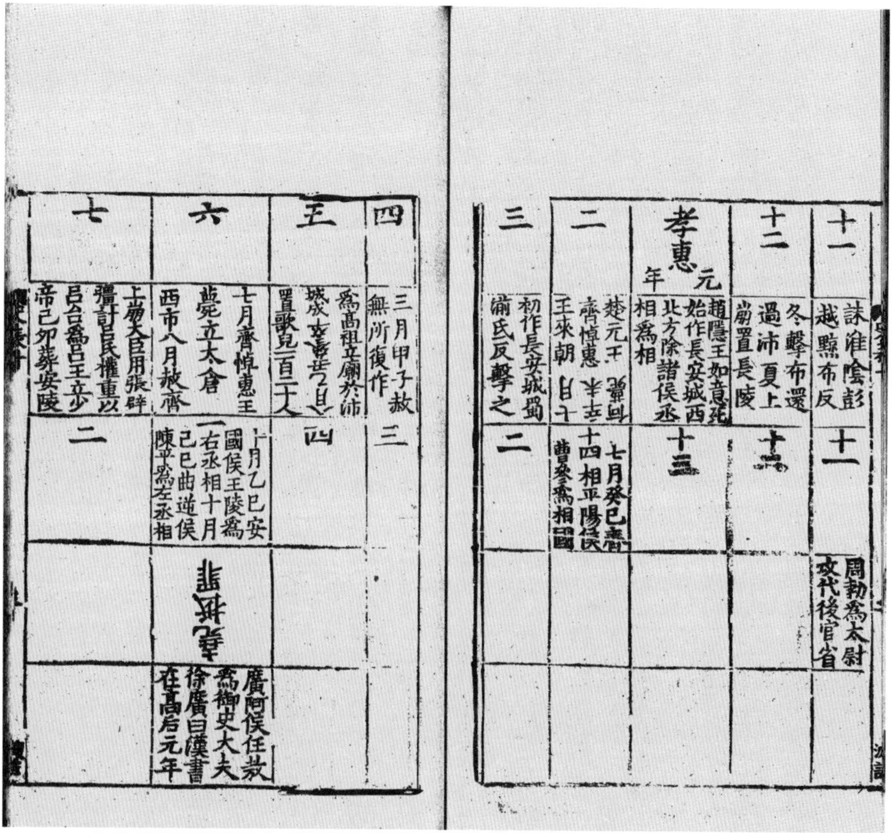

年	大事記	相位	將位	御史大夫位
十一	誅淮陰彭越黥布反	十一	周勃爲太尉攻代後官省	
十二	冬擊布還過沛夏上崩置長陵	十二		
孝惠元年	趙隱王如意死始作長安城西北方除諸侯丞相爲相	十三		
二	楚元王齊悼惠王來朝七月辛未何薨	七月癸巳齊相平陽侯曹參爲相國十四		
三	初作長安城蜀湔氐反擊之	二		
四	三月甲子赦無所復作	三		
五	爲高祖立廟於沛城成置歌兒百二十人	四		
六	七月齊悼惠王薨立太倉西市八月赦齊	十月乙巳安國侯王陵爲右丞相十月己巳曲逆侯陳平爲左丞相一	參薨	廣阿侯任敖爲御史大夫徐廣曰漢書在高后元年
七	上崩大臣用張辟彊計呂氏權重以呂台爲呂王立少帝己卯葬安陵	二		

《漢興以來將相名臣年表》中的倒書文字

關他的消息，你再找，得向左上方的「大事記」欄裡看，那裡有他永垂不朽的紀錄。

《漢興以來將相名臣年表》裡曹參以後的丞相的紀錄，採用的也都是這樣的「旁行邪上」方式：他們的開始任職紀錄，在第三列的「相位」一欄裡，書寫樣式是正常的；他們的丞相任職結束紀錄，則在上一列的「大事記」裡，而且都是倒著寫的。

與此相應，軍事將領和御史大夫的紀錄，也是「旁行邪上」，正常的任職紀錄在「將位」和「御史大夫位」裡，而結束的紀錄，則倒書在上一列裡：軍事將領的，在「相位」裡，御史大夫的，則在「將位」裡。

我們想，這種有關丞相、軍將和御史大夫任職紀錄結束的資訊，之所以要倒著寫，主要就是因為相關紀錄不在本來的橫欄裡，而在上一層，倒著寫，是在視覺上提醒讀者，這其實不是這一列的內容，而是下一列的。年表中出現了個別非任職紀錄的倒書，比如高后四年（西元前一八四年）和文帝三年（西元前一七七年）「相位」一格裡的倒書「置太尉官」、「罷太尉官」，意思也是這些是下一列「將位」的紀事。

那麼，肯定有讀者會問，司馬遷是不是有毛病啊，為什麼就不能老老實實把這些有關丞相、軍將和御史大夫任職結束的資訊，好好地寫在原本的行格裡，而偏要這麼彆扭地倒著寫在上一欄裡呢？

這裡就涉及《漢興以來將相名臣年表》「大事記」一列，跟下面「相位」、「將位」、「御史大夫位」三列的關聯問題。

在「相位」、「將位」和「御史大夫位」三列中，最下面一列的「御史大夫位」內容最少，只有升遷紀錄。中間「將位」紀事比較豐富，其中像連續出現的和匈奴之間的戰爭等，在今天看來其實應該進入「大事記」，司馬遷卻沒有把它們放進「大事記」，說明它們自成系統。這樣算下來，無論形式還是內容，這篇《漢興以來將相名臣年表》中，跟「大事記」一欄聯繫最密切的，其實只有「相位」，也就是這些丞相了。

我個人覺得，司馬遷把丞相們任職結束的資訊，放入「大事記」一欄，恐怕不是一種隨意書寫，而是刻意為之。

這話怎麼講呢？請大家注意一下這些丞相的任期和下場。

我們不考慮這份年表中太始元年（西元前九六年）以後肯定不是司馬遷編寫的部分，就看從漢高祖元年（西元前二〇六年）開始，到漢武帝天漢四年（西元前九七年）為止的部分。這部分《漢興以來將相名臣年表》的「相位」裡所列的西漢丞相，總共有二十三位。這二十三位中，漢高祖時代只有一位，就是上面說過的蕭何。漢惠帝時期有三位，除了前期的那位曹參，還有後期丞相職位一分為二後任職的兩位：右丞相王陵和左丞相陳平。接下來的呂后時期，除了陳平，還有一位審食其。然後是漢文帝時期，除了陳平，還有跟陳平搭檔當右丞相的周勃，也是這位周勃，緊接著還在丞相不分左右之後幹過一屆；周勃之後，是灌嬰、張蒼、申屠嘉三位。景帝時期，則有陶青、周亞夫、劉舍、衛綰四位。到了武帝時期，從竇嬰開始，到公孫賀，共有十位，具體姓名等下面我們再講。

這二十三位西漢丞相的任期，從年表統計，是毫無規律可循：有的幹得很長，比如陳平，從漢惠帝六年（西元前一八九年），幹到了漢文帝二年（西元前一七八年），先是左丞相升到右丞相，又從右丞相調回到左丞相，前後跟王陵、審食其、周勃三位組成丞相班子，在丞相位置上待了十一年，生命不息，當官不止；也有的幹得很短，像魏其侯竇嬰，漢武帝建元元年（西元前一四〇年）上位，只幹了一年，就被免了。

與毫無規律可循的任期相比，更耐人尋味的，是丞相們的下場。我們就以司馬遷親身經歷的漢武帝時期為例。根據年表，從漢武帝建元元年到天漢四年（西元前一四〇年－西元前九七年），一共出了十位丞相。這十位丞相中，上位以後做到死的只有三位：就是田蚡、公

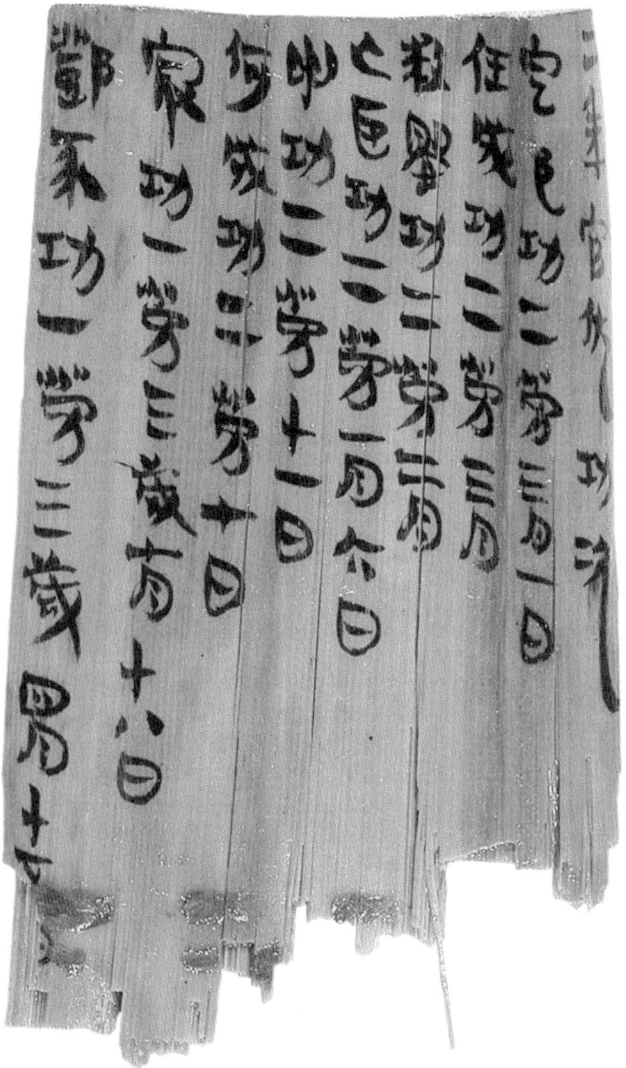

湖北雲夢睡虎地漢墓出土的西漢地方官員功勞簿
（選自《文物》2018 年第 3 期）

孫弘和石慶，其中田蚡還是漢武帝的親舅舅。舅舅麼，你懂的。半路被免去職務的有三位：薛澤幹了七年，許昌幹了四年，竇嬰只幹了一年。而非正常死亡的丞相最多，有四位：李蔡、莊青翟、趙周、公孫賀；其中前三位都是自殺，最後一位是被判死罪。

在《史記》最後的〈太史公自序〉裡，關於《漢興以來將相名臣年表》的內容提要，寫的是「國有賢相良將，民之師表也」，意思是國家有賢明的丞相和優秀的軍將，他們是老百姓的模範表率；又說：「賢者記其治，不賢者彰其事。」意思是這篇表裡，對於賢明的高官要記錄他們治國的政績，對於無良的高官要揭露他們做的壞事。不過，在現在通行的《漢興以來將相名臣年表》裡，我們幾乎看不到多少對於官場的揚善懲惡的文字，留下的，只有高官們任期長短不一、下場捉摸不定的紀錄，與表中相對詳細的漢代大事記形成了鮮明的對比。聯繫《漢興以來將相名臣年表》前面沒有一個字，我們猜測，即使這篇表的前半是司馬遷的原稿，恐怕也已經遭受過程度不同的刪節了。

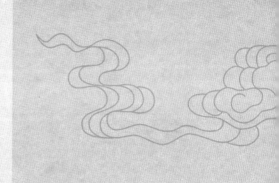

第三卷

說「書」

制度變遷，有人在為它背書

〈禮書〉和〈樂書〉

——中國禮儀與華夏排場

到上一節為止，我們已經把《史記》五體的第一體「本紀」，和第二體「表」，都講完了。從這一節開始，我們要講《史記》五體的第三體「書」。從〈禮書〉和〈樂書〉講起。

在講〈禮書〉和〈樂書〉之前，我們要先討論一下，什麼叫書。

「書」這一稱呼，在今天雖然是很平常的用語，但追溯上去，中國早期的書面文獻，能夠稱為書的，其實要到春秋末戰國初的時候才出現。書是一種有條理的經過整理的文獻樣式。沒有條理，未經整理的，只能稱為檔案或史料，還不能稱為書。[1]

《史記》五體裡的「書」這一體裁，又跟上面說的一般性的書不盡相同，因為它的內容，不光是有條理並經過整理的，而且還是專門記錄一事的制度及其變遷的。這樣的形式，以前有人認為來源於儒家經典《周禮》，也有人認為出自《尚書》，但我們把它跟這些儒家經典比較一下，就可以發現二者不盡相同，所以《史記》裡的「書」這一體，恐怕還是應當說是司馬遷的創造。當然「書」的名稱，大概確實取自前此已經流傳的典籍，比如《尚書》。

司馬遷在《史記》裡特地開闢出「書」這一體裁，並列了八篇，目的是要透過八個不同的視角，實現他編纂《史記》的整體目標之一——「通古今之變」。這八個不同的視角，有一個共同的站位原點，就是制度。如何說清楚一件事的制度，關鍵便是辨析源流，而辨析源流，就必然要涉及歷史事象的前後變遷問題。所以，《史記》裡的「書」，其實就是制度史。

《史記》的書，共有八篇，這一節講的，是位於第一篇的〈禮書〉和位於第二篇的〈樂書〉。

我們先討論〈禮書〉。

跟前面我們講《史記》十表時碰到的麻煩一樣，講這篇〈禮書〉，首先碰到的第一個問題，還是那個老問題，就是，這是司馬遷寫的嗎？

回答是：這篇〈禮書〉，除了以「太史公曰：洋洋美德乎」開頭的大約八百字的一段，大概是司馬遷的原作，其餘的大部分，都不是司馬遷寫的，而是司馬遷以後的人，節抄了先秦諸子名著《荀子》裡的文字塞進去的。

具體地說，除了開頭的八百字，下面從「禮由人起」到「儒墨之分」，抄的是《荀子》的〈禮論〉篇；中間從「治辨之極也」到「刑錯而不用」，抄的是《荀子》的〈議兵〉篇；接下來從「天地者，生之本也」到「明者，禮之盡也」，又回過來再抄《荀子》的〈禮論〉篇——這中間還玩了點花招，在以「至矣哉」開頭的一段上面，強加了「太史公曰」四個字，冒充是司馬遷的發言。這些都是明朝大學問家楊慎發現的。[2]這樣低級的抄襲，當然不可能是司馬遷幹的。

那麼，這篇〈禮書〉就此可以扔了嗎？倒也不是。因為還有開頭那八百字。八百字很短，但講了什麼是禮，禮和儀是什麼關係，禮從三代尤其是周代以來的變化，不說空話，很精彩。

什麼是禮？司馬遷說，「人道經緯萬端，規矩無所不貫」，禮就是做人的規矩。禮和儀總是合在一起講，禮是規矩，儀就是規矩外化的某種儀式。禮儀是如何產生的？司馬遷說，我透過實際的調查，發現夏商周三代在禮儀制度方面各有增減，於是才懂得，其中的關鍵，是「緣人情而制禮，依人性而作儀」——這裡的「緣」和「依」，都是依照的意思；

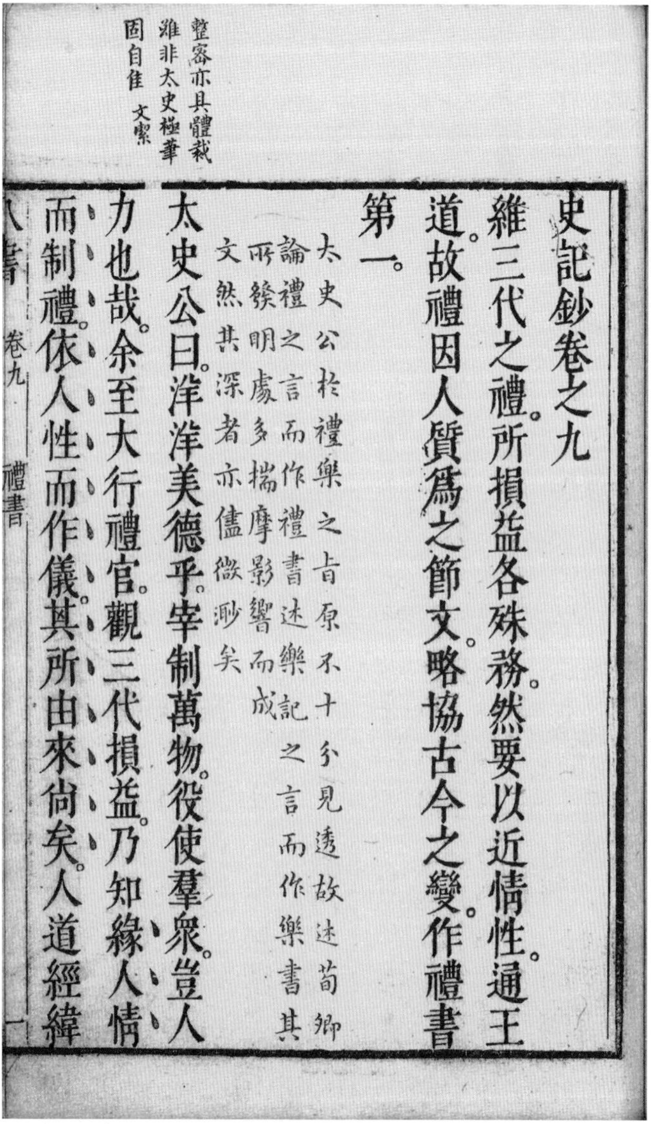
整容亦具體裁
雖非太史極筆
固自佳 文索
史記鈔卷之九
維三代之禮。所損益各殊務。然要以近情性。通王
道。故禮因人質爲之節文。略協古今之變。作禮書
第一。
太史公於禮樂之旨原不十分見透故述荀卿
論禮之言而作禮書述樂記之言而作樂書其
所發明處多揣摩影響而成
文然其深者亦儘微渺矣
太史公曰。洋洋美德乎。宰制萬物。役使羣衆。豈人
力也哉。余至大行禮官。觀三代損益。乃知緣人情
而制禮。依人性而作儀。其所由來尚矣。人道經緯
八書 卷九 禮書 一

明刻套印本《史記鈔》裡的〈禮書〉卷端

「制」和「作」也是同樣的意思，就是製作。所以合起來解釋，「緣人情而制禮，依人性而作儀」，就是禮儀制度的建設，都要依循人情和人性。

在接下來的部分，司馬遷舉了很多實際的現象，說明人所具有的現實特性和欲望都是正常的，同時說明為了人事的「宜適」，也就是人與人之間的和諧，有加以節制和培養分寸感的必要。其中沒有高自標置，語氣寬容溫和。這和後來中國傳統社會高調張揚的禮教，一味強調嚴密控制人的思想和行為，是有很大的不同的。

當然，司馬遷也對東周以後禮崩樂壞、僭越橫行表現出了深切的哀傷。證據就是他引用了孔子說的話：「禘自既灌而往者，吾不欲觀之矣。」意思是魯國的宗廟祭祀中，舉行天子一級的高級別「禘」祭時，從灌酒請神以下的節目，我就不想看了。這話出自《論語》的〈八佾〉篇，孔子為什麼不想看灌酒請神以下的節目，《論語》裡並沒有說，後代的注釋家，作了很多的猜測，其中之一，說應該是那之後的節目，不合禮儀制度了。[3]

相比之下，更具人性質感的，是接下來講的子夏的故事。子夏這位孔夫子的明星弟子，據說曾說過這樣的話——

出見紛華盛麗而說，入聞夫子之道而樂，二者心戰，未能自決。

這話翻譯成現代漢語，大意就是：出門看見大街上到處都是衣著光鮮的美女，我真的覺得很賞心悅目；進門聽見孔老師講仁義禮智之道，我也從心底裡感到快樂。這兩種快樂，在我的心裡一直互相打架，沒辦法靠自己的判斷做出合理的選擇。此話不見於《論語》，也不見於其他跟孔子有關的早期文獻，僅見於《史記》。但能說這樣的話的子夏，不是很真實，也很可愛嗎？我想也只有在這樣的語境中，你對孔夫子說的「發乎情，止乎禮儀」，才會有更人性化的體味。

順便說一下，記載在《論語》裡，今天已經成為我們復旦大學校訓的名言「博學而篤志，切問而近思」，就是出自這位子夏之口。可見子夏絕不是一個不愛學習、貪玩的人，他說上面的話，是真實地表達他的困惑，這也是凡人都可能遇到的困惑。

〈禮書〉開頭的這八百字中，對於秦漢更替時代禮儀制度的變遷，著墨不少，而實事求是之風，撲面而來，其中既扼要地說明了秦吸收了六國禮儀中好的部分，也不諱言漢代的禮儀大都沿襲了秦的制度，一脈相承。比較特殊的，是專門寫了漢景帝時因藩王僭越而導致削

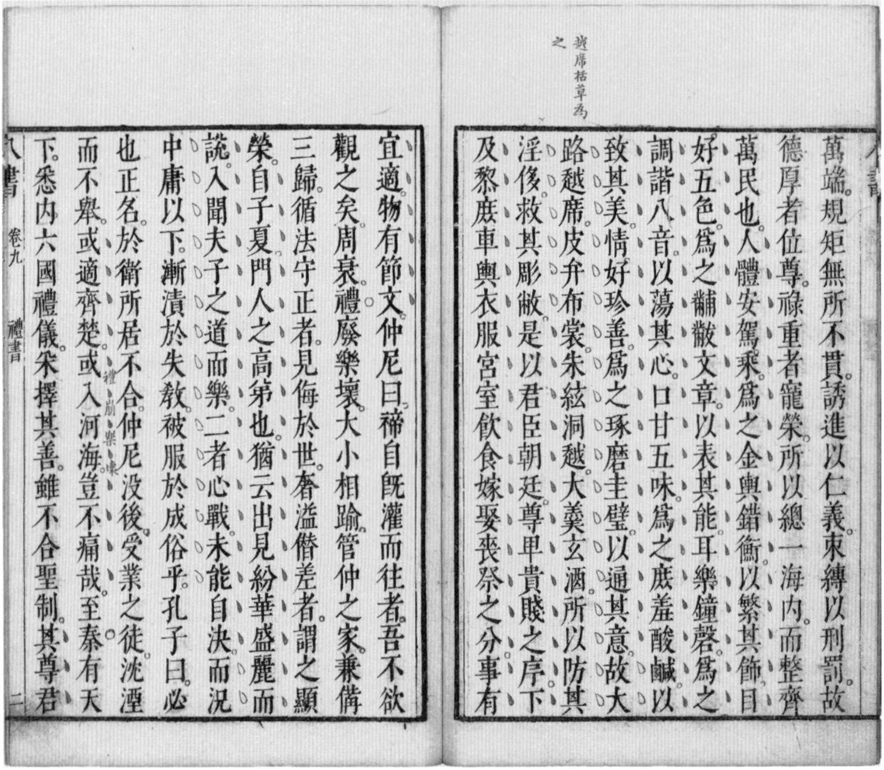

越席括草爲之

萬端規矩無所不貫誘進以仁義束縛以刑罰故
德厚者位尊祿重者寵榮所以總一海內而整齊
萬民也人體安駕乘爲之金輿錯衡以繁其飾目
好五色爲之黼黻文章以表其能耳樂鐘磬爲之
調諧八音以蕩其心口甘五味爲之庶羞酸鹹以
致其美情好珍善爲之琢磨圭璧以通其意故大
路越席皮弁布裳朱絃洞越大羹玄酒所以防其
淫侈救其彫敝是以君臣朝廷尊卑貴賤之序下
及黎庶車輿衣服宮室飲食嫁娶喪祭之分事有

宜適物有節文仲尼曰禘自既灌而往者吾不欲
觀之矣周衰禮廢樂壞大小相踰管仲之家兼備
三歸循法守正者見侮於世奢溢僭差者謂之顯
榮自子夏門人之高弟也猶云出見紛華盛麗而
說入聞夫子之道而樂二者心戰未能自決而況
中庸以下漸漬於失教被服於成俗乎孔子曰必
也正名於衞所居不合仲尼沒後受業之徒沈湮
而不舉或適齊楚或入河海豈不痛哉至秦有天
下悉內六國禮儀采擇其善雖不合聖制其尊君

禮崩樂壞

八書 卷九 禮書 二

明刻套印本《史記鈔》中有關子夏的片段

藩，晁錯因此送命的詭異歷史；至於「今上即位」以後，則文字搖曳多姿，而意義就十分隱晦了。

總的來說，這篇〈禮書〉，撇開抄襲《荀子》的部分不論，剩下的這八百字，還是歷史學家的寫法，而不是後來理學家的文字。當然，從總體上看，〈禮書〉的原文，一定不止這些。究竟是什麼原因佚失了，現在已經沒法考證了。

接下來我們討論排次在〈禮書〉之後的〈樂書〉。

〈樂書〉在結構上跟〈禮書〉存在同樣的問題，就是很早就有人發現，現在流傳的《史記》版本中，〈樂書〉的大部分內容，都是抄自儒家經典《禮記》中的〈樂記〉，小部分應該是西漢後期或更後面的人妄增的，[4]只有最前面以「太史公曰」開頭的不足一千字的部分，可能是司馬遷寫的。[5]所以我們現在只能保守地討論這一部分。

這一部分，首先涉及的問題是：什麼是樂？

對此太史公並沒有作一個十分明確的界定。但從這近千字的文本中看，所謂樂，當然首先指的是音樂；但同時，這個樂，又不單只有音樂，還包含了帶有歌詞的歌詩。所以〈樂

漢代撫琴俑（陳聰 收藏並攝影）

書〉裡的樂，應該是相對廣義的音樂文化。

音樂文化作為制度何以重要？司馬遷在《史記》全書最後的一篇〈太史公自序〉裡作了解釋。他在那裡面的〈樂書〉提要部分裡說：「樂者，所以移風易俗也。」與此相關，在〈樂書〉的開頭，他強調了三點，第一，禮和樂是相輔相成的；第二，「治定功成，禮樂乃興」，就是得國家安定、大功告成的時候，才興禮樂之事；第三，君子以謙退為禮，以損減為樂。這最後一點，最顯中國語文的特色：因為「樂」這個字，在漢語裡有兩個讀音，一個是音樂的「樂」，一個是快樂的「樂」，音樂會使人快樂，所以形同音不同的「樂」字和「樂」字，可以十分自然地發生聯繫。而所謂「以損減為樂」，雖然只用了一個樂字，其中包含的真實意思，卻是兼有樂（音樂的樂）、樂（快樂的樂），意思既是以減少活動為人生之樂，也是以減少過度的音樂為真正的音樂——後者也就是道家所謂的「大音希聲」，真正的聲音，是簡單到幾乎沒有聲音的。

當然，〈樂書〉開頭說這些，都是為之後所謂「鄭音」，也就是亡國之音的氾濫開個頭，它的下面，還涉及秦二世對音樂的癖好，和李斯的勸諫、趙高的慫恿。最後則自然歸結到漢朝帝王之樂和漢樂府的成立。

這其中最有意思的，是在漢代的部分裡，講到高祖過沛，「詩三侯之章，令小兒歌之」，也就是高祖還鄉，寫了一篇被稱為「三侯之章」的詩，讓小孩子歌唱。所謂「三侯之章」，據為《史記》作注釋的唐代學者司馬貞說，就是見於《史記．高祖本紀》，今天大家都非常熟悉的〈大風歌〉——

大風起兮雲飛揚，威加海內兮歸故鄉，安得猛士兮守四方！

但是，這〈大風歌〉為什麼要叫「三侯之章」呢？這裡面涉及一個古漢語語音問題。因為「大風起兮雲飛揚」的「兮」字，在〈大風歌〉裡出現了三次，這三個「兮」，其實都應該讀作「侯」。而在漢代，這個「侯」字的讀音，大概和我們今天說的「呵呵」的那個「呵」相近。所以呢，〈大風歌〉其實應該這樣念——

大風起呵雲飛揚，威加海內呵歸故鄉，安得猛士呵守四方！

想像一下，要是配上樂，唱起來，是不是別有一番風味？

〈樂書〉開頭這不足一千字部分的最後，講了一個漢武帝得天馬而作歌的故事，引起的爭論最多。

這故事是這樣說的，說是漢武帝有一回在一個叫渥洼水的地方，得到了一匹神馬，就命人寫了一首〈太一之歌〉。後來因為討伐大宛，又得到了一匹千里馬，名字叫「蒲梢」，就又讓人做了首歌。歌詞我們不引了，反正都是吹捧、拍馬屁的神曲。這時一位名叫汲黯的中尉看不下去了，就向漢武帝進諫，說：「凡是帝王製作的音樂作品，都是對上承續先

考古發現的漢代神馬模型

祖列宗，對下感化億萬群眾。現在陛下您得了匹馬，就這麼寫詩譜曲的，還拿到宗廟裡去表演，去世的先帝們和您的百姓哪會知道這是些什麼音樂呢？」武帝聽了汲黯的這番話，沒說話，但顯然是不高興了。一旁的丞相公孫弘看懂了，馬上嚴肅地說：「這汲黯誹謗我大漢朝的制度，應當把他家一族的人都殺光。」

這故事，從精確性上說，是經不起考證的。因為按照《漢書．武帝本紀》的記載，漢武帝為渥洼水神馬作歌的時間，是在元鼎四年（西元前一一三年），得大宛千里馬的時間，是

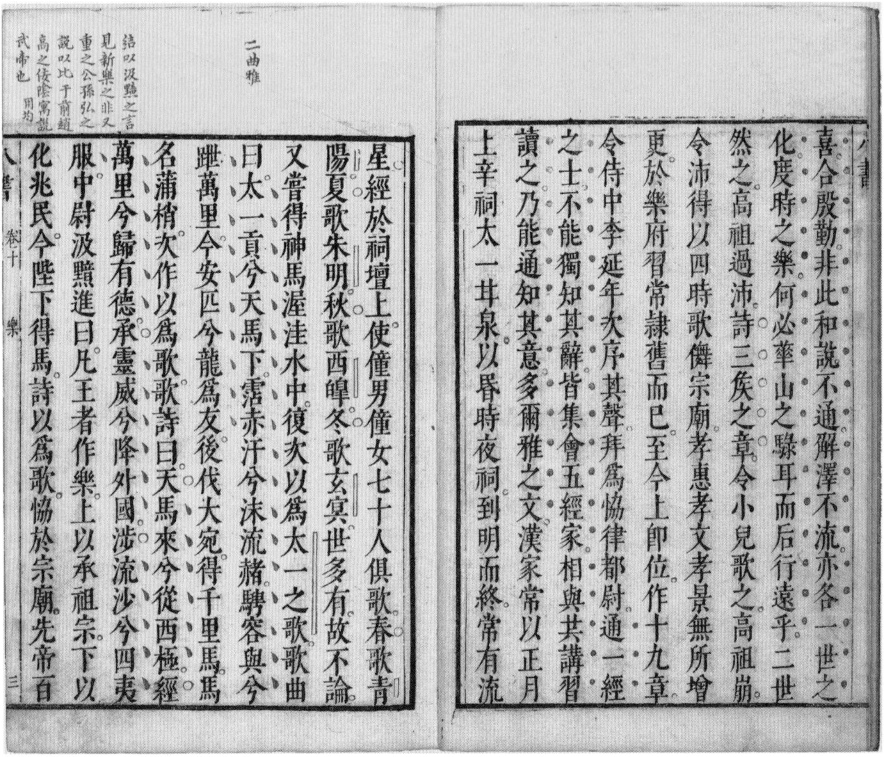
八書

喜合殷勤非此和說不通解澤不流亦各一世之化度時之樂何必華山之騄耳而后行遠乎二世然之高祖過沛詩三矦之章令小兒歌之高祖崩令沛得以四時歌儛宗廟孝惠孝文孝景無所增更於樂府習常隸舊而已至今上即位作十九章令侍中李延年次序其聲拜爲協律都尉通一經之士不能獨知其辭皆集會五經家相與共講習讀之乃能通知其意多爾雅之文漢家常以正月上辛祠太一甘泉以昏時夜祠到明而終常有流

二曲雅

結以汲黯之言見新樂之非又重之公孫弘之說以比于前趙高之佞陰寓譏武帝也 用均

星經於祠壇上使僮男僮女七十人俱歌春歌青陽夏歌朱明秋歌西皞冬歌玄冥世多有故不論又嘗得神馬渥洼水中復次以爲太一之歌歌曲曰太一貢兮天馬下霑赤汗兮沫流赭騁容與兮跇萬里今安匹兮龍爲友後伐大宛得千里馬馬名蒲梢次作以爲歌歌詩曰天馬來兮從西極經萬里兮歸有德承靈威兮降外國涉流沙兮四夷服中尉汲黯進曰凡王者作樂上以承祖宗下以化兆民今陛下得馬詩以爲歌協於宗廟先帝百

八書 卷十 樂 三

明刻套印本《史記鈔》裡有關漢武帝為渥洼水神馬作歌的部分

在太初四年（西元前一〇一年），無論是前者還是後者，丞相公孫弘都已經死了，不可能說那麼陰毒的話了。而汲黯，如果不是另一個同名同姓的人，那作為漢武帝時期最敢於直言的高級官僚，查他的履歷，他也從來沒有做過中尉，太初四年（西元前一〇一年）也已經去世，因此跟大宛千里馬是沾不上邊的；就是元鼎四年（西元前一一三年），他也不在京城裡，應該沒有機會給漢武帝提意見。[6]

不過，我想即使如此，這個故事依然有可能還是司馬遷寫的。因為不知你注意過沒有，《史記》凡出現所寫和史實明顯不符的，大都是距司馬遷時間或空間距離比較遠的事件，而很少有跟司馬遷同時的。漢武帝身邊的名臣汲黯，生活年代跟司馬遷有交集，我們看《史記》的〈汲鄭列傳〉裡把他的言行寫得那麼生動，就知道司馬遷一定見過他。而像上面記的故事這樣明顯反常的表述，你不覺得有些蹊蹺嗎？

宋代大史學家司馬光在編纂《資治通鑑》時，相信汲黯勸諫漢武帝實有其事，但認為是前人把時間搞錯了，把汲黯的職位搞錯了，還把當時丞相的名字給搞錯了。我覺得這一連串的搞錯也太過離奇了些。反過來我倒是認為，漢武帝的二馬故事絕對真實，當時高層對此有不同意見也絕對真實，但所謂汲黯的批評，所謂公孫弘的阿諛奉承，也許是有意地張冠李戴。這是用黑色幽默的方式，讓兩位已經去世而生前有矛盾的前高官，在這篇〈樂書〉裡神奇地復活一回，背一次鍋，而真實的意圖，是借此諷刺漢武帝，如此好大喜功、追求排場，連進口牲畜也要譜一曲交響詩歌功頌德，其實不過是一場既打擾先王、又愚弄百姓的鬧劇。

〈曆書〉
——老黃曆裡的政治學

〈曆書〉的「曆」，是一個具有兩方面意義的漢字，它既可以指曆法，也就是推算年月日的方法，也可以指日曆、黃曆，也就是具體記載年月日的書冊或表格。兩者都涉及三個基本概念：年、月、日。

年、月、日，這三個概念是怎麼來的？不用說，小學生也知道：地球繞太陽公轉一圈，經歷的時間就是一年；月亮繞地球公轉一圈，經歷的時間就是一個月；而地球自轉一圈，就是一天。

但是，司馬遷和司馬遷以前的我們的祖先，還沒有現代的天文學知識，他們不知道地球是圓的，會自己轉圈，還有月亮繞著它轉圈，更不知道地球還會繞著太陽轉圈，那他們是怎麼知道年、月、日的呢？

答案是：靠觀察。

中國特定的地理位置，決定了生活在這片土地上的大多數人都可以感知到明顯的四季輪回；而中國早期的農耕文明，又使莊稼的定期收穫，也就是所謂的春種秋收，跟四季輪回緊密地結合在了一起，因此中國人很早就從一年一收成的事實，直觀地體會到「年」的初始意義。

農業在那個時代主要是靠天吃飯，所以無論白天黑夜，都需要看看天。天上的月亮，從一彎新月，漸漸變成了一輪滿月，又從一輪滿月變回到一彎新月，月亮的這一循環過程，使「月」這個字，成為同時指稱月份的名詞。

同樣地，日出而作，日落而息，太陽重複出現，又使「日」這個字，成為同時指代一天的名詞。我們復旦大學的校名「復旦」，來自中國古老的經典《尚書大傳》裡的一句話「日月光華，旦復旦兮」，「旦復旦」，就是一天又一天的意思。

不過，透過觀察得到的年、月、日三個概念，如果沒有經過一定的程序組織起來，不成為一種反映人的生活的時間序列，是沒有什麼特別的意義的。

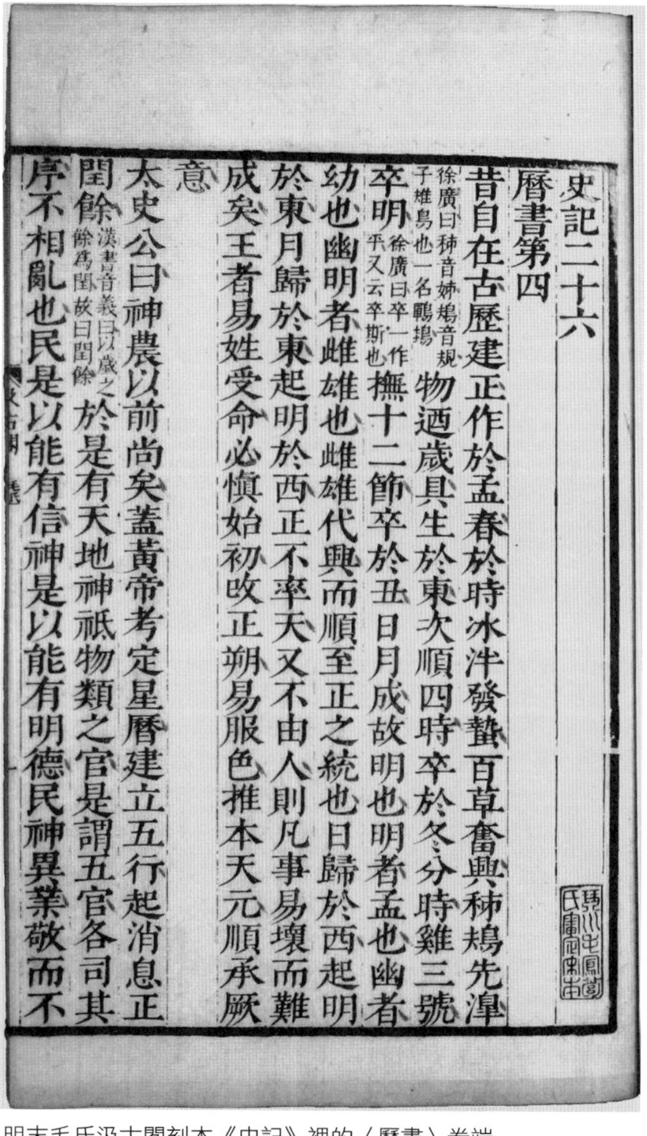
史記二十六

曆書第四

昔自在古歷建正作於孟春於時冰泮發蟄百草奮興秭鳺先滜徐廣曰秭音姊鳺音規子雋鳥也一名鷤鳺物迺歲具生於東次順四時卒於冬分時雞三號卒明徐廣曰卒一作平又云卒斯也撫十二節卒於丑日月成故明也明者孟也幽者幼也幽明者雌雄也雌雄代興而順至正之統也日歸於西起明於東月歸於東起明於西正不率天又不由人則凡事易壞而難成矣王者易姓受命必慎始初改正朔易服色推本天元順承厥意

太史公曰神農以前尚矣蓋黃帝考定星曆建立五行起消息正閏餘漢書音義曰以歲之餘為閏故曰閏餘於是有天地神祇物類之官是謂五官各司其序不相亂也民是以能有信神是以能有明德民神異業敬而不

明末毛氏汲古閣刻本《史記》裡的〈曆書〉卷端

所以很早時候起，我們的祖先，就努力把年、月、日三個概念，組織成為一體，並用一個詞來表示，那就是曆。曆的出現，為中國歷史由傳說進入到確切並且連續的紀錄，提供了一種重要而且適用性很強的工具。

《史記》的〈曆書〉，由三部分組成，在以「太史公曰」開頭的中心部分開始前，有一段以「昔自在古，歷建正作於孟春」開頭的話，這段話，不是司馬遷自己寫的，是他從儒家經典《大戴禮記》裡轉引來的，講的就是我們的先人透過觀察，得到的有關年、月、日如何形成的基本知識。

在引用《大戴禮記》，介紹了有關年、月、日的基本知識之後，以「太史公曰」為引子，〈曆書〉進入到它的主體部分，這部分講的，是曆法的源流，從〈五帝本紀〉出現過的那位黃帝開始，記到「今上」，也就是漢武帝時期。這其中，依照時間的先後，司馬遷主要敘述了三個問題。

第一個問題是「建正」。

我們前面已經說過，「昔自在古，歷建正作於孟春」，這是〈曆書〉開篇的第一句話。這句話，翻譯成現代漢語，意思就是，在很早很早以前的古代，曆法建構正月，把它放在春天的第一個月。跟這句開篇語相呼應，在〈曆書〉中心部分討論曆法的源流時，司馬遷還說：「夏正以正月，殷正以十二月，周正以十一月。蓋三王之正若循環，窮則反本。」意思是夏朝以一月為正月，殷商時代以十二月為正月，周朝則以十一月為正月（也就是說三代各自的曆法中，關於一年從哪個月開始算，是各不相同的），不過把三代帝王們的正月按順次這麼一排，好像是一種循環，到底了又會回到起點。這一結論是典型的歷史循環論，但在司馬遷卻並非可有可無的閒筆，因為他認為，歷史從最大限度的年代學意義上看，就是循環的。不過，現代學者認為，這種歷史循環論的前提，可能是有問題的。三代建正不同，可能不是前後循環，而更可能是因為區域不同而造成的不同型態的曆法。

第二個問題是曆法與政治的關聯。

這個問題，在〈曆書〉裡是集中表現在兩周之交和東周部分。我們在〈周本紀〉裡講過的西周末的兩位奇葩之王——周幽王、厲王，就此再次成為一個時代分界標誌被提出來。從曆法制度上說，幽、厲二王之後，現實中發生的最令人震驚的事，是「史不記時，君不告朔」。

什麼叫「史不記時，君不告朔」？簡單地說，就是史官搞不清月份日子，紀事不寫時間了；而國君呢，原本按照禮儀制度，應該是每月的朔日也就是第一天，一定要到宗廟去向祖宗報告一下，祭祀一番，這時這樣神聖的儀式也省掉了。這樣一來，直接的後果，就是「疇人子弟」，也就是世代從事曆法制定工作的「非遺傳人」，作鳥獸散，有的去了鄰國，有的則跑到了更遠的夷狄之國，導致了看天判吉凶的所謂「禨祥」的傳統被廢棄。

接著，司馬遷就提到了周襄王二十六年閏三月的故事，並說「《春秋》非之」。字面意思是儒家經典《春秋》，對周襄王二十六年閏三月這件事曾加以批評。而事實上這裡的《春秋》，指的不是《春秋經》，而是《春秋傳》。更具體地說，應該是《春秋左氏傳》，也就是《左傳》。為什麼這麼說呢？因為我們翻檢司馬遷生活年代已經流行的《春秋》三傳，也就是《公羊傳》、《穀梁傳》和《左傳》，只有《左傳》明確寫了此事並加以批評。至於為什麼周襄王二十六年放了個閏三月，會引起如此大的波瀾？據清代以來學者研究，是因為儒家經典和所附的傳文裡，凡是有閏月，但不說它是幾月的，那個閏月一定在年末。現在魯國改曆法，把閏月放在三月裡，所以這就是不合禮制的。[1]

第三個問題，是漢武帝時代新修的太初曆，是怎麼修出來的。

涉及這個問題的文字，在〈曆書〉主體部分的最後一段。這一段從漢武帝登基以後，找方士唐都、數學家落下閎從事具體的天文曆法工作開始，中間到後半引漢武帝詔書，點明以元封七年為太初元年（也就是西元前一〇四年），選擇干支為甲子那天，在夜半朔旦冬至的時候改起。但是，這其中關於太初曆究竟是如何編成的，其實寫得並不十分清楚。

相反，我們在跟《史記．曆書》性質類似的《漢書．律曆志》中，看到了有關太初曆的更多的細節。

最初提出建議的是司馬遷和大中大夫公孫卿、壺遂。然後有一位大典星，也就是星象學方面的首席專家，名叫射姓，他和一幫人討論具體修造漢曆。討論了一陣，這時這位射姓先生向漢武帝彙報，說我們不能算，希望再公開招聘一些曆法專家，以更精確的數學方式，修造一份新曆。於是就選出了以一位名叫鄧平的曆法專家為首的新的領導班子，其中還吸收了幾位民間懂曆的學者，而前一任的班子中，方士唐都、巴郡落下閎也參與了。但是，名單裡沒有司馬遷。

到鄧平掛帥的新曆造成了，司馬遷的名字才重新出現。這一回，是在漢武帝頒布的詔書裡面，《漢書．律曆志》對此的記載是：「詔遷用鄧平所造八十一分律曆，罷廢尤疏遠者十七家……以平為太史丞。」意思是武帝下詔書，命令太史令司馬遷採用鄧平所修造的以八十

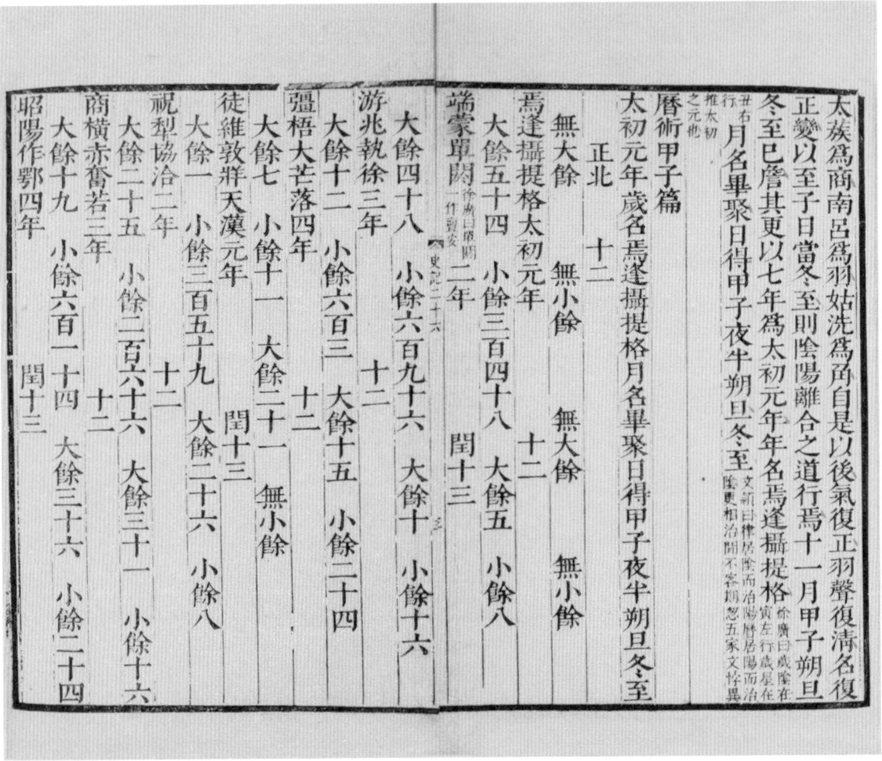

太蔟爲商南呂爲羽姑洗爲角自是以後氣復正羽聲復淸名復正變以至子日當冬至則陰陽離合之道行焉十一月甲子朔旦冬至已詹其更以七年爲太初元年年名焉逢攝提格徐廣曰歲陰在寅左行歲星在丑右行月名畢聚日得甲子夜半朔旦冬至文穎曰律居陰而治陽曆居陽而治陰更相治間不容翲忽五家文悖異推太初之元也

曆術甲子篇

太初元年歲名焉逢攝提格月名畢聚日得甲子夜半朔旦冬至

正北　十二

無大餘　無小餘　無大餘　無小餘

焉逢攝提格太初元年　十二

大餘五十四　小餘三百四十八　大餘五　小餘八

端蒙單閼徐廣曰單閼一作亶安二年　閏十三

大餘四十八　小餘六百九十六　大餘十　小餘十六

游兆執徐三年　十二

大餘十二　小餘六百三　大餘十五　小餘二十四

彊梧大芒落四年　十二

大餘七　小餘十一　大餘二十一　無小餘

徒維敦牂天漢元年　閏十三

大餘一　小餘三百五十九　大餘二十六　小餘八

祝犁協洽二年　十二

大餘二十五　小餘二百六十六　大餘三十一　小餘十六

商橫赤奮若三年　十二

大餘十九　小餘六百一十四　大餘三十六　小餘二十四

昭陽作鄂四年　閏十三

明汲古閣刻本《史記》的〈曆書〉正文後所附《曆術甲子篇》（局部）

一分律為特徵的新曆，廢止了同時作為新曆修造試驗的其他十七家比較不靠譜的日曆。同時，還提拔鄧平做了太史丞──這是一個僅次於司馬遷當時擔任的太史令的職位。

有意思的是，跟《漢書．律曆志》多次提到鄧平相反，在《史記》的這篇〈曆書〉裡，雖然主體部分的最後，歸結到了太初曆，但鄧平的名字，竟一次也沒有出現過。

鄧平和司馬遷之間，當時究竟發生了什麼？學界有很多的猜想，但大多沒有文獻證據。我們知道的，只有一個事實，就是在《史記》的這篇〈曆書〉裡，司馬遷寫完了主體部分，最後還附錄了一份題為《曆術甲子篇》的年曆簡表，這份年曆簡表的起始點，跟上面提到的新曆太初曆完全相同，就是漢武帝的太初元年（西元前一〇四年），但是幾乎所有的研究都表明，它不是太初曆。

這份題名為《曆術甲子篇》的古年曆簡表，形式上過於簡約，實際涉及的專業名詞又比較深奧，我們這裡無法細講。簡單地說，它是一份始於漢武帝太初元年（西元前一〇四年），止於漢成帝建始四年（西元前二九年）的年曆製作方法示意表。由於這份古曆簡表的最後紀年，已經到了司馬遷身後的漢成帝建始四年，所以其中肯定有後人添加的成分。

但司馬遷為什麼在《史記．曆書》的後面，不附錄當時最新而且也是官方認定的太初曆製作方法示意表，而要附錄這麼一份並不通行的古奧的年曆簡表呢？

這個問題至今沒有定論。像貴州大學中文系的教授張汝舟先生，寫過一篇〈《曆術甲子篇》淺釋〉，收在他的論文集《二毋室古代天文曆法論叢》裡，提出過自己的解釋。又比如內蒙古師範大學的數學史專業的斯琴畢力格，在他的碩士論文《太初曆再研究》中，運用出土的漢代曆法文獻，比較過《史記．曆書》、《漢書．律曆志》後面所附的兩份年表，得出《漢書》所附才與漢代實際使用太初曆相合的結論。但對《史記》所附究竟代表了什麼，也沒有細說。

因此，《史記．曆書》最後所附的這份天書般的年曆，它的性質究竟什麼，司馬遷與太初曆，究竟是怎樣的關係，至今依然是個謎。

〈天官書〉

——科學為什麼要跟神學糾纏

《史記》的著述目標之一，是「究天人之際」。所以在講制度的八篇「書」中，有兩篇都涉及天文：一篇是上一節我們已經講過的〈曆書〉，專談天文學在現實生活中的科學利用，也就是曆法；另一篇是這一節我們要講的〈天官書〉，討論的主題，是天象觀測和天人感應。

〈天官書〉篇名裡的「天官」，是天上的官位的意思。按照唐代寫《史記索隱》的司馬貞的說法，因為星座有尊卑，就像人間的官階按大小排位置，所以叫天官。〈天官書〉開篇所寫，是中宮天極星、北斗七星，和東、南、西、北四宮。一般認為，這其中「宮」字，本來應該是個「官」字。

湖北隨縣曾侯乙墓出土的漆畫箱，箱蓋上繪有天文圖

〈天官書〉篇幅頗大，大概可以分為三個部分。

第一部分，是從開頭到「太史公曰」之前的文字。這部分的文字，在文體上是一種獨特而神祕的混雜：既是具有科學意義的天象觀測紀錄，又是帶有明顯的神學意味的占星術大全。按照清代學者錢大昕的說法，它們「文字古奧，非太史公所能自造，必得於甘、石之傳」。[1]所謂甘、石，也就是戰國時期兩位最著名的星象學家，齊國的甘公和魏國的石申，他們以寫《甘石星經》而聞名，不過那書的原本已經失傳了。

第二部分，是以「太史公曰」開頭的

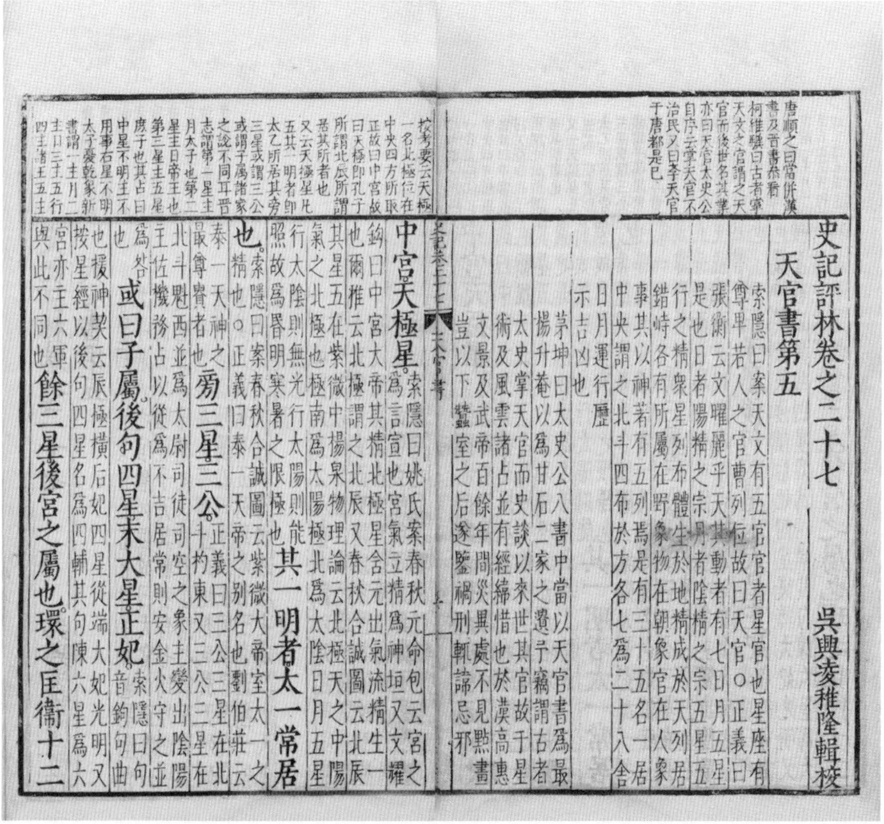
史記評林卷之二十七　吳興凌稚隆輯校

唐順之曰當併漢書及晉書參看
柯維騏曰古者掌天文之官謂之天官而後世名其業亦曰天官太史公自序云掌天官不治民又曰李天官于唐都是已

天官書第五

索隱曰案天文有五官官者星官也星座有尊卑若人之官曹列位故曰天官○正義曰張衡云文曜麗乎天其動者有七日月五星是也日者陽精之宗月者陰精之宗五星五行之精衆星列布體生於地精成於天列居錯峙各有所屬在野象物在朝象官在人象事其以神著有五列焉是有三十五名一居中央謂之北斗四布於方各七為二十八舍日月運行歷示吉凶也

茅坤曰太史公八書中當以天官書為最揚升菴以為甘石二家之遺予竊謂古者術及風雲諸占並有經緯惜也於漢高惠文景及武帝百餘年間災異處不見點書豈以下蠶室之后遂鑒禍刑輒諱忌邪

史記卷二十七　天官書

按考要云天極一名北極位在中央四方所取正故曰中宮故曰天極即孔子所謂北辰所謂居其所者也又云天極星凡五其一明者即太乙所居其旁三星或謂三公或謂子屬諸家之說不同耳晉志謂第一星主月太子也第二星主日帝王也第三星主五星庶子也其占曰中星不明主不用事右星不明太子憂乾象新書謂一主月二主日三主五行四主諸王五主

中宮天極星。索隱曰姚氏案春秋元命包云宮之為言宣也宮氣立精為神垣又文耀鉤曰中宮大帝其精北極星含元出氣流精生一也爾雅云北極謂之北辰又春秋合誠圖云北辰其星五在紫微中楊泉物理論云北極天之中陽氣之北極也極南為太陽極北為太陰日月五星行太陰則無光行太陽則能照故為昏明寒暑之限極也其一明者太一常居也。索隱曰案春秋合誠圖云紫微大帝室太一之精也○正義曰泰一天帝之別名也劉伯莊云泰一天神之最尊貴者也旁三星三公。正義曰三公三星在北斗杓東又三公三星在北斗魁西並為太尉司徒司空之象主變出陰陽主佐機務占以從為不吉居常則安金火守之並為咎或曰子屬。後句四星末大星正妃。索隱曰句音鉤句曲也援神契云辰極橫后妃四星從端大妃光明又按星經以後句四星名為四輔其句陳六星為六宮亦主六軍與此不同也餘三星後宮之屬也。環之匡衛十二

明萬曆間刻本《史記評林》裡的〈天官書〉首葉

文字。這部分的文字，邏輯地解釋了從長時段角度解讀天象的根據，敘述了從上古到漢代天象與人事關聯的簡史，其中還穿插了對歷代天文學家的介紹。它們肯定出自司馬遷父子之手，歷代沒有異議。

相比之下，只有第三部分，也就是全文最後從「蒼帝行德」開始的一百五十來個字，文辭粗俗，一般認為後人妄加的。[2]

因此，我們接下來要著重討論的，就是第一和第二個部分。

第一個部分，雖然錢大昕說是「得於甘、石之傳」，但從具體內容上看，除了星象，這部分還講了雲氣和候歲，並直接提到了漢朝的氣象學家王朔和占候學家魏鮮的名字，加上有文獻證據表明太史公司馬談曾向唐都學天文，所以準確地說，〈天官書〉的第一部分，應該是以甘公、石申、唐都、王朔、魏鮮等古今天文學家的學說或文字為基礎，整理編纂而成的。

這部分以前人學說為基礎整理編纂的文字中，最引人注目的，自然是只要談中國古代天文學，都會談到的「四象」和「二十八宿」。

所謂「四象」，是指中國古代把天空分成東、南、西、北、中五個區域，而把其中的東方稱為蒼龍，南方稱為朱雀，西方稱為白虎，北方稱為玄武。

漢代四象瓦當（自左上起順時針：蒼龍、白虎、朱雀、玄武，西安秦磚漢瓦博物館藏）

所謂「二十八宿」，是指在四象區域內，古人又把每一個區域內的星星各分為七個群，每一個群稱為一個宿，合起來就是二十八宿。

具體來說，以四象為區分，二十八宿的名稱，分別是——

東方蒼龍，包含角、亢、氐、房、心、尾、箕七宿；

南方朱雀，包含井、鬼、柳、星、張、翼、軫七宿；

西方白虎，包含奎、婁、胃、昴、畢、觜、參七宿；

北方玄武，包含斗、牛、女、虛、危、室、壁七宿。

不過仔細對照一下，你會發現，《史記．天官書》裡記的涉及「四象」和「二十八宿」的知識點，跟通常的說法並不相同。

四象的名稱，在〈天官書〉裡是沒有的。但〈天官書〉有東、南、西、北四宮（這個「宮」字，按照我們上面的解釋，其實應該是「官」字），所以四象的結構，是具備了的。不過在名號上，〈天官書〉寫的是東宮蒼龍、南宮朱鳥、西宮咸池、北宮玄武。南宮朱鳥和後來通行的南方朱雀一字之差，意義相似，還說得通；西宮咸池，跟後來的西方白虎好像完全不搭啊，這是怎麼回事呢？

這還得回到〈天官書〉的本文，去看一看。

在〈天官書〉裡，「西宮咸池，曰天五潢」一部分的下面，是有白虎的，說的是「參為白虎」，意思是參宿的樣子就像一隻白虎。不過參宿的位置，不居於西宮的中心位置，比較偏，所以當時還沒有把它取為西宮的代稱。而咸池呢，按照舊注引用的古老傳說，是主五穀，也就是糧食的。

這就要說到「四象」都以動物做名稱其實是後起的問題。跟西宮咸池類似的，還有北宮玄武。我們熟悉的北方玄武，是一種龜蛇合體的動物。但是在〈天官書〉裡，並沒有直接的證據，可以證明北宮玄武，就是後代所說的那種龜蛇合體的動物。反而倒是有學者考證，說〈天官書〉的相應部分裡，有關的星群下面，寫的都是跟戰爭有關的事情。所以玄武的意思，跟咸池一樣，開始時也許根本就不是動物。[3]

二十八宿的名稱，也還不見於〈天官書〉。而且最有意思的，是〈天官書〉五宮之下列了各星群的名稱，順次數一下，那後來十分流行的二十八宿，在〈天官書〉裡，卻只有二十七個——北宮玄武之下，是沒有壁宿的。

為什麼二十八宿裡面，〈天官書〉唯獨沒有壁宿？

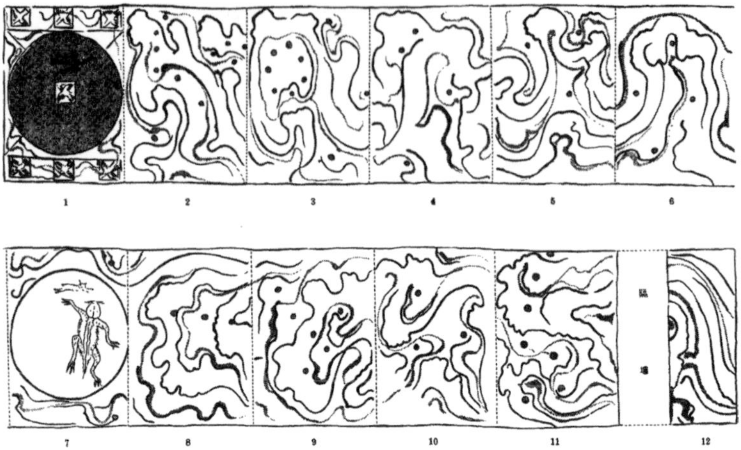

洛陽西漢墓室內日月星象圖摹本（《考古》1965 年第 2 期夏鼐論文所附）

以寫《中國天文學史》出名的現代學者陳遵媯先生，對此有過考證。他認為，〈天官書〉裡沒有壁宿，是因為早期的壁宿，本是另一個名叫「營室」的星宿的一部分；而事實上中國早期曾有一段時間，是通行二十七宿的。他說：「這大概便於表示月球位置的緣故，因為月行周天，即恆星月的長度，只需二十七天多，所以把白道附近的星宿，分為二十七宿，實際比較更合理些。」[4]

相比之下，〈天官書〉裡以「太史公曰」開頭的第二部分，比第一部分文字更容易理解，而其中對於「究天人之際」的解說，也更直白。

「究天人之際」的說法，在司馬遷那裡出

現過兩次，一次是著名的〈報任安書〉，一次是《史記・太史公自序》的篇末，講到八書的撰述宗旨時。在〈太史公自序〉裡，「天人之際」四個字指代的，其實就是〈天官書〉一篇的宗旨。

司馬遷把「究天人之際」作為《史記》全書的撰述目標之一，有什麼樣的邏輯依據嗎？有的。這依據，就在〈天官書〉第二部分的下面這段話裡——

夫天運，三十歲一小變，百年中變，五百載大變；三大變一紀，三紀而大備：此其大數也。為國者必貴三五。上下各千歲，然後天人之際續備。

據朱維錚教授研究，這段話，跟古奧的天文曆法計算有關，其中又牽扯著司馬遷個人特殊的天人感應觀念。概括地說，這是基於古代制定曆法時，諧調陰陽合曆中的太陽年和朔望月兩個基本週期的實踐，而得出的半科學半神學的結論。

說其中有一半是科學的，是因為它背後支撐的理據，包含了如下一類精密的計算結果：在制定曆法的計算週期時，如果小於「一統」（一千五百三十九年），太陽年和朔望月兩個基本週期相除所得的總日數便無法除盡；而要使回歸年、朔望月和干支六十週期等相會合，最少需要「三統」（四千六百一十七年）。而研究發現，上面我們引用的司馬遷的那段話中，「一紀」（傳統天文學術語，等於一千五百二十年），和「一統」的年數大致相當，相應地「三紀」（四千五百六十年）則跟「三統」的年數大致相當。這樣一來，「三大變一紀，三紀而大備」的說法，不可否認，一定程度上是掌握了自然變化規律，並具有科學性的。

但我們又說，司馬遷的這段話，還有一半是神學的，這是為什麼呢？

這是由於司馬遷接著所說的「為國者必貴三五」，也就是當國執政者一定要尊崇三個五百年（即一紀）的大變週期，它最終目的是要附會現實政治。儘管由於天文曆法學的發展，在司馬遷的時代，已經了解五大行星的運動規律，知道木星、土星和火星每隔五百多年會會合一次，而同一年金星跟水星也會轉到會合點附近，出現所謂「五星畢聚」的天文奇觀，但司馬遷父子這樣具有占星術信仰的知識者更看重的，卻是這一會合所寓示的天人感應、人間五百年必有大變的政治預言。[5]然而對於「天人之際」所作的這番窮追深究，既帶有如此濃烈的宿命色彩，那麼它的最終結論的難以切中實際，又似乎是必然的了。

不過我們依然不得不驚訝與佩服司馬遷的大膽。在這部分的後半，他活學活用，竟然把

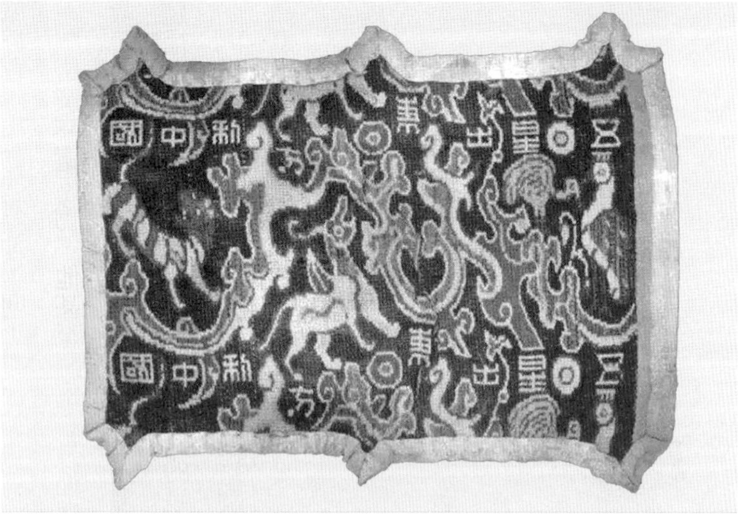

漢代織錦，上有「五星出東方，利中國」字樣
（新疆維吾爾自治區博物館藏）

天人感應的故事，直接用於解釋當代史了。他說：

> 元光、元狩，蚩尤之旗再見，長則半天。其後京師師四出，誅夷狄者數十年，而伐胡尤甚。

意思是到了我們今上執政的元光、元狩年間，天象方面充滿殺氣的「蚩尤之旗」一再出現，空間上長的時候彌漫半邊天。這之後首都方面軍隊四處出動，幾十年來都在誅殺夷狄，而討伐胡人尤其過分。漢武帝如此偉大的戰功，被他一寫，倒好像成了好萊塢大片裡的魔界軍隊出動的恐怖場面了。

這麼寫還不夠，他甚至語重心長地教導最高統治者：「太上修德，其次修政，其次修救，其次修禳，正下無之。」意思是最理想的狀態是修練你的道德，其次是清明政治，其次是補救缺失，其次求仙拜神，最下等的是沒有辦法。

這司馬遷是吃了豹子膽了？說話這麼不講究分寸。為什麼要這麼衝呢，我們下面講〈封禪書〉時再講。

〈封禪書〉（上）

——泰山崇拜與地方精靈

在《史記》的「八書」當中，有七篇一聽書名，你大致就能猜出來它講什麼：〈禮書〉〈樂書〉，是講禮樂制度的；〈律書〉原本應該是〈兵書〉，自然是講軍事的；〈曆書〉和〈天官書〉，是講天文曆法的；〈河渠書〉，是講水利的；〈平準書〉，名號稍微難理解一點，但望文生義，「平」是平衡的平，「準」是有準星的準，那麼應該可以猜到，它講的是經濟。

只有〈封禪書〉，即使你知道「封」是河南開封的「封」，「禪」跟佛教禪宗的「禪」是同形不同音，這裡讀如「善」，如果沒有專業知識，恐怕還是猜不出它講的究竟是什麼內容。

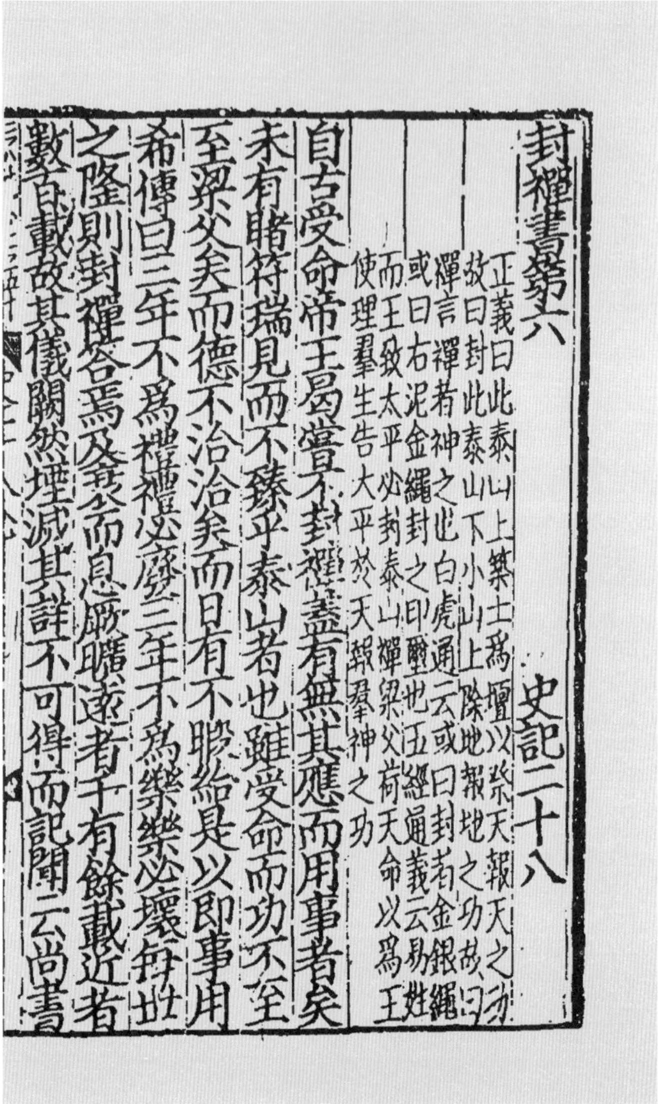

封禪書第六　史記二十八

正義曰此泰山上築土為壇以祭天報天之功故曰封此泰山下小山上除地報地之功故曰禪言禪者神之也白虎通云或曰封者金銀繩或曰石泥金繩封之印璽也五經通義云易姓而王致太平必封泰山禪梁父荷天命以為王使理羣生告太平於天報羣神之功

自古受命帝王曷嘗不封禪蓋有無其應而用事者矣未有睹符瑞見而不臻乎泰山者也雖受命而功不至至梁父矣而德不洽洽矣而日有不暇給是以即事用希傳曰三年不為禮禮必廢三年不為樂樂必壞每世之隆則封禪答焉及衰而息厥曠遠者千有餘載近者數百載故其儀闕然堙滅其詳不可得而記聞云尚書

元彭寅翁刻本《史記》裡的〈封禪書〉卷端

但你一定知道出自傳統經典《左傳》的一句很中國的名言：「國之大事，在祀與戎。」——意思是國家大事，歸根結柢就只有兩件，一件是打仗，一件是祭祀。關於打仗，《史記》的八書裡原本是有一篇〈兵書〉的，但大概因為內容犯忌，今天看到的，是已經被替換了的〈律書〉。不過那〈律書〉的裡面，又還殘留著一點談兵法的文字，導致整篇文章的文風十分詭異。關於祭祀，很幸運，《史記》裡還完整地保留著它的制度史篇章，就是我們今天要講的〈封禪書〉。

「封」和「禪」，是兩種非常古老的祭祀儀式：在泰山上築個土臺子，祭天，那就叫「封」；在泰山下面，低一點小一點的山上，劃出一塊平坦些的地方，祭地，就叫「禪」。封和禪，在中國傳統社會裡，都是帝王的專利，是獨此一家的非物質文化遺產。所以〈封禪書〉開頭就說：「自古受命帝王，曷嘗不封禪？蓋有無其應而用事者矣，未有睹符瑞見而不臻乎泰山者也。」意思是自古以來，承受天命做帝王的，哪有不舉行封禪儀式的？只有舉行了卻沒有良好反應的實施者，從來沒有看到吉祥徵兆顯現而不登上泰山頂的。而這篇〈封禪書〉呢，就是從上古到漢朝，歷代帝王登山臨水，向天地尋求合法性證明、領地權利和不老仙方的故事大全。

〈封禪書〉有點長，所以我們打算分兩次講。這一節講漢朝漢武帝以前的內容，下一節再講漢武帝的故事——順便說一下，上一節我們講〈天官書〉，最後說到，司馬遷為何像吃了豹子膽，說話那麼衝，答案到講〈封禪書〉時再講。這個答案啊，因為跟漢武帝有關，所以您還得等一等，等到下一節，也就是〈封禪書〉的第二講，就會看到了。

讀〈封禪書〉漢武帝以前的內容，有四個與祭祀場地有關的專有名詞，應該首先了解一下，它們是：社、祠、畤、廟。

社是社稷的社，就是祭祀土地神的地方；祠是祠堂的祠，它原本是個動詞，指春祭，也就是春天祭祀的意思；畤，是田字旁，右邊一個寺廟的寺，它是祭祀天帝的祭壇，這個畤，現在已經幾乎見不到了；至於廟，今天大家熟悉的意思，是佛教的寺廟，但在中國傳統語彙中，廟的原本的意思，是祖宗所在的屋子。

除了社、祠、畤、廟這四種古老而傳統的祭祀場地，〈封禪書〉裡出現的專業術語，還有些是跟祭祀時的供品有關的，最基礎的有三個：就是犧、牲、牢。

犧和牲都是祭祀時用作供品的牛，不同的是犧是指顏色純正的牛，而牲是指一頭完整的牛。因為都是被宰殺的祭品，後來形容人英勇就義，也用「犧牲」這個詞了。至於牢，是指

兩周之際，秦也用真馬陪葬。圖為甘肅禮縣大堡子山秦墓陪葬的車馬坑（出自《文物》2018 年第 1 期）

組合式的動物祭品，又分太牢和少牢兩類，太牢是牛羊豬三牲全備，少牢則只有羊和豬，沒有牛。

這裡有必要指出一個歷史現象，按照《周禮》，中國傳統的中原正規祭祀中，原本是不用馬作為祭品的，原因是馬是戎事也就是軍事活動中人的重要伴侶。但是我們在〈封禪書〉中看到，周朝東遷雒邑以後，秦襄公造了個西畤，祭祀白帝，用的祭品裡，排在第一位的是騮駒，騮駒是一種身子紅色而鬃毛與尾巴黑色的小馬，這是史書裡見到的中國人用馬做祭品的最早的例子。研究者認為，當時的戎狄，有殺馬祭天的習俗，而秦是遵循了西戎的傳統，所以才會以馬為祭品。[1]

在了解了〈封禪書〉使用的基本術語之後，我們就可以進入本文，看漢武帝以前的內容了。按照時間先後，〈封禪書〉寫到漢武帝之前的文字，大致可以分為先秦、秦和漢初三個部分。三個部分，又各有自己的關鍵詞。

在〈封禪書〉的先秦部分，關鍵詞是「五嶽四瀆」。所謂五嶽，就是我們熟悉的東嶽泰山、南嶽衡山、西嶽華山、北嶽恆山和中嶽嵩山。五嶽的由來，並不是因為它們的高度，也不僅是它們風光優美，而是因為它們很早就被選為帝王出巡祭拜天地的據點。

這其中讓人不免疑惑的，是泰山並不是五嶽中最高的一座山，為什麼在封禪制度上會受到如此的重視，而且長期排名第一？

我想比較合理的解釋是因為泰山的優勢：它位於東部沿海地帶，往東無論是看日出，還是觀滄海，都有五嶽其他名山無法企及的開闊與遼遠。就溝通天和人而言，泰山絕對是一個理想的地方。反過來說，一座山即使高於泰山，如果它過於險峻，也不利於封禪這種官方大型祭祀活動的開展。

除了五嶽，還有四瀆。瀆就是河流。比較有意思的，是〈封禪書〉裡被並列的四瀆，居然是長江、黃河、淮河、濟水，這四條今天看來檔次很不相同的河流。

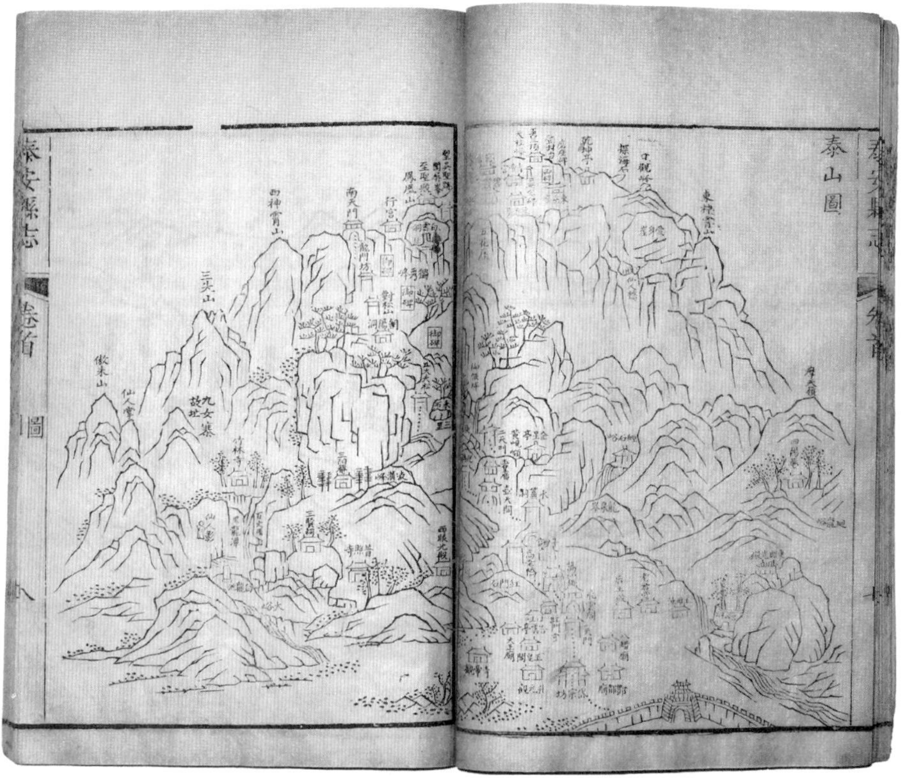

清乾隆刻本《泰安縣誌》裡的〈泰山圖〉

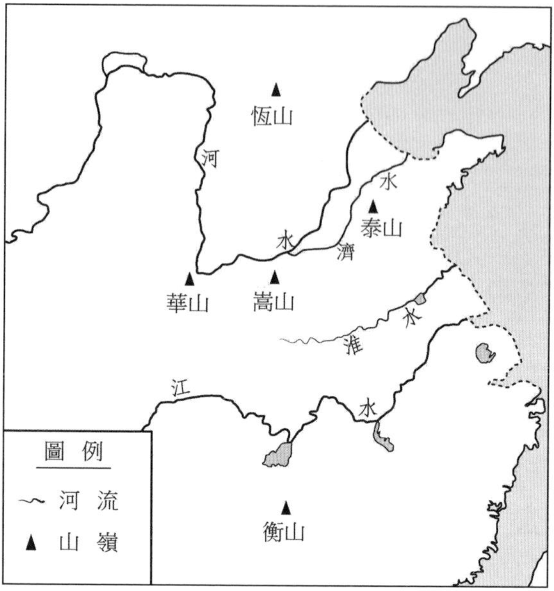

五嶽四瀆示意圖

帝王們為何要選這五嶽四瀆，作為巡視祭拜的據點呢？除了封禪，另一個主要的目的，就是親自到祖國東南西北的這些最具代表性的景點，去走一走，看一看，藉此向左鄰右舍宣示，那是我的領地。[2]

當然了，因為先秦時代從統治者的角度說，還不是一個像後來的秦王朝那樣的統一疆域，所以帝王與諸侯祭祀的範圍與等級差別也作為一種禮儀制度見諸文獻記載。〈封禪書〉裡就說，只有帝王可以祭祀天下的名山大川，而諸侯只能祭祀他們各自疆域內的名山大川。之後還引了春秋時候孔子諷刺魯國季孫氏的故事，因為季孫氏只是魯侯的臣子，卻居然敢像天子一樣祭祀泰山，這明顯是僭越了。

在〈封禪書〉的秦（包括秦國和秦朝）的部分，關鍵詞是「雍四時」和「八主祠」。所謂「雍四時」，是指秦國心腹地帶形成的四個祭祀中心場地，分別是祭祀白帝的西時、祭祀青帝的密時、祭祀黃帝的上時和祭祀炎帝的下時。值得一提的是，在被評為二〇一六年度全國十大考古新發現之一的陝西鳳翔雍山血池秦漢祭祀遺址，二〇一七年又發現了陶缸殘片上留存著陰刻的「上時」二字，這是該處遺址確為秦吳陽上時故地的鐵證，[3]也說明《史記．封禪書》所記的「時」這一中國早期祭壇形式，是真實存在過的。

與位於西部「雍四時」相對的，在東部則有相對而言屬地方性的「八主祠」，它們都位於戰國時期的齊魯之境，包括——

一、天主祠祭祀天齊　臨淄
二、地主祠祭祀梁父　泰山
三、兵主祠祭祀蚩尤　東平　齊西
四、陰主祠祭祀三山　齊北
五、陽主祠祭祀之罘　齊北

陝西鳳翔雍山血池秦漢祭祀遺址

該遺址內出土的陶缸
殘片上留存著的陰刻
「上畤」二字（拓片）

六、月主祠祭祀之萊　齊北
七、日主祠祭祀成山　齊東北
八、四時主祠祭祀琅邪　齊東方

當然，秦統一中國以後，作為統一帝國的君王，秦始皇是不會甘心於只在本地四時玩的，東方的八主祠，對他而言也太小，太瑣碎了。他最看重的，還是去泰山封禪。他招來一幫儒生為他制定封禪儀禮，之後又覺得儒生不行，一腳踢開，自起爐灶，結果他的泰山之行，因一場暴風雨而大打折扣。由於他下令封鎖相關消息，而被甩了的儒生又嚥不下那一口惡氣，最後口口相傳，訛傳成了秦始皇其實沒能封禪。這結果，倒正好應了〈封禪書〉開頭的那句話：「蓋有無其應而用事者矣。」

在〈封禪書〉的漢初部分，具體地說，是從漢高祖到漢文帝為止的部分，關鍵詞是「五行」。

〈封禪書〉在講漢朝故事時，一開始就講了漢高祖立第五位天帝祠的故事，很具有象徵意味。說是劉邦跟項羽幹了一仗後入關，就詢問秦朝的上帝祠祭祀什麼樣的天上之帝，下屬回答說：「他們祭祀四位天帝，有白帝、青帝、黃帝、赤帝四座祠。」劉邦接著問：「我聽說天上有五位天帝，怎麼這裡只有四位呢？」下屬面面相覷，都沒聽說過什麼五位天帝，一時不知如何回答是好。劉邦一看，坑挖成了，馬上說：「我知道了！那是在等我，有了我，就配成為五個了！」於是就下令建立黑帝祠，並將它命名為北畤。秦朝的雍四畤，就此生生地變成了漢朝的雍五畤。

劉邦的五天帝說，雖然是他自創的，但其背景，卻是大家應該都聽說過的，起於戰國時期，由鄒衍發明的陰陽五行學說。這一學說以五種自然物質或現象——金、木、水、火、土為基礎，以相生相剋為動力，構造了一個看似精密的循環圈子，就是所謂的金生水、水生木、木生火、火生土、土生金，金克木、木克土、土克水、水克火、火克金。

相比之下，漢朝更明確地實踐五行理論的，是漢文帝。

〈封禪書〉記載，文帝時魯人公孫臣給中央打了個書面報告，建議說當年秦朝得的是水德，現在我們漢朝代替了它，推算下來，應該是土德了（因為土克水）。土德的應驗，是黃龍會出現。所以我們應該改變曆法的正朔，換一種衣服的顏色，並採用新的幸運色——黃色。當時因為具體主管朝廷事務的丞相張蒼有不同的看法，建議沒有被採納。不過，過了三年，黃龍真的在成紀這個地方出現了。事情上報到漢文帝那裡，文帝親切接見了一度被冷

泰山石刻

落的公孫先生，提拔他做了博士，並讓他跟一幫儒生一起起草改曆法和服色的工作。不僅如此，文帝還在渭陽新蓋了五帝廟，祭祀時所用的供品及儀式，也都跟雍五畤相同。他好像是真的被五這個幸運數字迷住了，出長安門，好像也看到有五個人在路北晃動，於是就在正北建五帝壇，祭祀也用五牢。而其如此迷信的結果，卻是引來了高級騙子新垣平。

新垣平自然和古往今來一切與權貴做交易的騙子一樣，沒有好下場。但包括封禪在內的官方與民間祈求神靈保佑的祭祀活動，在長時段中國歷史中曾經如此繁複、普遍與盛行，不能不引人嘆息與深思。

〈封禪書〉（下）

——行騙的方士與做夢的帝王

這一節我們接著講〈封禪書〉，主要是漢武帝的故事。

講〈封禪書〉的漢武帝部分，首先要講的，是它的一樁公案，就是它幾乎全部被抄進了今本《史記》的〈武帝本紀〉裡。這當然不是司馬遷自己幹的，但是誰幹的，今天已經無法考證了。不過能讓那麼個全文抄襲的〈武帝本紀〉，代替原本的〈今上本紀〉留在《史記》裡，還從來沒人想到要刪掉它，說明它足以當一篇〈武帝本紀〉看——其實不能說是一篇，只能說是半篇，因為它只寫了漢武帝的「文治」，也就是祭祀活動，而沒有寫漢武帝的「武功」，就是打匈奴。

不過〈封禪書〉裡寫漢武帝的故事，重點卻不在行封禪，而在敬鬼神。這從這部分開頭

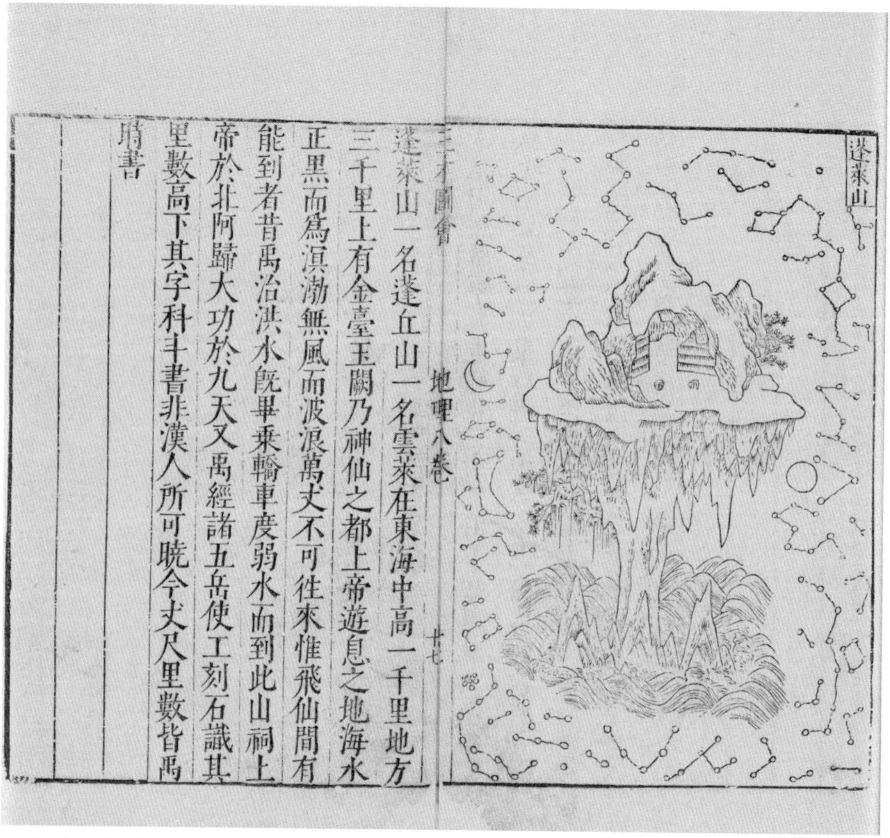

三才圖會　地理八卷　十七

蓬萊山一名蓬丘山一名雲萊在東海中高一千里地方三千里上有金臺玉闕乃神仙之都上帝遊息之地海水正黑而爲溟渤無風而波浪萬丈不可往來惟飛仙間有能到者昔禹治洪水既畢乘轎車度弱水而到此山祠上帝於北阿歸大功於九天又禹經諸五岳使工刻石識其里數高下其字科斗書非漢人所可曉今丈尺里數皆禹時書

明萬曆刻本《三才圖會》裡的蓬萊山

第一句話，就可以看出來：「今天子初即位，尤敬鬼神之祀。」意思是今天咱這位天子自打登基時起，就特別看重祭祀鬼神。

這是為什麼呢？

這是因為，歷代君主舉行封禪大典的目的，主要是張揚統治的合法性和宣示領地，這兩點對漢武帝而言，不用說都已經解決了。相比之下，對漢武帝而言，更為迫切的，是要解決個人在帝王的位置上永遠待著不下來的問題，簡單地說，就是如何實現長生不老的夢想。長生不老當然不能靠人，因為人都是要死的；靠什麼呢？靠天。因此，這時候的漢武帝，就特別期待有人站出來，不走尋常路，在正規的封禪儀式之外，為他提供另一種溝通天人的新管道。

所以我們看〈封禪書〉的漢武帝部分，雖然說了按照制度「五年一修封」，實際正面詳細寫赴泰山封禪，只有一次；而寫得更多的，一個是郊祠，也叫郊祀，就是在首都的近郊地帶進行的祭祀活動；另一個是入海，求蓬萊仙境，求見真神。

無論是郊祀還是入海求仙，都需要合適的中介。於是，方士登場了。

方士是一批怎樣的貨色呢？這個在〈封禪書〉的前半部分已經有過描寫：他們主要出產於戰國時代的燕國和齊國。他們的標配，是手裡都攥著一把祕方，都會玩隱身術，都好談鬼神故事，還都有點海外關係——點開各自的朋友圈，都有幾位神仙大咖。而這些神仙大咖你永遠都見不到，只有透過這些方士的傳話，才依稀可以領略一點大咖的風采。

這樣的方士，說穿了其實就是文化騙子。但是，從秦始皇開始，帝王們就心甘情願地上當受騙。在漢武帝之前，轟動漢代朝野的，有新垣平，上一節我們已經提過他的名字。這位新垣平，就是靠騙漢武帝的爺爺漢文帝出名的。

當年的新垣平，是以國家級一流氣象學家的身分進入漢文帝的視野的。他第一次見文帝，就以首都長安「東北有神氣」為由，建議造新祠祭祀上帝。這一建議被最高領導人採納，著名的連體建築——渭陽五帝廟，就這樣被建了起來。但第二年，這位新垣先生就玩花招，讓人拿了個玉製杯子，專門打報告給中央，要求進獻。他自己呢，在皇宮裡當暗樁，跟漢文帝說：「我看宮外有寶玉神氣來了。」文帝一問，果然有人獻了個玉製的杯子，杯子上還刻了四個字「人主延壽」，意思是皇上萬壽無疆。這事當時表演得很成功，但過了不久就被人告發，新垣先生也得了個滿門抄斬的下場。

但方士還是前赴後繼，騙完了爺爺騙孫子。漢武帝也有意思，好像特別願意被騙。翻一翻〈封禪書〉，武帝封禪前後，騙子好多啊。

早期出名的，是個叫李少君的專家。這位李專家的特長，一是祠灶，就是拜灶王爺，這屬宗教學；二是穀道，就是辟穀之道，不吃飯也能活，這屬心理學和農學互動；三是卻老方，就是青春永駐的祕方，這個應該是化學了吧。因為他的專長有明顯的交叉學科性質，所以深受漢武帝的尊重。李專家呢，自己最得意的還是祕方，他隱瞞了自己的真實年齡，總說自己只有七十歲，能驅使萬物，抵抗衰老。有一回在宴會上，他碰到一位九十高齡的老人，就跟老人說，我從前和你爺爺一起玩，地方就在某處，正好這老人小時候跟著自己的爺爺，確實去過那某處，還記得，待李少君這麼一說，證實了，滿桌的賓客都驚訝不已——其實說穿了，也就是參加宴會前情報工作做得到位而已。

這李少君真正玩得大的，是產學研結合做國家重大計畫。他向漢武帝申報的計畫，屬高科技，攻關方向是化丹砂為黃金。按照他申請書的介紹，等計畫成果出來了，用那黃金做酒杯和飯碗給漢武帝用，漢武帝就可以增加壽命；增壽了，漢武帝就可以見到海上的蓬萊仙人；見過了蓬萊仙人，再去封禪，漢武帝就跟不死的黃帝一樣了。這麼具有國際水準和應用前景的重大計畫，漢武帝當然批准啦，還給配套了個方士入海求仙的重點計畫。結果，直到李少君都得病死了，計畫還沒結案。這漢武帝呢，執迷不悟，認為李專家並沒有死，只是化身去了新世界，為高科技重大計畫繼續拚搏了，就選了齊國故地的一位史官寬舒，接手李少君留下的計畫資源繼續幹。結果引得滿世界都是李少君一流的燕、齊方士，爭先恐後地向朝廷申報同類計畫。

李少君之後，又出來個叫欒大的，名字雖然俗了點，可人長得帥，膽子和口氣都比少君更大。他自稱有一位師父，從不求人，只有人求他。就是這位師父，有四樣本事，每一樣都點到漢武帝的死穴：第一樣是能堵住正在鬧洪水的黃河的決口，第二樣是能鍊成黃金，第三樣是能找到長生不死之藥，第四樣是能請仙人下凡。欒大說，皇上您若是想要得到這些祕方，就一定要把這位不會露面的師父的使者當貴賓一樣招待，給他特權，他就會幫您跟神人溝通。

漢武帝一聽，好興奮啊，就一口氣給了欒大五個「將軍」的封號，分別是五利、天士、地士、大通和天道，其間還頭腦發熱，把女兒衛長公主都嫁給了欒大。欒大呢，做了漢武帝的女婿，膽子就更大了。漢武帝給他頒發最後一個「天道將軍」的封印時，搞了個真人秀，夜裡派了個特使，穿著插著羽毛的衣服，站在白色的茅草上等欒大。沒想到，欒大早有察覺，也來了個對等的真人秀，那天晚上出場時的裝束，竟和漢武帝的特使一模一樣，也是插

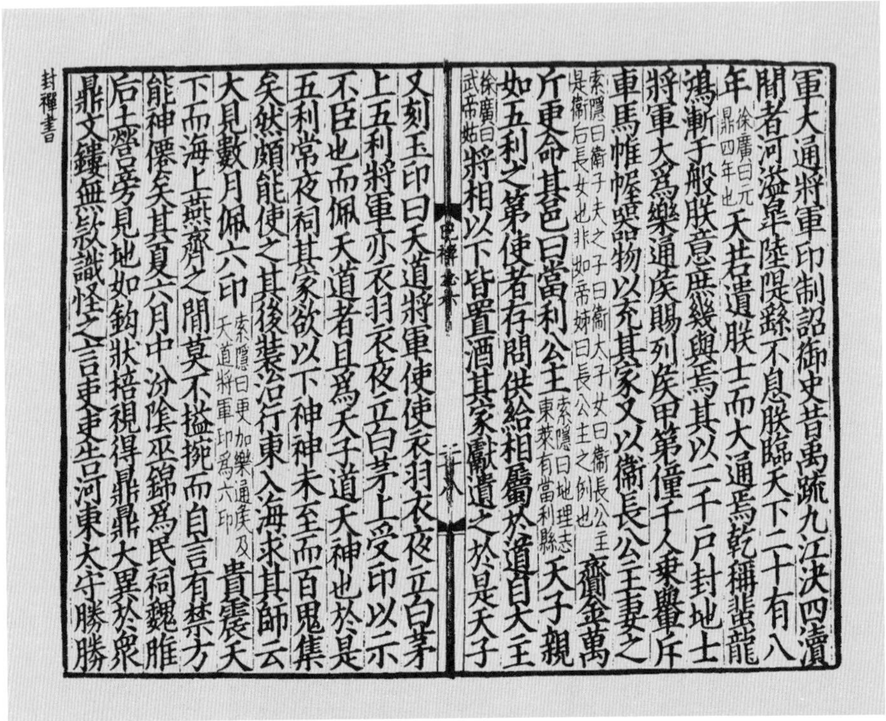
軍大通將軍印制詔御史昔禹疏九江決四瀆閒者河溢皋陸隄繇不息朕臨天下二十有八年（徐廣曰元鼎四年也）天若遺朕士而大通焉乾稱蜚龍鴻漸于般朕意庶幾與焉其以二千戶封地士將軍大為樂通侯賜列侯甲第僮千人乘轝斥車馬帷幄器物以充其家又以衛長公主妻之（索隱曰衛子夫之子曰衛太子女曰衛長公主是衛后長女也非如帝姊曰長公主之例也）齎金萬斤更命其邑曰當利公主（索隱曰地理志東萊有當利縣）天子親如五利之第使者存問供給相屬於道自大主（徐廣曰武帝姑）將相以下皆置酒其家獻遺之於是天子又刻玉印曰天道將軍使使衣羽衣夜立白茅上五利將軍亦衣羽衣夜立白茅上受印以示不臣也而佩天道者且為天子道天神也於是五利常夜祠其家欲以下神神未至而百鬼集矣然頗能使之其後裝治行東入海求其師云大見數月佩六印（索隱曰更加樂通侯及天道將軍印為六印）貴震天下而海上燕齊之閒莫不搤捥而自言有禁方能神僊矣其夏六月中汾陰巫錦為民祠魏脽后土營旁見地如鉤狀掊視得鼎鼎大異於眾鼎文鏤無款識怪之言吏吏告河東太守勝勝

封禪書

民國間商務印書館影印南宋黃善夫刻本《封禪書》所記欒大部分

著羽毛，站在白茅上。他不卑不亢地接受封印，擺出的架勢，是我欒大並非帝王的臣子，而是下凡的天使。

在〈封禪書〉裡最晚登場的方士，是公孫卿。這位來自齊國故地的宗教學專家，先是以一封神祕的書信引漢武帝上鉤，因為其中有「漢之聖者，在高祖之孫且曾孫」這樣的預言，而武帝正在漢高祖曾孫之列。這封信的來歷曲折：公孫卿說他從一位姓申的老先生那裡得到的，而那位申先生已經死了；死了的申先生，生前據說和神仙安期生是好朋友；而安期生呢，據說又是受過黃帝教導的。這位公孫卿的口才真是了得，竟把黃帝騎龍上天的故事，說得跟親眼所見一樣，讓漢武帝羨慕得不要不要的，說：「啊呀！我要是能夠像黃帝那樣上天，那我會把丟下老婆孩子看成像脫了雙鞋子一樣地簡單。」也就是這位公孫卿，後來一直騙漢武帝，說有辦法可以讓武帝和神仙有一次美麗的邂逅，並說神仙喜歡樓房，鬧得武帝有一陣子到處給神仙姊姊造別墅，但最終除了據說是神仙姊姊的大腳印，其他的連個影子也沒見到。

司馬遷參加過漢武帝的封禪大典，後來作為漢武帝的機要祕書，也應該近距離目擊了這些方士的騙術，在〈封禪書〉末尾的「太史公曰」部分，他寫道：「余從巡祭天地諸神名

西漢鼎湖延壽宮遺址出土的漢瓦當，上有「益延壽」字樣
（西安秦磚漢瓦博物館藏）

山川而封禪焉，入壽宮侍祠神語，究觀方士祠官之意，於是退而論次自古以來用事於鬼神者，具見其表裡。」意思是我跟隨皇帝巡視祭祀天地各位大神、名山大川，並參與了封禪大典，還進入一個叫壽宮的地方陪同祭祀，聽到祠官和神靈交流的話，我追究方士和宗教官員的本意，由此退而書寫自古以來從事與鬼神交流的人事，目的就是想完整地揭示他們的表象和本質。這話說得很含蓄，也很藝術，但「究觀方士祠官之言」，這樣並列民間行騙的方士和宮廷主管宗教事務的祠官，背後的涵義，不是很耐人尋味嗎？至於所謂「具見其表裡」，「表」自然是「敬鬼神」、行封禪，那「裡」呢，不就是做春

夢、求長生嗎？

當然，我不認為我們因此就可以拔高司馬遷，覺得他寫這些話，是有非常清醒的反迷信的科學意識的表現。正相反，司馬遷在《史記》中表現出來的，是他同樣具有濃厚的天人感應和歷史輪回的迷信意識。我想，他只是認為，像蒼蠅一般不停地追逐著漢武帝的那幫行騙的方士，對於天人感應的理解水準是如此地低劣，哪裡可以跟他自己對天象人事關聯的理解相媲美。但遺憾的是，他對於天人感應的深入研究與深刻理解，卻得不到近在咫尺的漢武帝的善意回應。

而從這樣的視角看《史記》的八書，其實〈封禪書〉是應該和之前的〈天官書〉聯繫起來讀的。因為司馬遷寫〈天官書〉，除了客觀地敘述歷史上的天象觀測紀錄，提供傳統的天極、北斗、四象、二十八宿等早期的星空名號，同時也十分關注與地上的人事相關的天象異常現象，將它們視為天人感應、歷史循環的獨特表徵。

我們講〈天官書〉時，最後說到，司馬遷怎麼像吃了豹子膽，說話十分地衝，甚至敢直白地教導最高統治者：「太上修德，其次修政，其次修救，其次修禳，正下無之。」意思是最理想的狀態是修練你的道德，其次是清明政治，其次是補救缺失，其次求仙拜神，最下等

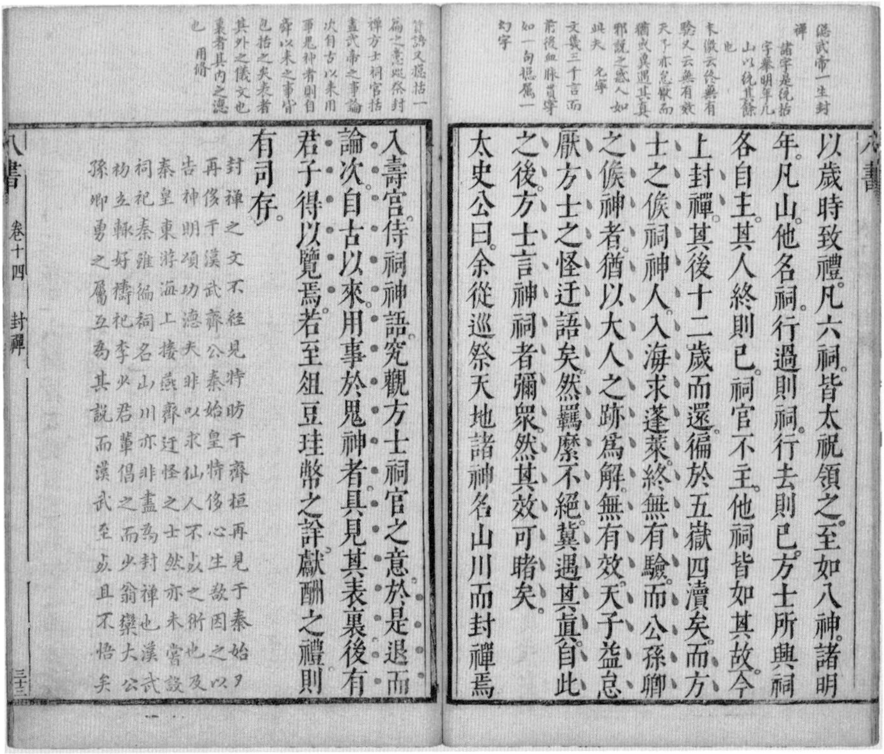

總武帝一生封禪

諸字是總括字舉明年凡山以總其餘也

末微云終無有驗又云無有效天下亦怠厭而猶或冀遇其眞邪說之惑人如此夫 允寧

文幾三千言而前後血脈貫穿如一句總屬一幻字

以歲時致禮凡六祠皆太祝領之至如八神諸明年凡山他名祠行過則祠行去則已方士所興祠各自主其人終則已祠官不主他祠皆如其故今上封禪其後十二歲而還徧於五嶽四瀆矣而方士之候祠神人入海求蓬萊終無有驗而公孫卿之候神者猶以大人之跡爲解無有效天子益怠厭方士之怪迂語矣然羈縻不絕冀遇其眞自此之後方士言神祠者彌衆然其效可睹矣

太史公曰余從巡祭天地諸神名山川而封禪焉入壽宮侍祠神語究觀方士祠官之意於是退而論次自古以來用事於鬼神者具見其表裏後有君子得以覽焉若至俎豆珪幣之詳獻酬之禮則有司存

贊語又總括一篇之意巡祭封禪方士祠官括盡武帝之事論次自古以來用事鬼神者則自齊以來之事皆包括之矣表者其外之儀文也裏者其內之德也 用脩

封禪之文不經見特昉于齊桓再見于秦始再倣于漢武齊公秦始皇特倣心生欲因之以告神明頌功德夫非以求仙人不死之術也及秦皇東游海上接燕齊迂怪之士然亦未嘗設祠祀秦雖徧祠名山川亦非盡爲封禪也漢武初立輒好禱祀李少君輩倡之而少翁欒大公孫卿勇之屬互爲其說而漢武至死且不悟矣

八書 卷十四 封禪 三三

明刻本《史記鈔》之〈封禪書〉末的太史公曰

的是沒有辦法，聯繫〈封禪書〉所寫看，其真實的意圖，也是期待漢武帝能從方士的迷魂陣裡解脫出來，走進他所構建的大氣磅礡的天人感應世界。因為在他看來，只有他發現的「為國者必貴三五」，也就是國家治理者一定要重視三十年、一百年、五百年和一千五百年的自然循環之道，並注意其間發生的異常天象，才是治國理政的正道。

但無論是〈天官書〉還是〈封禪書〉，漢武帝應該是都沒有看過。而〈天官書〉那樣大膽的勸諫，跟〈封禪書〉裡如此辛辣的諷刺，都能安然無恙地保留了下來，我想是由於《史記．太史公自序》裡的提要，尤其是〈封禪書〉的提要，保護了司馬遷。古人讀書，尤其是讀大部頭的書，一般先看目錄和目錄裡各篇的提要，紙張發明以前更是如此。〈太史公自序〉裡〈封禪書〉的提要，是這樣寫的：「受命而王，封禪之符罕用，用則萬靈罔不禋祀。追本諸神名山大川禮，作〈封禪書〉第六。」意思是即使受天命而登上帝王寶座的，施用封禪儀式的都很罕見，而只要施用了封禪儀式的，那麼千萬神靈都無一不被祭祀；我這篇文字，是追蹤本源，記錄祭祀各位大神和名山大川的禮儀。你看，不僅沒有絲毫的諷刺意味，還一開頭就把受天命的高帽子，戴到了已經封禪的古今帝王頭上，漢武帝看了這般平庸無趣的提要，哪裡還會想到再去翻檢原篇呢。

〈河渠書〉（上）

——漕運，運什麼，運到哪裡去

上兩節我們講了〈封禪書〉，這一節開始我們講〈河渠書〉。[1]

〈河渠書〉篇名裡的「河渠」，「河」是指黃河，「渠」則是水渠，前者是自然河流，後者是人工水道，合在一起講，作為制度史話題，很顯然，主題就是水利。《史記》裡沒有像後代正史那樣相對客觀的「地理志」，而獨有自然與人事相糾葛的「河渠書」，說明司馬遷的關注焦點，是制度背後的人。

〈河渠書〉的取材，除了最前面一部分，來自夏商周三代文獻，更多的，是司馬遷廣泛利用本朝檔案，並吸收了同時代目擊者的口述，加上他本人曾親歷抗洪第一線的難得經歷，所以全篇多記漢朝故事，而且所記既生動，又深入。

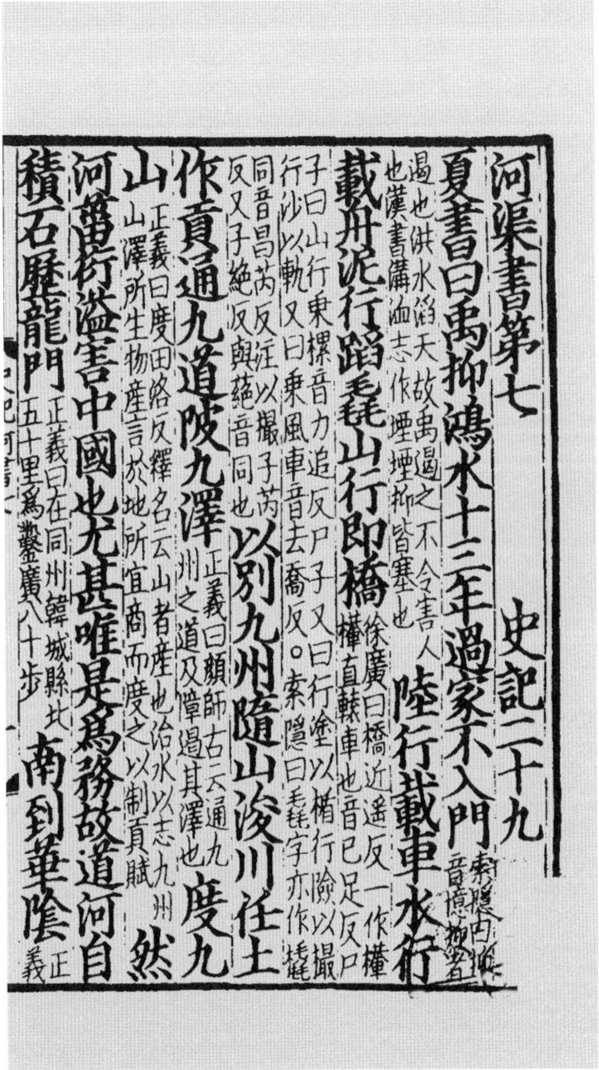
河渠書第七　史記二十九
夏書曰禹抑鴻水十三年過家不入門索隱曰抑音憶抑者遏也洪水滔天故禹遏之不令害人也漢書溝洫志作堙堙抑皆塞也陸行載車水行載舟泥行蹈毳山行即橋徐廣曰橋近遙反一作檋檋直轅車也音已足反尸子曰山行乘欙音力追反尸子又曰行塗以楯行險以撮行沙以軌又曰乘風車音去喬反○索隱曰毛毳字亦作橇同音昌芮反注以撮子芮反又子絕反與毳音同也以別九州隨山浚川任土作貢通九道陂九澤正義曰顏師古云通九州之道及障遏其澤也度九山正義曰度田洛反釋名云山者產也治水以志九州山澤所生物產言於地所宜商而度之以制貢賦然河菑衍溢害中國也尤甚唯是爲務故道河自積石歷龍門正義曰在同州韓城縣北五十里爲鑿廣八十步南到華陰正義

民國間商務印書館影印南宋黃善夫刻本《史記》裡的〈河渠書〉卷端

這裡就要說到這篇〈河渠書〉，跟《漢書》裡同樣寫水利制度的〈溝洫志〉，兩者的關係問題。由於《漢書．溝洫志》的文字，跟《史記．河渠書》很相近，所以近代曾有一種說法，認為〈河渠書〉是後人抄了〈溝洫志〉的文字，塞進今本《史記》裡的。這方面最典型的，就是崔適在所著《史記探源》一書裡的意見（這位崔先生甚至認為，《史記》「八書皆贋鼎」，也就是說《史記》的八篇書，都是假貨）。不過，如果我們尊重歷史，知道《漢書》的前身是班固他爸班彪所寫的《後傳》，而《後傳》，又是當時數十家《史記》續書中的一家，那麼班固既然把《漢書》定為西漢一代的斷代史，取《史記》的篇章文字放進自己主編的書裡，在當時是順理成章的事。崔適的說法，顯然是不能成立的。

司馬遷寫〈河渠書〉，是從大禹治水寫起的，他根據的，是夏書。「夏書」的稱呼，比較常見的，是指《尚書》裡的〈禹貢〉和〈甘誓〉兩篇，因為它們所記都是夏朝的事。但比較〈河渠書〉開頭一段，和《尚書》中專講治水的〈禹貢〉篇，兩者的文字相同處，只占很小一部分，那麼司馬遷當年所依據的，或許還有別的我們今天已經看不到的夏代文獻。

大禹治水以後，〈河渠書〉寫水利制度，主要是兩條線，一條是治理黃河水患，一條是修渠和漕運。這一節，我們主要講後一條線：修渠和漕運，尤其是漕運。

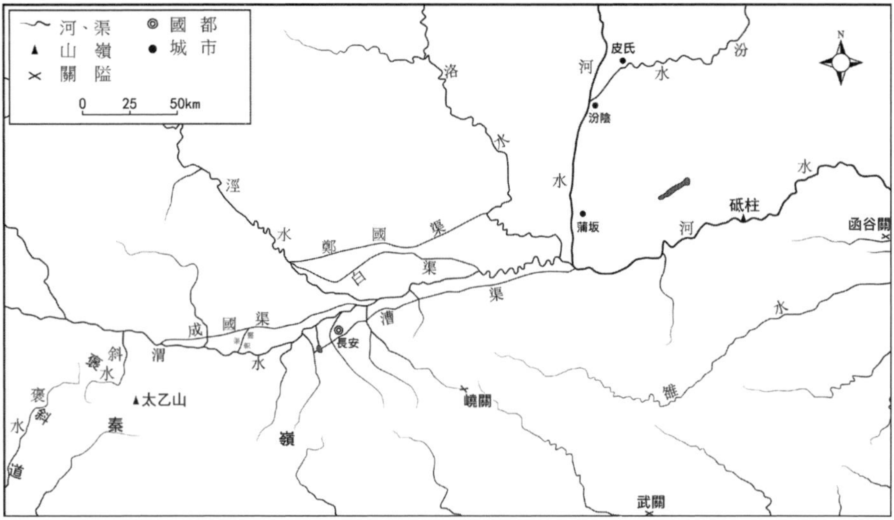

關中漕運示意圖

在修渠和漕運的部分，〈河渠書〉先介紹了像鴻溝、都江堰、鄭國渠這樣著名的水利工程，但進入漢朝，司馬遷的關注點，除了黃河水患，就幾乎全部在漕運了。

所謂漕運，是指古代中央政府把所徵收的糧食等物品，經由水路，運往首都或其他特定地點的一種組織與管理方式。漕運大概在秦代就有了，比如《漢書》的〈嚴安傳〉裡，引嚴安上書，其中就說到為了攻打南越，秦始皇曾派一名叫祿的監臣「鑿渠運糧」。而這位監祿主持開鑿的，就是溝通湘江與西江的著名河道——靈渠。

明萬曆刻本《三才圖會》裡的砥柱圖

西漢時期，因為要供養首都長安，一直經由黃河、渭河等自然水系的漕運，將函谷關以東的糧食運往關中。而西漢前期的實際情況是，黃河三門峽中的砥柱——就是成語所說「中流砥柱」那地方——水勢過於險峻：渭河呢，水道過長，又過於曲折，漕運所花代價很大，很不經濟。所以相關部門的官員，就想以修渠的辦法，來改善漕運的不利狀況。

〈河渠書〉裡講漕運，首先登場的，是漢武帝時負責農業工作的大農令鄭當時。

鄭當時說，從前關東漕運的糧食，都是經由渭河運來長安的，這中間有兩個問題：一個是費時間，算起來漕運一回要花六個月；第二個是水道條件差，渭河用於漕運的河道，因為曲折過多，長達九百多里，而且常常有漕船難行的地方。因此他建議，引渭水修一條人工渠，起點在長安，向東沿著與渭河平行的南山，一直修到與黃河連接的地方。這條渠的優點是，雖然與渭河基本平行，可走的是直線，而且容易漕運，所以算下來，漕運一回只要花三個月的時間。再說，渠如果修成了，渠旁邊的一萬多頃民田，還可以用渠水來灌溉。

鄭當時把他這個建議的要點，歸結為「損漕省卒」四個字，也就是既減少了漕運的時間，又省下了運糧的人工，加上外帶還能使關中土地更加肥沃，增加出產。這建議自然獲得了漢武帝的批准，並當即「令齊人水工徐伯表」，也就是召來山東籍的水利工程師徐伯勘探測量，就此開始動用數萬人修渠，時在漢武帝元光六年（西元前一二九年），而漕渠修成，又是三年之後的事了。

渭河漕運的問題解決後，上游的黃河漕運問題，也被提了出來。據〈河渠書〉記載，這回給朝廷打報告的，是河東太守番係。

番太守報告的開頭，講的是「漕從山東西，歲百餘萬石」。這句話裡有兩個名詞，需要先解釋一下。第一個是「山東」。「山東」作為一個區域地名，是有一段古今變化的：今天我們熟悉的山東省一帶，大約是從明代設山東布政司開始的；明代以前，南宋跟金代對峙時期，金人是以北宋的京東西二路，為山東東西二路的；再往前，北魏到五代時期，是以太行山以東為山東；更前面的戰國秦漢時期，則通稱崤山或華山以東為山東——最後這個，也就是番係所謂的「山東」。第二個是「石」。「石」是傳統的計量單位，後來也寫成挑擔子的「擔」。舊式算法，一石相當於一百二十市斤，也就是六十公斤；而在漢代，一石等於十斗。

按照番太守的介紹，這一年上百萬石也就是六千多萬公斤的糧食，從崤山或華山以東的中原地區經由黃河向西漕運，經歷砥柱山的艱險，損失慘重，也花費太大。因此他也建議修建人工渠——但目的不是漕運，而是灌溉。

番太守的設想是這樣的：從華山北面黃河的支流汾水，引水開渠，去灌溉汾水南邊的皮氏和黃河東側的汾陰；同時又從黃河引水開渠，去灌溉汾陰以及與汾陰同處黃河東側，而位置更南的蒲坂。這三個地方受渠水灌溉的土地，算下來大概有五千頃；而這五千頃本來全都是黃河邊上廢棄不用的空地，老百姓只是在那裡割草放牧，現在把它們灌溉了，全部變成了農田，那麼一年的收成，大概有二百萬石以上。這樣糧食直接經由渭水運往長安，就和關中自產的沒有什麼區別，而黃河砥柱以東，就可以不用再實施漕運了。

番太守的這一建議，比之前鄭當時的建議，更具遠見。關中雖在秦漢時期已成為名副其實的政治中心，但經濟上卻一直要依靠關東地區，黃河與渭河的漕運之所以重要，就在於此；而相比之下，函谷關以東黃河的漕運，尤其重要。番係的建議，表面上看只是一個巧點子，是用灌溉廢地的收成，來抵沖黃河漕運的糧食。而其背後的實際涵義，卻是立足關中本位，尋求從根本上解決首都地區對關東經濟依賴的大問題。

但是計畫趕不上變化。番太守的點子雖好，漢武帝也明白其價值，很快批准實施，但這點子本身，卻包含了一重提議者沒有考慮到的因素：黃河水患。現實的結果是：渠修好了，田也灌溉了，但是黃河卻改道了。黃河一改道，渠就不行了；渠不行了，農民連在渠下播種的本錢也收不回了。

一九七九年，在山西發現了「蒲反田官」器（「蒲反」就是蒲坂），據考就是當年番太守動議修建河東渠時所用的量器，它的容量，為漢制八升。[2]番太守失敗的修渠計畫，留下的痕跡，似乎只有這只量器了。

或許是漕運這題目在漢代太出彩了，鄭當時、番太守之後，著名的酷吏張湯，也在〈河

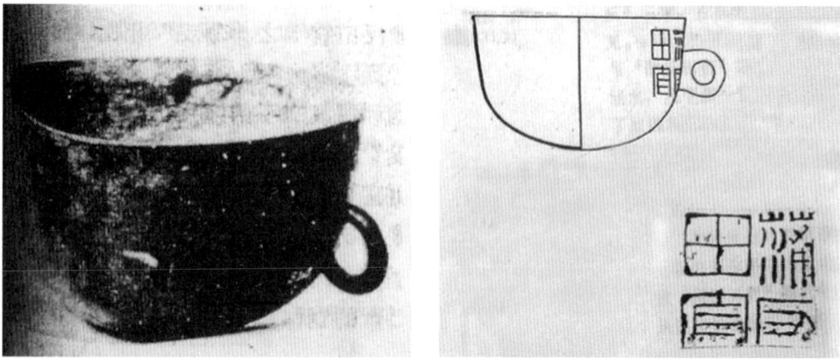

「蒲反田官」器原件、側視圖和銘文拓片

渠書〉裡粉墨登場，給漢武帝出起了主意。

張湯的主意並非來自他本人。說是有一位不知何方的人士，上書朝廷，建議修建溝通褒水和斜水之間山路的褒斜道，並提到了相關的漕運問題。這上書下發到當時擔任御史大夫的張湯手裡，張湯或許是看出辦成這事於己有利，就曲意迎合這上書裡提出的建議，並因此給漢武帝作了一番詳細的解釋。順便說一下，〈河渠書〉裡的這段話裡，有張湯「問其事」三個字，清代學者王先謙在所著《漢書補注》裡說，這個「問」字，應當是個「阿」字，「阿」就是迎合的意思。

看地圖就可以知道，修建褒斜道最實際的用途，是更方便快捷地溝通長安與西南巴蜀的聯繫。所以張湯的解釋，就從抵達巴蜀的「故道」說起。所謂「故道」，是從長安沿著渭水向西，經過著名的陳倉，轉而南下，直通蜀地的一條旱路。這條路據張湯說，是「多阪」且「回遠」，也就是既多山坡，又曲折路遠。相比之下，如果打通褒斜道，則不僅可以少走山路，而且要比走故道近四百里。

修褒斜道的好處，還不止於此。張湯接著給漢武帝描述了一幅嶄新的漕運藍圖：褒水是跟渭水南面的沔水相通的，斜水則直接與渭水相通，沔、褒、斜、渭四水都可以行船漕運。假設漕運的糧食，從河南南陽出發，經過育水，送到沔水，再向西一直運到褒水，到了褒水的「絕水」也就是源頭，沿著新修的褒斜道，大約不過百餘里的路程，用車輛轉運，接著到斜水再走水路，沿渭河直抵長安，「如此，漢中之穀可致，山東從沔無限」，也就是說，漢中郡一帶的糧食可以順利地得到，而華山以東地區經由沔水西行的漕運也可暢通無阻。張湯因此特別強調：這是一條比走砥柱更方便的漕運之路！

這樣美麗的藍圖，漢武帝自然是不能不批准了。張湯的好處也隨之而來——他的兒子張卬得封漢中太守，發動幾萬人修建的褒斜道工程由此拉開序幕。

褒斜道修成了，五百里的路程，比原來走故道著實是近了。但相關的水道中，到處是激流亂石，其實根本無法漕運。

順便可以一提，〈河渠書〉所記張湯的這段高論裡，有一句話涉及漢代人的地圖方位，

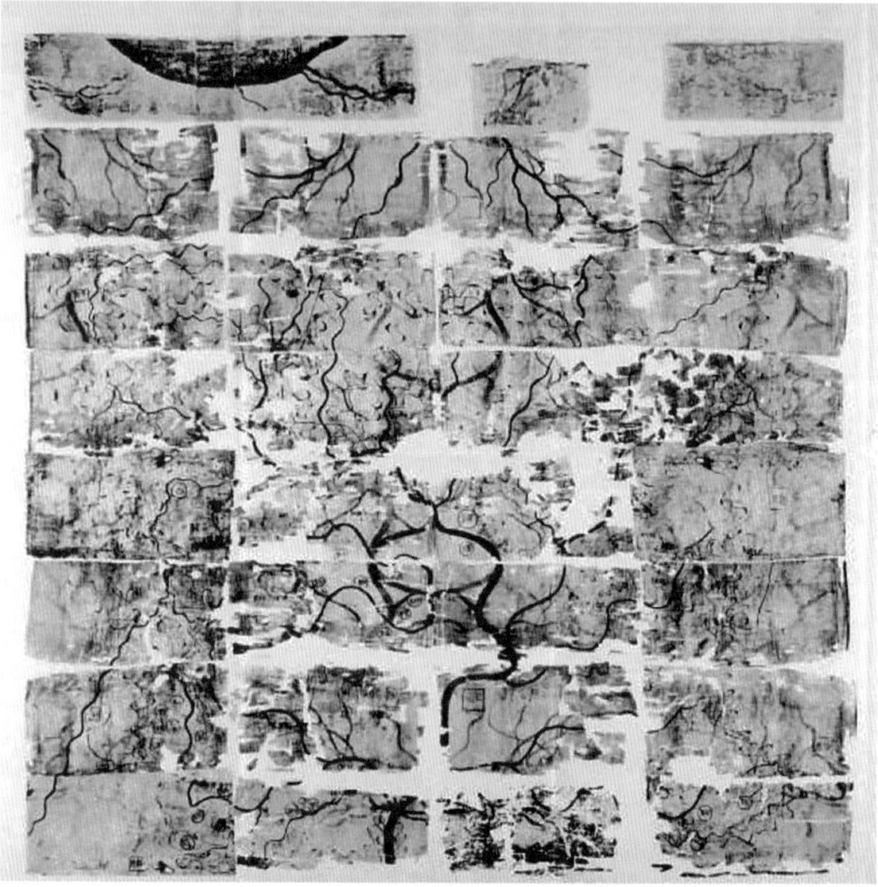

長沙馬王堆三號漢墓出土西漢地圖（上南下北）

就是：「漕從南陽上沔入褒，褒之絕水至斜，間百餘里，以車轉，從斜下下渭。」以今天通行的上北下南方位說，從南陽到沔水是下行，從斜水到渭水是上行，而漢人卻相反，說明當時通行的地圖方向，南和北，跟今天正好是顛倒的。

由於漕運計畫一再失敗，張湯之後，〈河渠書〉裡就不再有人建議此事了。但在中國經濟制度史、交通史和水利史上，漕運是一個經久不息的話題。漕運運什麼？運糧食和物資；運到哪裡去？運到首都去。這種經由自然水道和人工水道，長距離運送糧食和物資的政府行為，只有在大一統的王朝政體中才能實現，所以漕運是從秦漢才開始出現的。但我們看〈河渠書〉裡寫的這三個西漢前期的漕運案例，成功的只有局部性改進的鄭當時計畫，番係和張湯的計畫，或者因自然條件未考慮周全而擱淺，或者因個人人品問題而泡湯，而根本的原因，其實是這些主事者沒有（更確切地說是無法）從中國自然地理的大視野去考慮問題。中國地理的西高東低，決定了河流的基本走向是「一江春水向東流」，所以用行政手段實施的向西漕運計畫，是一種逆勢而上的做法，必然困難重重。西漢以後，中國歷代王朝的首都之所以有不少設在東部，原因很多，而漕運相對便利，恐怕也是客觀原因之一。

最後順便提一下，因為《史記．河渠書》所寫的故事，涉及修渠與漕運，有實際的應用價值，所以在漢代頗受重視。據《後漢書》記載，東漢時候有一位名叫王景的治水名臣，因為修建了一處名為浚儀的水渠，有功勞，得到了漢明帝的嘉獎，而獎品之一，就是當時還難得一見的《史記》的單篇〈河渠書〉。

〈河渠書〉（下）

——一條大河波浪寬，洪水來了就翻天

上一節我們講〈河渠書〉，說〈河渠書〉寫水利制度，主要是兩條線，一條是治理黃河水患，一條是修渠和漕運。上一節主要講了後一條線，修渠和漕運；這一節我們講前一條線：治理黃河水患。

黃河水患在中國歷史上由來已久。〈河渠書〉開頭講大禹治水，「然河菑衍溢，害中國也尤甚」這一句，以及下面的文字，就是專門討論大禹治黃問題的。

首先應當指出，「河」在中國傳統語境中的本義，是特指黃河；而「中國」的概念，此時尚指黃河流域的華夏族活動區域。現在通行的指稱我國全部領土的「中國」概念，起源於十九世紀。

其次值得注意的，是〈河渠書〉描繪的大禹治黃路徑，幾乎涵蓋了當時人所知的整個黃河流域。它西起早期中國人所以為的黃河源頭——積石山（今阿尼瑪卿山），途經司馬遷家鄉附近的龍門，再南下到華山北面的華陰，轉而東下，過三門峽附近的砥柱山，出孟津、雒汭，又直抵東北方向的河南大邳山，聯繫下面提到的「廝二渠」，以及「播為九河，同為逆河，入於勃海」，也就是先分黃河下游河道為兩支，再分主河道為數支，這數支河水入海前，河口一段均受潮汐的倒灌，所以就以「逆河」的形象歸入渤海——順便說一下，這「逆河」學術界有不同的解釋。我這裡是根據復旦大學歷史地理研究所的老所長譚其驤先生的論文〈西漢以前的黃河下游河道〉中有關考證來寫的[1]——顯然，能夠在上古極為不便的交通條件下，完成如此長距離的跋涉，並成功地治理水患的，不是一個人，而是一位神。換句話說，大禹在這裡更可能只是一個象徵；面對黃河洪水的數度氾濫與改道，先民的長時段搏鬥，最終獲得華夏族平安的局面，才是常留在中國人心中的集體記憶。

講了大禹治黃，司馬遷在〈河渠書〉裡花了更多的篇幅，來講他身處的漢代的黃河水利形勢。

但一開場，就又是發大水。漢文帝十二年（西元前一六八年），黃河在東郡酸棗地方決

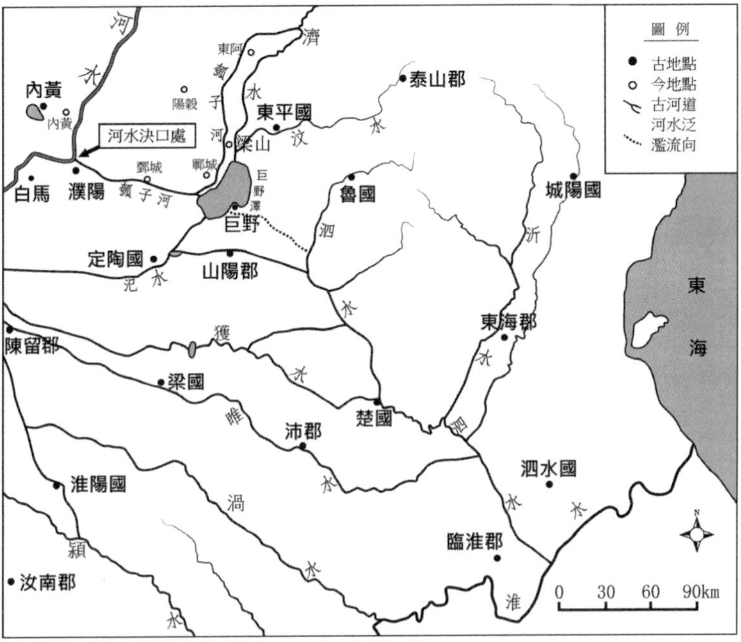

瓠子決口示意圖

口，衝垮了號稱金堤的千里堤，對司馬遷來說還是歷史。約四十年後，準確地說是三十六年後的漢武帝元光三年（西元前一三二年），黃河在酸棗以東的瓠子發生大決口，則已是司馬遷記憶中的事了。

瓠子河本是黃河的一條小支流，最初它從今天河南濮陽的南部分黃河水，向東流經今天的山東鄄城、鄆城、梁山、陽穀、阿城等地，注入濟水。元光三年（西元前一三二年）的瓠子決口，使得黃河洪水沿著瓠子河向南衝破巨野大澤，一直漫到了淮河與泗水流域。

漢武帝當時特派前往處理洪災事務的，是汲黯和鄭當時。汲、鄭二位都是漢景帝時就做官的老臣，都有廉潔的好名聲，又是好朋友；不同的是汲黯個性剛毅，時常犯顏直諫，而鄭當時平生好客，在皇帝跟前卻從不亂說。《史記》有〈汲鄭列傳〉一篇，專記兩位的事蹟。推考起來，汲黯這時擔任的是主爵都尉，而鄭當時好像是右內史。兩個職位，都在「九卿」之列，但汲、鄭二位當時可以動用的人工，卻只是一幫刑事犯，所以堵瓠子缺口沒多久，黃河還是氾濫。

但其實黃河的屢治不成，除了因為是天災，還由於有人禍。這人禍，便是武安侯田蚡。田蚡何許人也？他是漢武帝的親舅舅，當朝丞相。這位田丞相的來路與做派，司馬遷在《史記》的〈魏其武安侯列傳〉裡有極為生動的描寫。說是此人雖然長相抱歉，但仗著自己是王太后的哥哥，花天酒地，驕橫貪財，有時連做皇帝的外甥也奈何他不得。後來他和魏其侯竇嬰搞權力鬥爭，最終搞到兩敗俱傷，也算是咎由自取。

據〈河渠書〉記載，當時田蚡的「奉邑」在黃河北岸一個名為鄃的地方。黃河在南邊決口，則北面的鄃就不會遭水災了，沒水災自然收成就多了。所以田丞相特意跟漢武帝說：

「長江、黃河發生決口，那都是老天已經安排好的事，恐怕不容易用人力去強行給它塞住，就是塞住了也不一定合乎天意。」田丞相是漢武帝的親舅舅，加上一旁還有些望氣算命的方士幫腔，外甥皇帝竟言聽計從，連著好幾年都不管河災的事情了。

那麼，田蚡為什麼這麼看重他「奉邑」的收成呢？這還得從什麼是奉邑講起。奉邑又稱「食邑」、「采邑」，原是古代諸侯封賜給自己屬下的卿和大夫的，它們是永久性的俸祿，包含了一個特定區域內的田地、城池以及農民。封賜奉邑之法，至晚在周代已經頗為盛行，戰國秦漢時期雖不再世襲，甚至受封者在奉邑內也不再有統治權，但奉邑的大小與爵次高低相配，奉邑內的賦稅全部充當受封者的食祿，卻是一直延續下來了。

說白了，到了漢代，皇帝給有侯、伯等爵次的屬下以奉邑，實際上就是以當時最實用的辦法，給這些達官貴戚發高薪。只是這高薪是會隨著老天的脾氣變化的，如果某人的奉邑正在洪水路過的道上，則田地被毀，賦稅收不上來，那也只好自認倒楣。如此說來，田丞相怎麼可以容忍已經漫出黃河南岸的洪水，在被堵上缺口後，又改道跑到河北岸來毀他的好收成呢！

就這樣，從元光三年（西元前一三二年）黃河在瓠子發生大決口，漢武帝因為舅舅丞相田蚡的原因不予治理，又過去了二十多年。

黃河水患長期得不到治理，最直接的結果，是漢朝的農業連續多年未出現豐收，而黃河下游兩岸，北方的梁地與南方的楚地，影響尤其嚴重。這時節漢武帝已經非常喜歡玩「封禪」一類的政治遊戲了——所謂「封」，就是在泰山上築土為壇祭天；所謂「禪」，就是在泰山下的梁父山上辟場祭地。合起來的「封禪」，就是指帝王級的祭祀天地儀式——封禪後一年又碰巧遇上乾旱，「乾封少雨」。所謂「乾封」，就是帝王封禪後要讓老天連續三年不下雨，以便晒乾祭壇上的土。漢武帝大概覺得這是天意，所以命令汲仁、郭昌兩位大臣動用數萬人堵塞黃河瓠子的決口。不僅如此，他還親自出馬，在萬里沙祈禱之行結束後，特意御臨瓠子決口，在黃河裡放沉白馬與玉璧，以表示自己治理黃患的決心。由於情況危急，更由於此時的漢武帝一心要彰顯他封禪的效力，他下令：隨行的大臣官僚，凡將軍職位以下的，一律都要親自背柴草填黃河決口！

當時東郡地方通行燒草為炊，所以柴草奇缺，不得已就把淇園的竹子也都砍了，來做一種名為「楗」的大型堵水工具。這淇園在春秋衛國境內，位於今天河南淇縣，《詩經‧衛風》有〈淇奧〉三章，起首「瞻彼淇奧，綠竹猗猗」詠歎的，就是淇園聞名於世的竹林勝景。「楗」據《史記索隱》的解釋，是「樹於水中，稍下竹及土石也」，而「楗」字以「木」為偏旁，則推想起來，它應當是先在水中打木圍樁子，然後向圍中投竹竿和土石，以此逐步堵住黃河缺口——意味深長的是，一九九八年長江發生百年未遇的特大洪水，八月七日，江西九江段長江堤岸因洪水引發六十米大決口，有關方面採用「框架結構土石組合壩技術」成功加以封堵。而我們看當時的新聞報導，該項堵決口技術的基本原理，其實是以植入鋼管木架加投土石為基礎的，這不就是漢代的「為楗」法嗎？[2]

但即使漢武帝親臨瓠子決口前線，黃河卻仍不見臣服。武帝悲從中來，寫了兩首樂歌，後來通稱為〈瓠子歌〉。兩首歌中的第一首，文辭悲愴而疊用口語，帶有一代天子少見的絕望色調；第二首情緒稍顯激昂，文辭也略見韻味。這第二首寫作的時間，由最後兩句看，應該在瓠子決口被堵，決口遺址上建起了著名的紀念性建築宣房宮以後。因為那最後兩句唱的是：「頹林竹兮楗石菑，宣房塞兮萬福來」，意思是：伐光樹木竹林呵打下盛石樁柱，宣房決口塞住呵迎來萬千幸福。

漢武帝的這兩首〈瓠子歌〉裡，都提到了一位黃河水神「河伯」：第一首裡說的是「為我謂河伯兮何不仁」，第二首裡是「河伯許兮薪不屬」。在《史記．滑稽列傳》的末尾，記

宮而道河北行二渠以復禹舊迹而梁楚之

地復寧無水災自是之後用事者爭言水

利朔方西河河西酒泉皆引河及川谷以溉

田而關中輔渠靈軹（如淳曰地理志盩厔有靈軹渠也）引堵水

（徐廣曰一作諸也）汝南九江引淮東海引鉅定（瓚曰鉅定澤名）泰

山下引汶水皆穿渠為溉田各萬餘頃佗川

渠陂山通道者不可勝言然其著者在宣

房

太史公曰余南登廬山觀禹疏九江遂至于

會稽太湟（徐廣曰一作湟）上姑蘇望五湖東闚洛

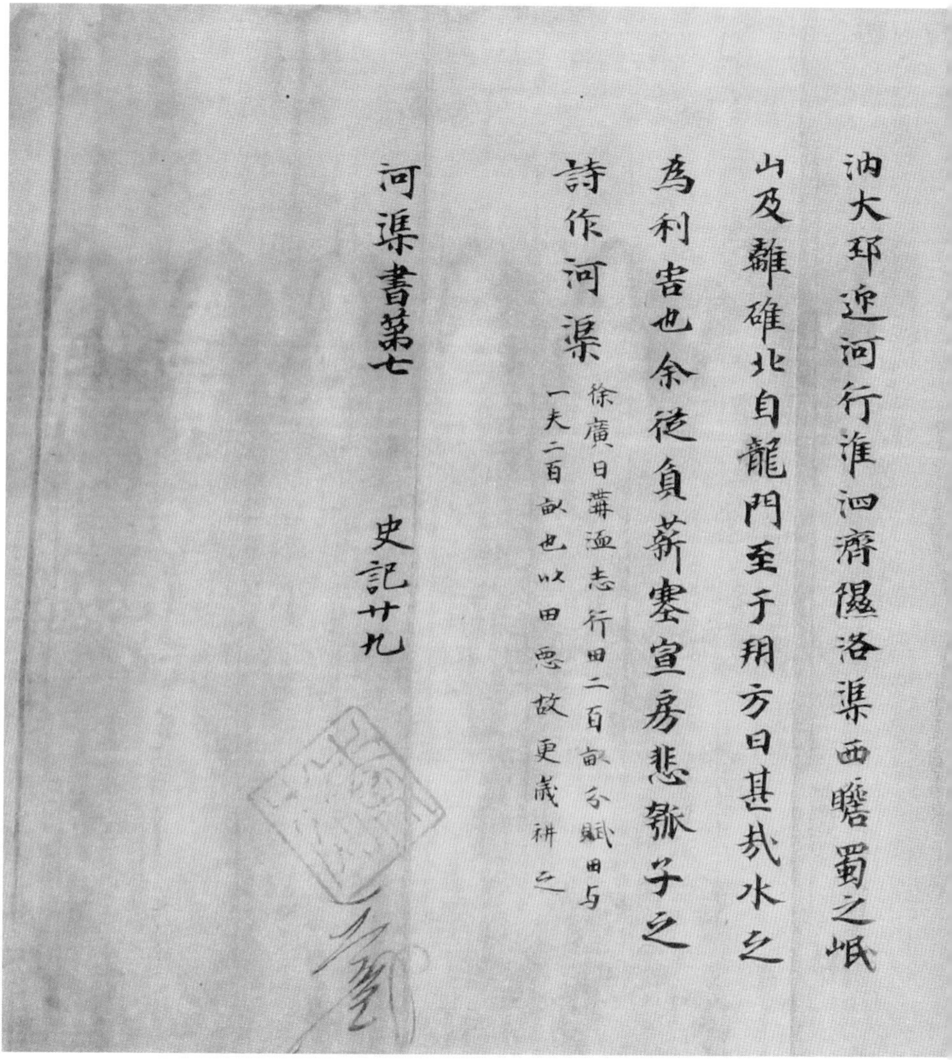

汭大邳逆河行淮泗濟漯洛渠西瞻蜀之岷山及離碓北自龍門至于朔方曰甚哉水之為利害也余從負薪塞宣房悲瓠子之詩作河渠徐廣曰溝洫志行田二百畝分賦田与一夫二百畝也以田惡故更歲耕之

河渠書第七　史記廿九

唐寫本《史記・河渠書》卷尾（日本神田香岩舊藏）

有戰國時魏國的西門豹治鄴，當地也流傳河伯娶媳婦的習俗。河伯的來歷，據《史記正義》說，是華陰潼鄉人，姓馮，名夷，因為在黃河裡洗澡，溺死了，就成了河伯。這種傳說是否可靠，已無法證實了。但在《山海經》的〈海內北經〉裡，已經有「冰（馮）夷」的名字，據說長了一張人臉，乘著兩條龍，可知作為水神的河伯，淵源是非常悠久的。不過有意思的是，這位乘著兩條龍的河伯，他的重要地位，在後來的中國諸神譜系中，卻被一位新的法力更為廣大的水神「龍王」所取代。而究其緣由，可能和東漢以後佛教的傳入有關。此外，歷代各靠近江河湖海的地區，多建龍王廟，俗語又有「大水沖了龍王廟」一類的說法，卻不見河伯廟，河伯至多不過在龍王廟裡當「伴郎」，由此看來，漢代以後「土鱉」河伯的地位，顯然要比後來的海外引進人才龍王低很多了。

瓠子決口的勝利堵住，無疑是漢代黃河水患治理的最大成就。漢朝廷以此乘勝前進，將黃河向北流的河道一分為二，大致恢復了傳說中大禹治水的舊跡，而梁、楚之地也終於恢復寧靜，不再為水災所苦。

瓠子決口的勝利堵住，也惹得一班大臣再度爭談水利之事，當然實際的開渠灌溉，倒也著實成就了不少。其中像關中的靈軹渠，在後代就影響深遠。

「水利」一詞，在《史記》以前，多解釋為水產魚蝦之利。比如戰國末期秦國丞相呂不韋集合門客編撰的《呂氏春秋》裡，有《孝行覽·慎人》篇，篇中講舜登天子位之前的情形，有「以其徒屬掘地財，取水利」等等的話，其中「取水利」的「水利」，就是指水產魚蝦之利。只有到了〈河渠書〉，「水利」才被明確賦予治河修渠等工程技術的專業性質，後來漢語中歷代相傳的「水利」概念，也是源出於此。

〈河渠書〉以黃河瓠子決口的最終堵住，並在其上修建宣房宮而告結束。儘管有一個光明的尾巴，但在最後一段的「太史公曰」裡，司馬遷帶給讀者的，仍是一份揮之不去的沉重悲嘆。他自然是個上南下北、走東闖西的好漢，見多識廣，但從歷史到現實，水使他最感驚怵的，還是那利弊兼具、難以捉摸的極端本性。又由於他在漢武帝親臨瓠子時，也曾應命趕赴黃河，背著柴草堵決口，這難得的經歷，想必一定使他對水利乃至自然環境與中國政治的糾葛與關聯，有了一層更深切的體悟。他讀皇帝陛下的〈瓠子歌〉，讀出來的，一律是悲意，或許正說明，在他看來，河渠水利之事，即使千秋萬代之後，仍將是中國人難以克服的宿命。

〈平準書〉
——宏觀調控在漢朝

《史記》八書的最後一篇，是〈平準書〉。篇名裡的「平準」二字，字面意思是平衡秤準。它是漢朝出現的新名詞，但這新名詞並不是司馬遷首創的，而是漢武帝元封元年，著名的經濟官員桑弘羊發明的。而它所指向的，是一種經濟制度上的頂層設計，一種官方的宏觀調控政策。

〈平準書〉開篇，並沒有直奔主題，細說這一宏觀調控政策，而是繞了一個大圈，先說漢朝初期的經濟形勢。

漢朝初期的經濟，是一種怎樣的形勢呢？兩個字：一個是「窮」，一個是「亂」。是怎麼個窮法呢？〈平準書〉裡寫了，就是：皇帝的專車，都找不齊四匹同樣顏色的馬；將軍和

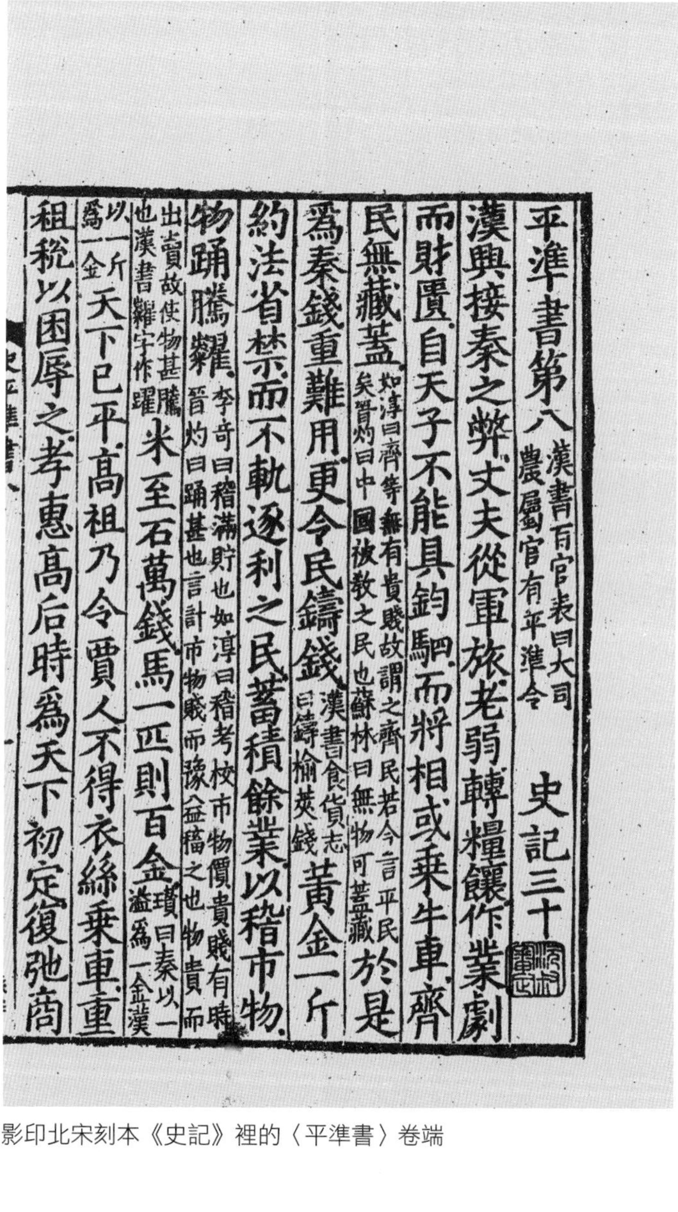

平準書第八 漢書百官表曰大司農屬官有平準令 史記三十

漢興接秦之弊丈夫從軍旅老弱轉糧饟作業劇而財匱自天子不能具鈞駟而將相或乘牛車齊民無藏蓋 如淳曰齊等無有貴賤故謂之齊民若今言平民矣晉灼曰中國被教之民也蘇林曰無物可蓋藏 於是爲秦錢重難用更令民鑄錢 漢書食貨志曰鑄榆莢錢 黃金一斤約法省禁而不軌逐利之民蓄積餘業以稽市物物踊騰糶 李奇曰稽滿貯也如淳曰稽考校市物價貴賤有時晉灼曰踊甚也言計市物賤而豫益稸之也物貴而出賣故使物甚騰也漢書糶字作躍 米至石萬錢馬一匹則百金 瓚曰秦以一溢爲一金漢以一斤爲一金 天下已平高祖乃令賈人不得衣絲乘車重租稅以困辱之孝惠高后時爲天下初定復弛商

影印北宋刻本《史記》裡的〈平準書〉卷端

丞相，有時出行只能坐牛拉的車；普通老百姓更不用說了，家裡沒有任何的積蓄。那麼，又是怎麼個亂象呢？〈平準書〉說，不走正道、追逐盈利的一幫小民，囤積多餘的貨物，觀察市場的價格走向，等到價格走高了就出手，結果導致大米每石漲到一萬錢，買一匹馬竟要花一百斤黃金。[1]

對此從高祖劉邦開始，一方面治亂，矛頭專門對準商人，規矩之苛刻，甚至規定到不准商人穿絲織的衣服，不准商人配備專車，並課以重稅；另一方面治窮，主要是注意全民賦稅與政府開支的合理有度。治窮，在後高祖時代的漢惠帝、呂太后時期做得最有章法，就是〈平準書〉裡寫的「量吏祿，度官用，以賦於民」，意思是核算官吏工資，估算政府開支，然後向百姓徵收賦稅。而此時的漢朝，名義上是統一的國家，事實上經濟方面的開銷需要中央政府負擔的部分並不多。因為〈平準書〉說了，上自天子下到受封的侯王，都是由私人食邑收入供養著的，不用公家的賦稅負擔，「不領於天下之經費」。順便說一下，今天我們在職人員都非常熟悉的「經費」一詞，最早就是出自這裡的。

不過到了文帝時期，因為沒有解決貨幣問題，加上有匈奴外患，邊疆屯守的兵力增多，而糧食不足，政府窮的問題再度暴露出來。於是就出現了成語「賣官鬻爵」裡的「鬻爵」政策。具體做法是募集民眾中願意向北部邊疆地區輸送糧食或者轉運糧食的，給他們相應的爵位，最高可以到大庶長。

〈平準書〉裡沒有具體說明提出這一輸糧換爵位的「鬻爵」政策者是誰。在《漢書》的〈食貨志〉裡，可以知道，給文帝出此下策的，是晁錯。

景帝時期因為天災，繼承了文帝的「賣爵令」。大概是為了迅速獲得政府必需的資金，居然還打折出售爵位。

這樣終於熬到了漢武帝時期。漢朝有錢了。

漢武帝時期怎麼個有錢呢？〈平準書〉裡有一段生動的描寫，至今依然經常被引用。它是這樣寫的：「至今上即位數歲，漢興七十餘年之間，國家無事，非遇水旱之災，民則人給家足，都鄙廩庾皆滿，而府庫餘貨財。」

意思是到我們皇上登基以後，過了幾年，這時候漢朝已經建立了七十多年了，國家沒出亂子，只要不是遇上水災和旱災，老百姓家家戶戶都很富足，城市鄉村倉庫都滿滿的，而國庫裡有好多積累剩餘的錢。一句話，總體形勢好啊。

接下來是寫首都：「京師之錢累巨萬，貫朽而不可校；太倉之粟陳陳相因，充溢露積於

漢文帝時的五銖錢

外，至腐敗不可食。」不得了，京城裡積攢的錢巨多，多得都要以萬為單位來算，串錢的繩子朽爛，錢幣散落數都數不過來；而太倉，也就是京城貯藏糧食的大倉，裡面儲藏的粟米，舊米加新米，層層疊疊，多得都堆積在糧倉外面，甚至都腐爛了，沒法吃了。

鏡頭再搖到市井街道：「眾庶街巷有馬，阡陌之間成群，而乘字牝者儐而不得聚會。」馬是當時最好使也最貴重的交通工具，相當於今天的小轎車。所以這段話翻譯成現代版，就是一般平民生活的街道巷子裡面到處可以看到小轎車，縱橫道路之間有成群的車在開著，而如果你開的是輛普通的國產車，你會被人看不起，不讓你跟他們一起混——這段話裡的「乘字牝者」四個字

漢代畫像磚裡的單騎馬車

中，「字牝」是指會懷孕的母馬。所謂「乘字牝者儐而不得聚會」，是因為當時騎馬，都以騎一匹雄健的公馬為榮。

再接下來，是寫社會風氣：「守閭閻者食粱肉，為吏者長子孫，居官者以為姓號。故人人自愛而重犯法，先行義而後絀恥辱焉。」意思是做地方官吃香的喝辣的，有個一官半職的就想著留給子孫，這樣慢慢地，因為世世代代都做同樣一個官，這官名也就成了他們家的姓氏。不過也因此人人都比較愛惜自己的名聲，把犯法的事看得很重，而做事也總是首先考慮仁義，貶斥恥辱之事。

不過這樣的環境，也會導致另一種後果，那就是接下來的這一段：「當此之時，網疏而民富，役財驕溢，或至兼併豪黨之徒，以武斷於鄉曲。宗室有土公卿大夫以下，爭於奢侈，室廬輿服僭於上，無限度。」意思是這個時候，法網寬舒而百姓富有，因為有錢，所以花錢任性，滋生驕傲，甚至有地頭蛇一類的豪強，用武力壟斷鄉村政治；從皇家宗室和受封土地的公卿大夫以下，各階層都爭著比誰更奢侈，房子、車輛和服飾也都僭越規制，超過了皇上，還沒有停止的跡象。

最後司馬遷寫道：「物盛而衰，固其變也。」意思是任何事物盛到極點就會走向衰敗，這原本就是它變化的常態。

因為有了這樣的鋪墊，〈平準書〉接下來寫漢武帝時期的經濟政策，就相對而言比較容易理解了。

這個時候的漢武帝，是個什麼心態呢？和上面我們引用的那一段裡的漢朝人沒什麼兩樣，也就兩個字：驕傲。簡單地說，因為不差錢，所以漢武帝總有一種想幹點啥的衝動。幹啥好呢？打仗。他派兵南征北伐，今天攻匈奴，明天打南越，就想用父祖積累的鉅款和前赴後繼的軍人，堆出一個強國來。

另一方面，他下面的那些達官豪強由於不差錢——因為錢是可以私人鑄造的——又養成了僭越的習慣，所以當武帝因為連年打仗，國庫開始空虛的時候，並沒有一批人站出來為他分憂。所以武帝又只好沿著他爹和他爺爺的老路走——賣官鬻爵。他甚至比文景二帝走得更遠。〈平準書〉裡記的是：「入物者補官，出貨者除罪，選舉陵遲，廉恥相冒，武力進用，法嚴令具。興利之臣自此始也。」意思是拿東西來孝敬官家的，就可以候補官員；願意獻出貨物的，還可以免除罪罰；如此一來，官員正軌的選舉管道就名存實亡了，而人會變得不知廉恥，專靠強勢上位，法律雖然嚴酷，而實際僅成具文，形同虛設。最要命的，是專注於盈利的一班大臣，從此開始登場了。

司馬遷所謂「興利之臣」，主要有三位：一位是齊國大鹽業主出身的東郭咸陽；一位是南陽開冶鐵廠的大老闆孔僅；還有一位，是來自洛陽的會計師桑弘羊。桑會計師也出身商人家庭，因為數學成績好，擅長心算，十三歲小小年紀，就被選拔進京參加經濟方面的工作了。

東郭咸陽和孔僅給漢武帝出的主意，是鹽鐵國有化。而桑弘羊則後來居上，提出的建議，是更具有長久影響的「均輸」和「平準」兩道計策。

「均輸」和「平準」是互為關聯的兩項政策。它們的起因，據〈平準書〉說，是因為中央政府各部門在物資採購方面各自為政，互相之間還競爭，結果造成物價上揚；與此同時各地運往京城的物資的價值，有些還抵不上它們的運費。因此桑弘羊提出的方案，是要求皇帝同意主管全國經濟的大農部，新增設幾十位部丞，分管各個郡國，而在縣級單位，則設置均輸鹽鐵官，然後下令遠方原本需要向京師貢獻的物品，按照最貴時候商賈所轉運販賣的價格折價進貢，而物品本身則由各地的均輸官負責轉運到價高的地方銷售，這就是所謂的「均輸」。另一方面，大農所屬的各級機構掌控全國的貨物，看到價格高時就賣出來，價格低了又買進去，如此一來，富商大賈就無法謀取大利，只能返歸農業，而所有的物價也不會暴漲暴跌，這就是所謂的「平準」。

得到漢武帝批准的均輸、平準之策，與鹽鐵國有化，以及打擊中小商人和向全民徵稅的「算緡」、「告緡」制度一起，對於漢朝朝廷而言，當然是有重大意義的，因為中央政府終於可以控制財政全域了，漢武帝也不愁沒錢花了。但這樣的制度，換一個角度看，也存在著致命的問題，那就是它的出發點，是不惜任何代價保證錢物向京城，尤其是皇家集中，甚至可以採用「令吏坐市列肆」，也就是官員直接進市場做生意，這樣的奇葩做法來斂財，在價值觀的層面引起的社會混亂，可想而知。

因此〈平準書〉裡唯一以傳記的筆法書寫的人物——卜式，也就是那位自願把錢捐獻出

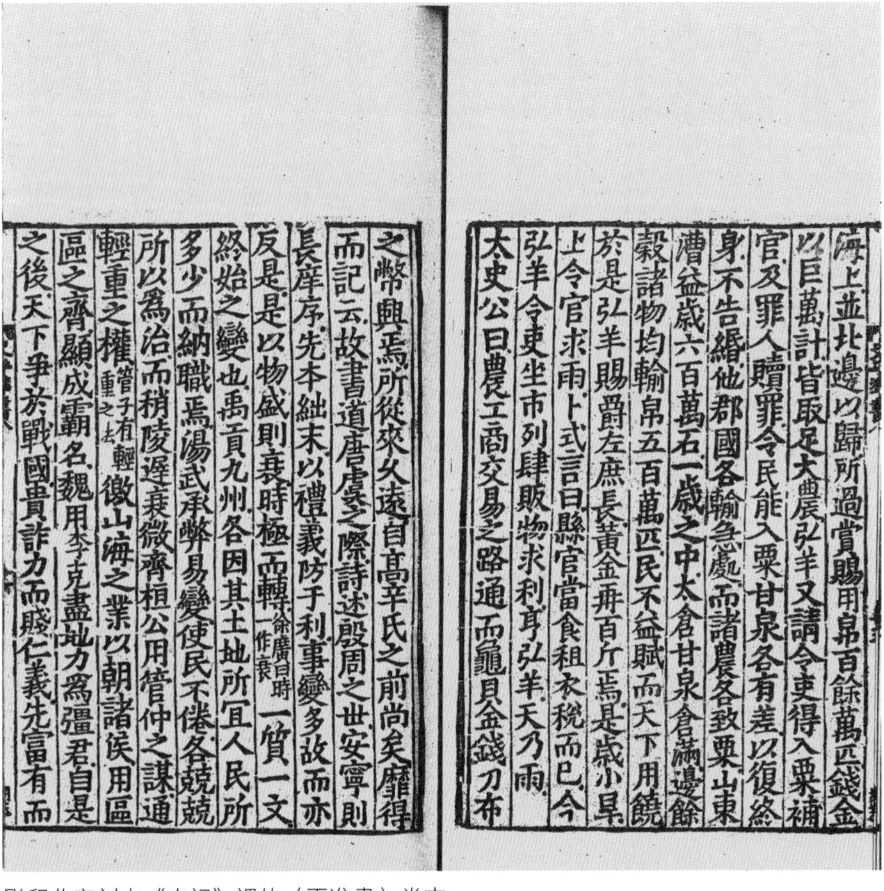

海上並北邊以歸所過賞賜用帛百餘萬匹錢金
以巨萬計皆取足大農弘羊又請令吏得入粟補
官及罪人贖罪令民能入粟甘泉各有差以復終
身不告緡他郡國各輸急處而諸農各致粟山東
漕益歲六百萬石一歲之中太倉甘泉倉滿邊餘
穀諸物均輸帛五百萬匹民不益賦而天下用饒
於是弘羊賜爵左庶長黃金再百斤焉是歲小旱
上令官求雨卜式言曰縣官當食租衣稅而已今
弘羊令吏坐市列肆販物求利亨弘羊天乃雨
太史公曰農工商交易之路通而龜貝金錢刀布

之幣興焉所從來久遠自高辛氏之前尚矣靡得
而記云故書道唐虞之際詩述殷周之世安寧則
長庠序先本絀末以禮義防于利事變多故而亦
反是是以物盛則衰時極而轉徐廣曰時一作衰一質一文
終始之變也禹貢九州各因其土地所宜人民所
多少而納職焉湯武承弊易變使民不倦各兢兢
所以為治而稍陵遲衰微齊桓公用管仲之謀通
輕重之權管子有輕重之法徼山海之業以朝諸侯用區
區之齊顯成霸名魏用李克盡地力為彊君自是
之後天下爭於戰國貴詐力而賤仁義先富有而

影印北宋刻本《史記》裡的〈平准書〉卷末

來，還不要做官的明智商人，在某年漢武帝因天有小旱而求雨時，對漢武帝說：「縣官當食租衣稅而已，今弘羊令吏坐市列肆，販物求利。亨弘羊，天乃雨。」意思是地方官員本來應該是拿來自賦稅的正常的工資生活的，現在桑弘羊卻讓他們到市場裡去擺攤，透過販賣貨物謀求利益。要把這桑弘羊煮了，天才會下雨。也是這位卜式，在漢武帝硬要派他個宮廷羊倌做時，拿養羊作比喻，勸導漢武帝說：「不只是養羊，管人也是一樣的。按照合適的時間工作和歇息，惡的傢伙要馬上開除，不要讓他們害了整個群體。」

與後世正史裡的〈食貨志〉不同，我們看司馬遷的這篇〈平準書〉，有兩個比較明顯的特點，一個是雖然是談經濟甚至談貨幣制度，但是司馬遷好像不那麼重視數字，寫出來的經常是大約數，比如「凡百餘巨萬」、「費亦各巨萬十數」；另一個是圍繞著經濟，他寫了不少經濟以外的問題，比如對有不同意見的官員顏異的誅殺，導致其他官員只能諂媚聖上；比如漢武帝的出巡郡國，導致各地太守接二連三地自殺和被殺，等等。我們看他最後的「太史公曰」部分裡，再次提到「物盛則衰」，並說「時極而轉，一質一文，終始之變也」。可見他寫任何制度史，關注的焦點，都是歷史中的人，以及由人導致的歷史性的變遷。

後記

本書是「陳正宏教授講《史記》」系列讀物的第一種，包括了對《史記》的本紀、表和書三體的講解。對《史記》其餘兩體世家和列傳的講解，和有關《史記》史的內容，稍後將續編為本系列的第二、第三和第四種出版。

從專業的角度說，本書不是一本學術著作，只能算是帶一點學術性的通俗讀物。我也不是傳聞中的《史記》研究專家，而只是一個跟很多讀者朋友一樣，崇敬司馬遷，也愛讀《史記》的讀書人——當然，我還有另外一重身分，就是一個在三十年的執教生涯中，多次開設過《史記》精讀課程的教書匠。

我的專業是中國古典文獻學，主要研究方向是版本目錄學。因為專業的原因，我在本書裡討論的，更多是《史記》的各篇是以什麼樣的文獻為基礎被編寫出來的，以及為什麼它們會呈現這樣或那樣的文本面貌。也因為專業的關係，在編目、研究和教學的過程中，我有機會接觸到海內外公藏機構收藏的各類古籍，考慮到一般讀者較少有機會見到《史記》傳世的各類版本，本書在文字之間穿插了較多的《史記》線裝本內葉書影，以期讓讀者朋友在閱讀一般的洋裝標點本之外，對近千年來中國乃至東亞讀書人閱讀的《史記》是一種怎樣的面貌，有一種感性而直觀的認識；同時也希望藉這樣的形式，引導喜愛《史記》的讀者，關注有關傳統書籍和書籍史的學問，並對一切與中華文化相關的實物遺存，持一種富於溫情的尊重態度。

本書的選題撰稿和修訂編刊，先後得到了季桂保、陳雷、顧文豪、蔡昭宇、傅傑、姜鵬、章宏偉、裴程、劉玉才、程章燦、楊志剛、陳引馳、秦志華、葉康等先生的鼎力支持；郭永秉、魯明、李開升、金菊園、史夢龍諸君，或撥冗賜教，或通讀全稿，指瑕糾謬，惠我良多；來亞文先生特意為本書繪製了多幅地圖；中華書局上海分公司賈雪飛女士，為本書的出版花費了頗多的時間和精力；我的妻子劉堃，也在特殊的時刻，給了我很多值得紀念的幫助。此外，復旦大學古籍整理研究所、喜馬拉雅歷史人文頻道、天一閣博物館等機構，為本書的編刊提供了許多便利。值此拙作刊行之際，謹向上述個人和單位致以由衷的謝意。

我也衷心希望讀者諸君翻閱本書之餘，能提出你們寶貴的批評意見和續刊建議。來函請寄：200433 上海市邯鄲路二二〇號復旦大學古籍整理研究所陳正宏收；我的電子郵件地址是：chenzhh@fudan.edu.cn。

陳正宏

於復旦雙寅樓

注釋

卷首

1 參見王國維〈太史公行年考〉，收入所著《觀堂集林》卷十一，中華書局影印本，一九五九年。

2 參見李長之〈司馬遷生年為建元六年辨〉，原載《中國文學》第一卷第二期，一九四四年。後收入李長之所著《司馬遷之人格與風格》，頁一九一－二三，生活．讀書．新知三聯書店，一九八四年。

3 語出司馬遷〈報任安書〉，文收入《漢書》卷六十二〈司馬遷傳〉。

4 恩格斯《路德維希．費爾巴哈和德國古典哲學的終結》，頁三二，人民出版社，二〇一四年。

5 見《史記》卷一百三十〈太史公自序〉之〈集解〉引東漢衛宏《漢書舊儀注》。

6 《三國志．魏書》卷十三〈王肅傳〉：「司馬遷記事，不虛美，不隱惡。劉向、揚雄服其善敘事，有良史之才，謂之實錄。漢武帝聞其述史記，取孝景及己本紀覽之，於是大怒，削而投之。於今此兩紀有錄無書。」

7 參見朱維錚〈司馬遷〉，收入所著《朱維錚史學史論集》，頁八〇－一一三，復旦大學出版社，二〇一五年。

8 梁啟超〈要籍解題及其讀法〉，收入《飲冰室合集》第九冊，頁一八，中華書局，一九八九年。

9 同注3。

10 語出《史記》卷一百三十〈太史公自序〉。

11 同注10。

12 「正史」這一類目，在中國傳統目錄學史上，是從唐初所編《隋書．經籍志》開始的，《史記》在《隋書．經籍志》裡被列為史部「正史」類的第一種書。

第一卷　說「本紀」

〈五帝本紀〉

1 語出毛澤東〈論反對日本帝國主義的策略〉，收入《毛澤東選集》第一卷，頁一五〇，人民出版社，一九九一年。

2 參見呂思勉〈盤古槃瓠與犬戎犬封〉，收入《古史辨》第七冊上編，頁一五六－一七五，上海古籍出版社，一九八二年。又饒宗頤〈盤古圖考〉，《中國社會科學院研究生院學報》一九八六年第一期。

3 《史記》卷六〈秦始皇本紀〉裡，李斯等上奏議皇帝封號時，已稱：「古有天皇，有地皇，有泰皇，泰皇最貴。」

4 《史記》等中國早期文獻中有關五帝真實性問題的討論，參見郭永秉《帝系新研》，北京大學出版社，二〇〇八年。

5 如清李鄴嗣《杲堂文鈔》卷四〈五帝本紀論〉，即云：「蓋〈黃帝本紀〉，實太史公之諫書也，當與〈封禪書〉並讀。」

6 劉宋裴駰《史記集解》引皇甫謐說：「《易》稱庖犧氏沒，神農氏作，是為炎帝。」

《夏本紀》

1 參見許宏〈學術史視角下的二里頭「商都說」與「夏都說」〉，文載《中國文物報》二〇一五年十一月二十日第六版；孫慶偉《鼏宅禹跡：夏代信史的考古學重建》，生活．讀書．新知三聯書店，二〇一八年。

2 見章炳麟《中華民國解》，收入《章太炎全集．太炎文錄初編》，頁二五二，上海人民出版社，一九八五年。

3 〈夏本紀〉有關夏朝中心地帶在冀州的說法，與現在學界一般看法有一定的距離。

〈殷本紀〉（上）

1 此節和下一節有關〈殷本紀〉的講解，是根據拙作《史記精讀》的相關內容改寫的。

2 參見裘錫圭〈新出土先秦文獻與古史傳說〉，收入所著《中國出土古文獻十講》，頁一八－四五，復旦大學出版社，二〇〇四年。

3 以上有關「日名」的解說，承郭永秉教授指教，特此說明，並誌謝忱。
4 參見杜金鵬《偃師商城初探》，中國社會科學出版社，二〇〇三年。

〈殷本紀〉（下）

1 陳建華《「革命」的現代性：中國革命話語考論》，上海古籍出版社，二〇〇〇年。

〈周本紀〉（上）

1 參見游汝傑、周振鶴〈從語言學角度看栽培植物史〉，文載《農業考古》一九八六年第二期。
2 見陝西省考古研究所、寶雞市考古工作隊、眉縣文化館楊家村聯合考古隊〈陝西眉縣楊家村西周青銅器窖藏發掘簡報〉，《文物》二〇〇三年第六期。
3 見《論語》之〈八佾〉。
4 如唐人梁肅有〈西伯受命稱王議〉一文，就太史公〈周本紀〉所記「詩人道西伯以受命之年稱王」，謂：「予以為反經非聖，不可以訓，莫此為甚焉。」梁文收入《唐文粹》卷四十二。
5 如明人方孝孺云：「司馬遷之為《史記》，……多背經而信傳，好立異而誣聖人。其他微者未足論，若武王與紂之事，見於《書》最詳，而遷乖亂之尤甚。牧野之兵，非武王之志也，聖人之不幸也。……遷乃謂武王至紂死所，三射之，躬斬其首，懸於太白之旗，又斬其二嬖妾，懸於小白之旗，此皆戰國薄夫之妄言，齊東野人之語，非武王之事。遷信而取之，謬也。」見《遜志齋集》卷四〈武王誅紂〉。

6 見徐中舒〈周原甲骨初論〉，收入徐亮工編《川大史學．徐中舒卷》，頁二一八－二三〇，四川大學出版社，二〇〇六年。

7 參見李學勤〈論清華簡〈保訓〉的幾個問題〉有關論述，文載《文物》二〇〇九年第六期。

8 徐中舒《西周史論述（上）》第一節即「周人出於白狄說」；不過徐先生認為，以穿白衣（也就是麻衣）而得名的白狄，應是中國北方的原住民，不是外族，跟來自西伯利亞的赤族，族類不同。文載《四川大學學報》（哲學社會科學版）一九七九年第三期。

9 童書業〈夷蠻戎狄與東南西北〉，收入童教英整理《童書業歷史地理論集》，頁一六九－一七七，中華書局，二〇〇四年。

〈周本紀〉（下）

1 《國語》卷一《周語上》有「邵公諫厲王彌謗」條，內容與《史記》所載略同，而末云：「王不聽，於是國莫敢出言，三年，乃流王於彘。」

2 在《史記》之前，《呂氏春秋》卷二十二已經有幽王擊鼓，諸侯之兵至，褒姒因此大喜的情節，但還沒有出現烽火。又，質疑〈周本紀〉所記烽火戲諸侯故事的諸家中，最著名的是錢穆，見所著《國史大綱》第一編第三章，商務印書館，二〇一〇年。

3 國家地震局震害防禦司編《中國歷代強震目錄》，頁三，地震出版社，一九九五年。

4 「天王狩于河陽」，見《春秋》僖公二十八年。

〈秦本紀〉和〈秦始皇本紀〉

1 參見李零〈周秦戎關係的再認識〉，收入所著《我們的中國》第一編《茫茫禹跡》，頁二二三—二三九，生活‧讀書‧新知三聯書店，二〇一六年。

〈項羽本紀〉和〈高祖本紀〉

1 《史記‧高祖本紀》「四月甲辰，高祖崩長樂宮」句下，有裴駰《史記集解》注，引皇甫謐語云：「高祖以秦昭王五十一年生，至漢十二年，年六十二。」秦昭王五十一年當是西元前二五六年。劉邦起兵的年份，《高祖本紀》有明文記載，在「秦二世元年」，是西元前二〇九年。這樣算下來，劉邦起兵時，年紀為四十八歲。

2 瀧川資言《史記會注考證》卷七〈項羽本紀第七〉，北嶽文藝出版社影印本，一九九九年。

3 《史記集解》注〈項羽本紀〉所載沐猴而冠故事，謂「《楚漢春秋》、《楊子法言》云說者是蔡生」。

4 《史記正義》注〈項羽本紀〉所載霸王別姬故事時，於「歌數闋，美人和之」下，注曰：「《楚漢春秋》云：『歌曰：漢兵已略地，四方楚歌聲。大王意氣盡，賤妾何聊生。』」

5 以下兩段引文，均據清茆泮林輯《楚漢春秋》，收入茆氏編《十種古逸書》，清道光二十二年刻本。

6 央廣網二〇一八年一月二十四日據中國之聲《央廣新聞》報導「考古發掘證實：秦都咸陽城毀於烈火 係人為破壞」。

7 〈孔子詩論〉，收入馬承源主編《上海博物館藏戰國楚竹書》第一冊，上海古籍出版社，二〇〇一年。

〈呂太后本紀〉

1 參見《睡虎地秦墓竹簡》，頁二二〇—二二一〈日書甲種釋文注釋〉釋「酉，水也」條，文物出版社，一九九〇年。

2 張文虎《舒藝室隨筆》卷四「酈生陸賈列傳」條，頁一〇五，遼寧教育出版社標點本，二〇〇三年。

文、景、武帝三〈本紀〉

1 《三國志．魏書》卷十三〈鍾繇華歆王朗傳〉中王朗傳附王肅傳：「帝又問：『司馬遷以受刑之故，內懷隱切，著《史記》非貶孝武，令人切齒。』（肅）對曰：『司馬遷記事，不虛美，不隱惡。劉向、揚雄服其善敘事，有良史之才，謂之實錄。漢武帝聞其述《史記》，取孝景及己本紀覽之，於是大怒，削而投之。於今此兩紀有錄無書。後遭李陵事，遂下遷蠶室。此為隱切在孝武，而不在於史遷也。』」

2 李晚芳《讀史管見》，頁八七，商務印書館標點本，二〇一六年。

第二卷　說「表」

《三代世表》

1 參見李零〈與鄧文寬先生討論「曆譜」概念書〉，收入所著《簡帛古書與學術源流》，頁二八一－二八八，生活・讀書・新知三聯書店，二〇〇四年。

2 趙益〈《史記・三代世表》「斜上」考〉，文載《文獻》二〇一二年第四期。

3 據王國維《古本竹書紀年輯校》，有關的原文是：「仲壬崩，伊尹放大甲於桐，乃自立。」、「七年，大甲潛出自桐，殺伊尹……」王國維撰、黃永年校點《古本竹書紀年輯校・今本竹書紀年疏證》，頁七，遼寧教育出版社，一九九七年。

4 夏商周斷代工程階段性結論，參見《夏商周斷代工程　一九九六－二〇〇〇年階段成果報告（簡本）》，世界圖書出版公司北京公司，二〇〇〇年。有關爭議，參見陳寧〈「夏商周斷代工程」爭議難平〉，文載《社會科學報》二〇〇三年十一月二十七日第五版。

《十二諸侯年表》

1 傅占衡之說，據日本瀧川資言《史記會注考證》卷十四起首處引。

2 踐土照傳統的說法是鄭國之地，但其實應該是晉國的地名，參見程峰〈踐土地望考——兼論孟州古周城〉，文載《焦作師範高等專科學校學報》二〇〇三年第一期。

3 見鄭樵《通志》之「總敘」。

《六國年表》

1 參見楊聯陞〈中國歷史上的人質〉，收入所著《中國制度史研究》，頁三九－五一，江蘇人民出版社，一九九八年。

《秦楚之際月表》

1 參見田餘慶〈說張楚——關於「亡秦必楚」問題的探討〉，文載《歷史研究》一九八九年第二期。

2 「五年之間，號令三嬗」的「五年」，清代學者梁玉繩認為應該作「八年」，見所著《史記志疑》卷十，清乾隆五十二年刻本。

《漢興以來將相名臣年表》

1 本表太始元年條下，裴駰《集解》說：「班固云『司馬遷記事訖於天漢』。自此已後，後人所續。」司馬貞《索隱》因此也說：「裴駰以為自天漢已後，後人所續，即褚先生所補也。後史所記，又無異呼，故今不討論也。」現代不少學者則認為，班固所說「訖於天漢」的「天漢」，或是「大漢」之訛，或是美稱漢朝，並不是指「天漢」這一年號；《史記》的紀事下限，應該按照〈太史公自序〉的說法，訖於太初（西元前一〇四年－西元前一〇一年）。

第三卷　說「書」

〈禮書〉和〈樂書〉

1 這裡有關中國最早的書出現的時間，和書的界定，參考了黃永年先生的有關解說，詳所著《古籍整理概論》，頁三－四，上海書店出版社，二〇〇一年。

2 見楊慎等撰《史記題評》卷二十三，明嘉靖刻本。

3 朱熹《論語集注》解釋此語，云：「灌者，方祭之始，用鬱鬯之酒灌地，以降神也。魯之君臣，當此之時，誠意未散，猶有可觀。自此以後，則浸以懈怠而無足觀矣。蓋魯祭非禮，孔子本不欲觀，至此而失禮之中又失禮焉，故發此歎也。」《四書章句集注》本。

4 唐張守節《史記正義》注釋《史記．樂書》，開頭解題部分即云：「此於〈別錄〉屬〈樂記〉，蓋十一篇合為一篇。」之後自「凡音之起，由人心生也」到「〈子貢問樂〉」，各部分皆注相當於〈樂記〉何章何段。〈子貢問樂〉下，特注「以後文出褚意耳」。案其上文，可知所謂「褚意」，當指西漢續補《史記》之褚少孫之意。

5 清郭嵩燾云：「太史公〈禮〉、〈樂〉二書，皆采綴舊文為之，僅有前序，其文亦疏緩。」見所著《史記札記》卷三，頁一二四，商務印書館，一九五七年。

6 參見宋王應麟《困學紀聞》卷十一引唐仲友《兩漢精義》語。

〈曆書〉

1 詳顧炎武著、黃汝成集釋《日知錄集釋》上冊卷四「閏月」條，頁一八七—一八九，上海古籍出版社，二〇〇六年。

〈天官書〉

1 錢大昕《潛研堂文集》卷三十四〈與梁耀北論史記書二〉，清嘉慶十一年刻本。

2 參見吳汝綸《桐城先生點勘史記》卷二十七，轉引自楊燕起等編《歷代名家評〈史記〉》，頁四三五，北京師範大學出版社，一九八六年。

3 參見許道齡〈玄武之起源及其蛻變考〉，收入《史學集刊》第五期，國立北平研究院，一九四七年。

4 陳遵嬀《中國天文學史》上冊，頁二一〇，上海人民出版社，二〇〇六年。

5 以上有關論述，是依據朱維錚先生所著〈司馬遷〉撰寫的，文收入所著《朱維錚史學史論集》，復旦大學出版社，二〇一五年。

〈封禪書〉

1 參見（日）吉本道雅著、秦仙梅譯〈馬牲——先秦時期馬的民俗文化〉，文載《陝西歷史博物館館刊》第十一輯，二〇〇四年。又王維清〈先秦祭祀中用馬現象探析〉，文載《古籍研究》總第六十一卷，鳳凰出版社，二〇一五年。

2 參見李零〈嶽鎮海瀆考〉，收入所著《我們的中國》第四編《思想地圖：中國地理的大視野》，頁一〇七－一五〇，生活．讀書．新知三聯書店，二〇一六年。

3 參見〈鳳翔雍山血池祭祀遺址入選「二〇一六年度全國十大考古新發現」〉，文載《寶雞社會科學》二〇一七年第二期；又參見搜狐網二〇一七年六月二十六日新聞「鳳翔血池遺址發現畤字陶文　印證畤文化遺存的真實存在」。

〈河渠書〉（上）

1 此節和下一節有關〈河渠書〉的講解，是根據拙作《史記精讀》（復旦大學出版社，二〇〇五年）的相關內容改寫的。

2 參見喬淑芝〈「蒲反田官」器考〉，文載《文物》一九八七年第四期。

〈河渠書〉（下）

1 譚其驤〈西漢以前的黃河下游河道〉，收入所著《長水集》下冊，人民出版社，一九八七年。

2 參見孫忠祖〈科學技術是抗洪搶險勝利的保證〉，文載《人民日報》一九九八年九月十二日第六版。

〈平準書〉

1 也有學者認為〈平準書〉原文「馬一匹則百金」的「百金」，應該是一百斤黃銅，不是黃金。

HISTORY 系列 090

穿越《史記》的時空

從本紀、表與書開始，走進司馬遷的思想宇宙

作者　陳正宏
校對　沈如瑩
主編　王育涵
資深編輯　張擎
責任企畫　郭靜羽
封面設計　陳文德
內頁排版　張靜怡
總編輯　胡金倫
董事長　趙政岷
出版者　時報文化出版企業股份有限公司
108019 臺北市和平西路三段 240 號 7 樓
發行專線｜ 02-2306-6842
讀者服務專線｜ 0800-231-705 ｜ 02-2304-7103
讀者服務傳真｜ 02-2302-7844
郵撥｜ 1934-4724 時報文化出版公司
信箱｜ 10899 臺北華江橋郵政第 99 信箱
時報悅讀網　www.readingtimes.com.tw
人文科學線臉書　https://www.facebook.com/humanities.science
法律顧問　理律法律事務所｜陳長文律師、李念祖律師
印刷　勁達印刷有限公司
初版一刷　2022 年 7 月 8 日
定價　新臺幣 420 元

ISBN 978-957-13-8634-8 ｜ Printed in Taiwan

穿越《史記》的時空：從本紀、表與書開始，走進司馬遷的思想宇宙／陳正宏著 .
-- 初版 . -- 臺北市：時報文化 , 2022.07 ｜ 320 面；14.8×21 公分 .
ISBN 978-957-13-8634-8（平裝）｜ 1. 史記　2. 研究考訂｜ 610.11 ｜ 110001300

本書中文繁體字版由中華書局（北京）授權出版

時報文化出版公司成立於一九七五年，並於一九九九年股票上櫃公開發行，於二〇〇八年脫離中時集團非屬旺中，以「尊重智慧與創意的文化事業」為信念。